HEYNE <

AF649380

TIM PRÖSE

# Jan Fedder Unsterblich

Die autorisierte Biografie

WILHELM HEYNE VERLAG
MÜNCHEN

Sollte diese Publikation Links auf Webseiten Dritter enthalten, so übernehmen wir für deren Inhalte keine Haftung, da wir uns diese nicht zu eigen machen, sondern lediglich auf deren Stand zum Zeitpunkt der Erstveröffentlichung verweisen.

MIX
Papier aus verantwortungsvollen Quellen
FSC® C014496

Penguin Random House Verlagsgruppe FSC® N001967

2. Auflage
Taschenbucherstausgabe 9/2021


Konzeptionelle Beratung und redaktionelle Begleitung: Tamara Jarchow,
www.schreibluft.com
Umschlaggestaltung: Hauptmann & Kompanie Werbeagentur, Zürich,
unter Verwendung von Fotos von
© picture-alliance/dpa Sebastian Widmann
Satz: Vornehm Mediengestaltung GmbH, München
Druck: GGP Media GmbH, Pößneck
Printed in Germany
ISBN: 978-3-453-60587-9

www.heyne.de

# Inhalt

# Vorwort

Jan Fedder rief mich an und fragte mich, ob ich seine Biografie schreiben würde. Er hatte gerade ein Buch von mir gelesen und wollte nun eines über sich selber. Eigentlich war das keine Frage, sondern schon ein Auftrag. »Es wird langsam Zeit, mein Leben mal aufzuschreiben«, sagte er. Schon waren wir verabredet.

Ab Februar 2019 führten wir lange Gespräche an Fedders Lieblingsorten: auf seinem Bauernhof in Schleswig-Holstein, in seiner geliebten Wohnung auf dem Kiez von St. Pauli, am Set seines *Großstadtrevier* und einmal auch in einer Rehaklinik. Nie ging es um Small Talk oder bloße Plauderei. Hoch konzentriert war er. Eben wie einer, der noch etwas Wichtiges sagen möchte, bevor es vielleicht zu spät ist. In diesen Tagen erzählte Jan mir aber nicht nur seine Biografie, sondern dachte lange über so manches Vergangene nach.

Das machte ihn eben auch aus, das Nachdenken über die Dinge. Abschied von ihnen zu nehmen, ohne zu jammern. Dieses Buch erzählt neben den Anekdoten, den Glücksmomenten und den Abgründen seines Lebens auch von den Zeiten und Gefühlen dazwischen. So, wie ihn seine Frau Marion erlebt hat, so, wie ihn seine engsten Freunde kannten.

Diese tiefen Einblicke in das ganz private Leben hat Jan Fedder nur mit wenigen geteilt. Ein Jahr lang durfte ich, der Autor Tim Pröse, Jan Fedder dafür begleiten und mit seinen Vertrauten sprechen. Die Autorin Tamara Jarchow, eine enge Freundin der Familie Fedder, hat nach Jans Tod ebenfalls Erinnerungen an ihn aus seinem direkten Umfeld für dieses Buch verfasst.

Jan und ich hatten eine feste Verabredung: Bis Weihnachten 2019 sollte Jan das Manuskript dieses Buchs bekommen, um es lesen zu können. Und so kam es auch. Die Seiten dieses Buchs lagen auf seinem Wohnzimmertisch, als Jan am 30. Dezember 2019 verstarb. Es war, als bliebe die Zeit einfach stehen.

Dieses Buch beschreibt sein pralles Leben, das er so innig und bis zum Anschlag gelebt hat. Und natürlich spart es auch nicht das Leid aus, das er tapfer angenommen hat. Zwischen den einzelnen Kapiteln, die seine Lebensstationen nachzeichnen, erzählt Jan Fedder in seinem unverwechselbaren Ton selbst. Es ist das Beste aus den mehr als fünfundzwanzig Stunden Interviews, die ich mit ihm für dieses Buch führen durfte. Es sind seine letzten Worte an sein Publikum.

# Fedder geht's nicht

*Ein Wind weht von Süd und zieht mich hinaus auf See.*
*Mein Kind, sei nicht traurig, tut auch der Abschied weh.*
*Mein Herz geht an Bord und fort muss die Reise gehen.*
*Dein Schmerz wird vergehen und schön wird das Wiedersehen.*
*Mich trägt die Sehnsucht fort in die blaue Ferne.*
*Unter mir Meer und über mir Nacht und Sterne.*
*Vor mir die Welt, so treibt mich der Wind des Lebens.*
*Wein' nicht, mein Kind, die Tränen, die sind vergebens …*

Text aus »La Paloma«, gesungen von Jan Fedder

Der Mann am Wasser sagt, das sei bloß der Wind. Der sei schuld daran, dass seine Augen so schimmern. Und nicht etwa all das Schöne und Schreckliche, an das er sich erinnert in diesen Tagen. Denn der Wind, der weht ihm mitten ins Gesicht hier am Hamburger Hafen. Lebenslänglich schon. Meist kommt er von vorn. Selbst wenn der Mann für dieses Buch lange und weit zurückschaut.

Und wenn der Wind mal nicht von vorne kam in seinem Leben, sondern von der Seite, von hinten oder sogar von tief unten, dann spürte er das als Schauspieler gleich und drehte sein Gesicht wieder dahin, wo er herkommt. So wie jetzt da an der Hafenkante. Nein, nicht etwa, weil er im Leben stets nach vorne schaute – ganz im Gegenteil, dieser Mann lebt ziemlich in seinem Gestern –, sondern weil er natürlich weiß, dass das gut aussieht. Verwegen zudem.

Er schnappt mit seinem großen Zinken ein paar kräftige Züge dieser Luft, die nach Salz und Fernweh schmeckt. Oder bloß nach Brackwasser. Dabei sperrt er beide Nasenflügel weit auf. Er kann sie beben lassen wie ein Rennpferd seine Nüstern. Das ist eines seiner Markenzeichen. Oder wie es ein alter Zirkusgaul tut, der nur dann noch lostrabt und dabei schnaubt und japst, wenn das Licht angeht in der Manege. Trotzdem. Es sieht dann bei ihm meistens noch so aus, als würde er mit seinem Nasenflügelbeben etwas wittern. Etwas erspüren, das in der Luft liegt. Die Frauen schmachten danach.

Dazu zieht er die eine Braue etwas nach oben, die andere legt er tiefer, so als nähme er ein Ziel ins Visier. Oder als zwinkere er jemandem zu. Fast schon fertig ist dieser Mann dann mit seiner Pose. Aber halt! Jetzt noch den Hans-Albers-Gedächtnis-Blick schärfen und mit dem dann starr am Horizont entlangschauen. So wie damals auf der Brücke von U 96, als er den Matrosen Pilgrim spielte in *Das Boot.* »Das war das Wichtigste in meinem Leben, dass ich da dabei war«, sagt Jan.

Und wie er diese Worte so dahinfeddert und die steife Brise sie fast schluckt, öffnet er seinen geliebten Ledermantel mit den Silberknöpfen. Denn dann bläst der Wind in ihn hinein und bläht ihn auf wie ein schwarzes Segel. Er lässt ihn hinter ihm herflattern und knattern wie eine Fahne. Fedder geht's nicht.

Viel Zeit bleibt ihm nicht, die perfekte Pose zu genießen. Denn dann haben sie ihn schon erkannt hier unten am Hamburger Hafen. Ganz nah bei der Überseebrücke, an der er groß geworden ist. Und wenn sie ihn hier erkennen, gibt es einen Tumult. In einer Traube stehen die Menschen bald schon um ihn herum, bannen den Moment mit ihm in ihre Handys. Und plündern seine Autogrammkarten. Sind die alle weg, reichen sie ihm Zettel oder strecken ihm ihre Hände und Arme hin für ein Autogramm. Bis es nichts mehr gibt, auf dem er unterschreiben kann, und die Menschen ihn stattdessen noch einmal umarmen und berühren.

Als er noch rauchte, hatte er für solche Fälle noch immer seine Schachtel mit den Kippen. Die öffnete er und unterschrieb auf den Zigaretten. Wenn die aus waren, zerpflückte er die Schachtel in kleine Schnipsel. Aber selbst dann wären oft noch ein paar Menschen leer ausgegangen. Deswegen nestelte er auch noch das kleine silberne Papier aus der Schachtel und riss es in Streifen. Bis alle ihr Autogramm hatten. Und Jan Fedder alles gegeben hatte.

# Der Quatsch, den man Leben nennt

»Hamburg, die Elbe, der Hafen, der Geruch von Brackwasser – das war mir vertraut schon als Kind, das liegt mir im Blut. Hier beginnt ja schließlich auch alles. Im Januar 1955 wurde ich geboren. Januar. Jan. Da haben die sich ja mal richtig Mühe gegeben mit meinem Namen. Aufgewachsen bin ich in unserer Kneipe am Hafen, ›Zur Überseebrücke‹ mit meiner Mutter, die eigentlich Tänzerin war, einem Vater, der hinter der Theke stand, und mit meinem älteren Halbbruder Oliver. Die Kneipe in dem alten Holzhaus war kalt und zugig, Wind von vorn gab's genug.

Aber ich hatte ja den Hafen. Der war schön, der war mein Revier. Hier kenne ich jeden Winkel und jeden Kantstein. Das ist mein Kiez, mein Abenteuerspielplatz. Hier beginnt die Reise meines Lebens. Und dort lernte ich ein Lied auswendig, das das Lied meines Lebens werden sollte … «

*An de Eck steiht'n Jung mit'n Tüdelband*
*in de anner Hand 'n Bodderbrood mit Kees,*
*wenn he blots nich mit de Been in'n Tüdel kümmt*
*un dor liggt he ok all lang op de Nees*
*un he rasselt mit'n Dassel op'n Kantsteen*

*un he bitt sick ganz geheurig op de Tung,*
*as he opsteiht, seggt he: hett nich weeh doon,*
*ischa'n Klacks för'n Hamborger Jung*

*Jo, jo, jo, klaun, klaun, Äppel wüllt wi klaun,*
*ruckzuck övern Zaun,*
*ein jeden aber kann dat nich, denn he mutt ut Hamborg sien.*

Es ist das erste Lied in seinem Leben. Und es wird auch das letzte sein. Denn es begleitet ihn schließlich, seit er auf die Welt kam. Dann muss es gefälligst auch gespielt werden, wenn er sie verlässt. Ob das nun passt oder nicht. Aber wenn Fedder es so oft in seinen vierundsechzig Jahren auf der Welt sang, dann passt das schon …

Noch eh er richtig sprechen konnte, summte er diese Melodie. Jene Strophen aus einem alten Volkslied von der Ecke, an der ein Junge steht. Es ist der Soundtrack des Jan Fedder. Seine private Hymne. Zusammen mit dem Kreischen der Möwen, dem Schlag der Wellen und dem Tuten und Tuckern der Kähne hatte es sich in seinen Sinnen festgesetzt. Ein norddeutsches Kinderlied. Warum, um Himmels willen, hat dieser gestandene und manchmal auch scheinbar harte Mann das so gern? Wieso ist ihm das so wichtig, dass es sogar sein letztes Lied werden soll? So sein Wunsch. Genau dieses Lied soll der Organist spielen im berühmten Hamburger Michel. Ebendort, wo Jan schon als Knabe im Kinderchor sang – zu Weihnachten sogar ein Solo, weil seine Stimme so engelsklar klang. Genau dort sollen sie es wieder spielen. Zu seiner Trauerfeier. Zum Schluss seines Lebens.

Aber was heißt das schon, Schluss? Wer weiß denn,

ob der Tod das Ende ist oder ob da noch was kommt? Und so wird dieses Buch hier weiter in der sprachlichen Gegenwartsform von Jan erzählen. Im Präsens. Und nicht in der grammatikalischen Vergangenheit. Weil Jan in diesem Buch gegenwärtig bleiben soll. Genauso wie in den Herzen der Menschen. Die meisten der hier abgedruckten Gespräche mit seinen engsten Freunden, Kollegen und seiner Marion sind vor seinem Tod geführt worden. Und auch wenn mit allen noch einmal nach seinem Tod gesprochen wurde, haben sich alle Beteiligten entschlossen, diese Gespräche über Jan so zu belassen, als würde er noch leben.

Man muss diesen Jan Fedder erst eine ganze Zeit lang beobachten, begleiten und richtig kennenlernen, bis man versteht, warum er dieses Lied »An de Eck« so liebt. Warum es so sehr für ihn steht. Und für sein geliebtes Hamburg. Denn als richtiger Norddeutscher spricht Jan Fedder nicht gern über solche Dinge, die zu viel verraten würden über seine Seele. Sachen, die ans Eingemachte gehen. Er denkt zwar oft über Gefühle nach und empfindet sie auch stark – ganz tief sogar in seinem riesengroßen Gemüt –, aber er würde diese Gedanken und Gefühle nie ganz freiheraus aussprechen; nicht ihre Fülle und ihren Gehalt betonen oder gar in die Welt posaunen. Wie auch? Er besitzt kein Handy, hat weder einen Computer noch eine Mailadresse, nicht einmal ein Faxgerät. Wer ihn erreichen will, muss auf seinen Anrufbeantworter sprechen und warten. Oft lange warten. Denn oft hat Fedder keine Lust zu sprechen.

Und so hört man sein Lieblingslied lange Zeit etwas ratlos an, bis man ihn eines Tages endlich darin entdeckt und erkennt. Seine Herkunft, seinen Charakter und seine

Persönlichkeit. Das Lied handelt von diesem Jungen, der ordentlich hinballert. Der mit seinem Tüdelband spielt, was meistens ein Eisenreifen war, mit dem Bierfässer zusammengehalten wurden. Diesen Reifen trieben früher die Kinder mit einem Stock vor sich her. Und wenn sie es zu doll trieben, kamen sie selber ins oder unter das Tüdelband, und zwar mit der Nase zuerst. So wie dieser Junge, der dann auch noch Bekanntschaft mit dem Kantstein macht (»un he rasselt mit'n Dassel op'n Kantsteen«).

Man weiß nicht, wie oft Jan Fedder solche Stürze in seiner Kindheit passiert sind, aber man weiß in etwa, wie viele ihm als Erwachsener widerfuhren. Von einigen, den vielleicht schlimmsten, wird er hier in diesem Buch erzählen. Auch davon, wie er oft schon der Länge nach auf der Nase lag (»dor liggt he ok all lang op de Nees«), dann davon, wie er sich manches Mal in seinem Leben vor lauter Übermut auf die Zunge gebissen hat (»un he bitt sick ganz geheurig op de Tung«).

» Von dieser Zunge sind nur noch zwei Drittel übrig. Den Rest haben sie mir rausschneiden müssen. Aber Zunge wächst nach! Wusstet ihr das? «

Wegen dieser verdammten Krebskrankheit, die 2013 diagnostiziert wurde und gegen die Jan Fedder lange Jahre ankämpfte, musste er sich schließlich operieren lassen. Eigentlich hätten die Ärzte sogar die *halbe* Zunge herausschneiden müssen, so hatten sie das zunächst auch geplant. Aber Fedder wäre nicht Fedder, wenn er nicht auch dem operierenden Professor das Herz erweicht hätte und ihn bat, ein besonderes Kunststück zu vollbringen.

Er forderte ihn einfach heraus, fragte gar nicht lange nach dem Wie und Warum, sondern begab sich in seine Hände. Und der Professor gab bei der OP alles. Er strengte sich so sehr an, dass ihm dieses Kunststück gelang und er weite Teile der Zunge doch noch retten konnte. Denn ohne seine Zunge, seine Sprache, seine Stimme wäre er nicht mehr ER gewesen. Wie hätte Jan weiter seine Rollen spielen sollen? Nicht auszudenken!

Womit wir so ziemlich mitten in einem der Dramen seines Lebens angekommen wären. Aber sich lange dort aufzuhalten, das erlaubt einer wie Jan nicht. Nicht ein Hamburger Jung! Denn als er wieder aufsteht, sagt er bloß: »Hett nich weeh doon! Ischa'n Klacks för'n Hamborger Jung!«

Genauso hält Fedder das auch bis heute, mit all seinen Stürzen. Gerade und vor allem mit jenen, die viel tiefer gingen, die weitaus schmerzhafter und oft lebensgefährlich waren. Über die sagt er mit allem Trotz und aller gespielten Gleichgültigkeit, dass die gar nicht wehgetan hätten. Das glaubt ihm zwar niemand, der ihn gut kennt, aber es hört sich cool an. Und tapfer.

Wie schafft es dieser Junge – und auch dieser erwachsene Jan Fedder –, so unumwunden und scheinbar unverwundbar im wahrsten Wortsinn weiterzumachen? Die Erklärung klingt simpel und großartig und angeberisch zugleich: »Ein jeden aber kann dat nich, denn he mutt ut Hamborg sien!« Kerniger kann man seine Heimatliebe kaum ausdrücken, zumindest nicht als Nordlicht.

Aber was fällt diesem Jungen aus dem Lied dann noch ein, wenn er wieder fest auf seinen Beinen steht? Das nächste Wagnis fällt ihm ein! Ausgerechnet jetzt, direkt nach dem Unfall. Da macht sich einer bereit zum nächsten Streich. Setzt an zum nächsten Balanceakt: Äppel klaun!

Dafür muss er nur mal eben »ruckzuck övern Zaun«. Manch anderer, braverer Junge wäre weinend nach Hause zu seiner Mutter gerannt. Die aufgeschürften Knie verarzten lassen. Nicht so der Junge Jan. Der heckt gleich die nächste Dummheit aus. Halsbrecherisch, ja leider auch selbstzerstörerisch und stur, wie er nun mal ist.

So war das eigentlich immer in seinem Leben. Gelernt hat dieser Jan Fedder nie etwas aus seinen Stürzen. Stattdessen hat er immer weitergemacht mit dem »Quatsch, den man Leben nennt«, wie er gerne sagt. Aber er hat sich auch niemals beklagt. War keinen Hauch wehleidig. Im Gegenteil. »An allem, was mir passiert ist, trag ich selber die Schuld!«, gibt er zu Protokoll. Manch einer hätte mildernde Umstände für sich geltend gemacht, wenn er mit sich selbst ins Gericht geht. Wenn es um solch eine harte Lebensbilanz geht. Nicht so Jan. Für ihn gibt es keine Ausreden. Er übernimmt die volle Verantwortung für all seinen Leichtsinn und all seine Verrücktheit.

Und so ist es bloß konsequent, dass dieses Lied vom Jungen, der immer wieder aufsteht, auf seiner Beerdigung gespielt wird. So wünscht er sich das, und so wird das dann auch gemacht. Denn wenn er eines Tages da vorne liegen wird vorm Altar seines geliebten Michel, dann würde er es doch am liebsten noch einmal tun. Ein letztes Mal. Einfach »opstein« nach dem großen Sturz. Und Äpfel klaun gehn. Weil das nun mal nicht jeder kann. Aber einer wie er, der schon! In seiner unsterblichen Fantasie.

# Ballett statt Bolzplatz

» Meine Mutter konnte ja tanzen und singen. Abends gab sie Ballettunterricht im Michel. Da hab ich dann auch im legendären Knabenchor gesungen. Die fanden meine Stimme wohl ziemlich gut. Damals mit zehn Jahren wusste ich ja noch nicht, dass sie, von Alkohol und Zigaretten geformt, so unverkennbar und tief werden würde.

Irgendwann hat mich meine Mutter dann mal mitgenommen in die Oper und mich hinterher gefragt, ob ich auch mal Lust hätte, zum Ballett zu gehen. Die Idee fand ich gar nicht so schlecht, und dann stand ich auch schon mit zehn Mädchen an der Stange. Als einziger Junge. So mit fünfzehn wurde mir dann aber klar, dass Tanz doch nix für Jungs wie mich ist. Im zweiten Stock gab es nämlich noch die Schauspielschule von Margot Höpfner. Die hatten da alle irgendwie mehr Spaß. Also nix wie hin da! Tagsüber Büro, abends zum Schauspielunterricht und danach in die Kneipe. Super. Aber mein Vater war da ganz anderer Meinung. Ich habe also auf den Wunsch eines einzelnen Herrn eine schön solide kaufmännische Ausbildung machen müssen. Und genau am Tag meiner bestandenen Speditionskaufmannprüfung gekündigt. Weil sich mein Herz ja schon lange vorher für die Schauspielerei entschieden hat. Alles auf eine Karte. Das gefiel meinem Vater aber ganz und gar nicht: ›Wenn du deinen Job kündigst, dann ist dein Zuhause auch gekündigt...‹

Und so flog ich am gleichen Tag raus und musste zusehen, wie ich klar komme. «

# Das nackte Leben

Papst Benedikt XVI. kam in einem tief entlegenen und gottesfürchtigen Winkel Bayerns auf die Welt. Gerhard Schröder als Sohn einer Putzfrau in der bitterärmsten Provinz. Mario Adorf wuchs als uneheliches Kind in einem Waisenheim auf. Hape Kerkeling im tiefsten Kohlenpott bei seiner Oma. Udo Jürgens in einem Schloss in Kärnten. Sie alle waren und sind geprägt durch ihre Herkunft. Woher sie kamen, bestimmte in großen Zügen, was sie wurden.

Bei den meisten Menschen ist das so. Und beinahe jedem merkt man seine Herkunft auch zeitlebens an; zumindest trägt beinahe jeder einen Hauch von ihr mit sich herum, von Geburt an, bis er irgendwann fortgeht.

Bei Jan Fedder ist das anders. Gewaltiger. Radikaler. Prägender. Jede Faser so sehr bestimmt, vielleicht sogar ein wenig vorbestimmt von seinem Geburtsort. Jan Fedder *kommt* nicht nur aus Hamburg und aus St. Pauli. Nein, er *ist* Hamburg und St. Pauli.

Was hat der liebe Gott oder der Zufall, je nachdem, an wen man glaubt, für einen Volltreffer gelandet, als einer von beiden entschied, wo dieser Jan zur Welt kommt: zu Füßen der Überseebrücke! In einer Bretterkneipe, in der Matrosen Bier tranken! In der das Kind dem Wasser der Elbe näher war als der nächsten Straße. Das klingt so sehr nach Faust aufs Auge und nach Arsch auf Eimer, dass es fast schon ein bisschen unwahrscheinlich anmutet.

Blicken wir hinter die Kulissen seiner Heimat, ziehen das Möwengekreische und Dampfertuckern ab und kratzen an dem Postkartenmotiv St. Pauli, dann stoßen wir schnell auf düstere Ecken und Gassen. Kratzen wir noch ein bisschen tiefer, geht das nicht ohne Dreck unter den Nägeln.

Wie ist das zum Beispiel, wenn ein Knirps im Epizentrum käuflicher Liebe groß wird? Hat er dann für immer eine andere Art zu lieben?

Wie ist das, wenn das Zuhause eines Kindes eine Kneipe ist? Wenn er über ihr schläft und tagsüber in ihr spielt? Kann es sein, dass er später in seinem Leben anders raucht, trinkt und feiert als andere? Dass er die Menschen in ihrem Kern anders kennenlernt als Jungen, die in vornehmen Blankeneser Villen aufwachsen?

Kommt es hin, dass ein Junge, der zwischen Bananenkisten und Hafenkränen herumklettert, etwas wilder wird als jene Kinder, die in gediegenen Vororten im Sandkasten spielen?

Und was passiert, wenn jemand zu Füßen eines Ortes erwachsen wird, der Überseebrücke heißt? Eines Ortes aus Stahl und Sehnsucht, der für den großen Abschied steht, oft auch für ein Nimmerwiedersehen oder wenigstens für das schlimmste Fernweh. Kann es sein, dass dieser Jemand dann im Leben immer etwas bindungsunfähig und freiheitsdurstig bleiben wird?

Oder war diese Überseebrücke so etwas wie seine erste Bühne? Auf der er ein Stück weit in die Welt hinausschauen und auch hinausstaunen konnte. Bis zum Horizont und noch weiter. Zumindest erträumte er sich, wie es wohl dahinter aussehen mag.

Lernt ein Kind auf so einer Brücke weiter und vielleicht sogar mutiger und furchtloser zu denken als andere, die in Gütersloh, Bietigheim-Bissingen oder Zwickau von der weiten Welt träumen?

Oder macht ihn diese Rampe auch ganz irre vor Neugier und banger Erwartung, weil auf ihr Tag um Tag Hunderte Menschen seine Stadt verlassen und irgendwo aufs Meer hinaus verschwinden?

Und schließlich, was geschieht, wenn ein unschuldiger Junge mit jedem Meter seiner ersten Lebensschritte an der nächsten Ecke dem nackten Leben im Wortsinn begegnet, das ihm so prall und so nackt und so barsch entgegenknallt, dass es jeden anderen Jungen, der dieses Leben nur aus Schmuddelheftchen kennt, umgehauen hätte? Während all die anderen Jungs im Mief der Sechzigerjahre ihre Nase allenfalls in die *Praline* oder die *Bravo* steckten, hielt Fedder seine schon lange in den Dunst von St. Pauli. Und roch Heimatluft – die seiner Wahrnehmung nach nicht nach Backfischbrötchen und Meeresbrise duftete, sondern »nach Pisse, Blut und Sperma«.

Wie ist das, wenn für diesen Jungen schon an dieser nächsten Ecke ruchbar wird, wie elendig und erbarmungslos dieses Leben zugrunde gehen kann, bevor es richtig beginnt?

Er lernte früh Leute zu beobachten bis ins Detail, in ihnen zu lesen. In ihren Blicken, Gesten … Jeden Tag kam genug Material durch die Tür der Kneipe seiner Eltern: Betrunkene, Matrosen, Ganoven, Betrüger, Verlorene … und eben auch Normale. Die konnte er blitzschnell einordnen und abspeichern. Jeden Charakter konnte er abrufen. Immer rein ins Vergnügen, mitmachen, beobachten, am besten noch einen draufsetzen. Dass das alles nicht normal war, hatte er schon begriffen. Auch dass ein wenig Übertreibung manchmal hilfreich war.

Wie die vielen Koberer auf dem Kiez, die vor den Striptease-Läden nach Kunden warben und anpriesen, was sie drinnen erwartet:

»Kommen Sie rein, bieten Sie Ihrer Frau mal was Besonderes.«

»Herrengedeck … keinen Eintritt … unglaubliche Bühnenshow … alle nackt.«

Statt Eintritt wurde beim Rausgehen kassiert – das war der Trick. Und so wurde auch Jan erfinderisch mit seinem Umfeld.

St. Pauli war mitsamt all seinen Lichtern, aber mehr noch mit seinem Dreck, der Dünger für Fedders Leben. Aber um im Dreck nicht unterzugehen, musste Fedder den für sich besten Weg hinaus aus diesem Labyrinth der Laster und Leidenschaften finden. Bevor er von ihnen verhärtet oder gar zerschlissen worden wäre.

Dieser Weg führte ihn hinaus aus St. Pauli und direkt hinter den Vorhang. Auf die Bühne. Seine erste war die Empore seines geliebten Michel. Hier spürte der kleine Jan zum ersten Mal das Göttliche inmitten dieser oft so gottesfernen Gegend. Denn er durfte in diesem Gebäude singen zum Wohle des Herrn. Auch zu seinem eigenen. Wie tat ihm das gut, wenn sich die Köpfe unten im Kirchenschiff nach und nach zu ihm umdrehten, weil er so engelsgleich sang. Wie erhob ihn das! Und wie sehr weckte es in ihm die große Sehnsucht auf mehr davon. Auf mehr Publikum. Mehr Auftritte. Mehr Glanz, göttlich glückliche und schwebend leichte Augenblicke in seinem Leben. Sechshundertfünfzig solcher Momente, solcher Filme und Serienfolgen sollte er in seinem Leben spielen.

Im Michel kam er zum ersten Mal dem Himmel nahe. Trat er wieder aus ihm hinaus, waren es nur ein paar Schritte zurück bis zur Großen Freiheit. Wer hätte damals gedacht, dass er diese bald schon tatsächlich erleben sollte. Nicht jene für Geld und ein paar geschmuddelte und gefälschte Gefühle. Sondern die richtige. Jans große Freiheit.

» Ich rede nicht über Gefühle. Schon gar nicht über meine! «

# Als Kind schon nah an den Wolken

Da ist ein Ring an seiner Hand, der erzählt sehr viel von seinem Leben. Er sagt, woher sein Träger stammt und was ihm fehlt seit Kindesbeinen. Der Ring ist erstaunlich weiblich und zart. Geradezu verletzlich sieht er aus an seiner rechten Hand. In der Mitte ist ein Aquamarin eingefasst, und natürlich war dieser Stein einmal tiefblau. So wie das Meer, auf dem Jans Vorfahren gefahren sind. Aber mit den Jahren, gute fünfzig sind es jetzt, seit er ihn trägt, ist das Blau aus dem Stein gewichen. Mit etwas gutem Willen ist er jetzt noch so brackwasserfarben wie die Elbe im Hafen, an der sein Träger aufgewachsen ist. »Da kannst du mal sehn, wie der gelitten hat, der Stein«, sagt Jan bloß.

Der Ring stammt von seiner Mutter Gisela. Als Jan vierzehn war, bat er sie, ihn tragen zu dürfen, und die Mutter steckte ihn ihrem Sohn an. So zärtlich und innig diese Geste anmutet – leider steht sie symbolisch für das zwiespältige Verhältnis zwischen Mutter und Sohn. »Viel Liebe habe ich nicht gekriegt von ihr«, sagt Jan und streicht dabei mit dem linken Zeigefinger über den verblichenen Stein. Getrennt hat sich der Sohn niemals von diesem Geschenk. An nichts anderem hängt er so wie an diesem Ring. Er *klammert* sich an ihn.

Als Wolfgang Petersen beim *Boot*-Dreh von Jan verlangte, ihn abzunehmen, antwortete der: »Dann mache ich den Film nicht.« Der Regisseur glaubte, sich verhört zu haben, und bestand darauf. »Nee, dann steig ich aus«, sagte er nur. Das beeindruckte Petersen. Denn Quer- und Charakterköpfe suchte er für seinen Jahrhundertfilm. Und so ließ er den Rebellen gewähren. »Aber wenigstens drehst du den Stein zur Handinnenflächenseite!«

Nicht etwa von Jans Vater, sondern von dessen Vorgänger hatte Gisela diesen Ring einst geschenkt bekommen. Einem Amerikaner, mit dem sie Jans Halbbruder Olli bekam. »Für mich war und bleibt er aber mein richtiger Bruder.«

Es fällt Jan nicht leicht, über seine Eltern zu sprechen und über seine Kindheit. Aber der Ring erlaubt den Blick zurück in seine kleine Seele von damals. Ganz langsam öffnet sich sein Träger dafür. Anders klingt er dabei und gar nicht so »Hoppla, jetzt komm ich«-artig wie sonst meist.

Dabei sieht es von weitem betrachtet doch so aus, als hätte Mutter Gisela ihrem Sprössling viel Gutes getan, als sie – die Tänzerin war – ihn zum Ballettunterricht schickte. Damals war das ja noch mehr eine Sensation als heute. Und dann ging er auch noch in den Kirchenchor im Michel.

»Aber das war Vater, der war im Kirchenvorstand und wollte das so«, erinnert er sich. Sieben Jahre lang ging es jeden Dienstag und jeden Freitag zur Probe und sonntags wurde früh aufgestanden, weil um neun schon Einsingen war und um zehn der Gottesdienst. »Das heißt: Ich habe in meiner ganzen Jugend praktisch nie ausgeschlafen. Darum bin ich so ein Schlafmensch geworden und penne so lange. Auf jeden Fall bin ich so zu Gott gekommen. Für mich ist das eine große Selbstverständlichkeit, mit dem lieben Gott zu kommunizieren. Heute. Wie damals.«

Durch das Singen, das er einst so himmlisch beherrschte, ist der kleine Jan auf der Empore des Michel ganz nah an die Wolken gestoßen in seinem Empfinden. »Irgendwie kann man das so sagen. Wir durften ja auch, Gott sei Dank, immer schon vor der Predigt abhauen. Damit wir den Laberscheiß nicht noch hören mussten. Das hat geholfen.«

Gezweifelt hat der junge wie der alte Jan seit dieser Zeit nie an seinem Herrn. »Für mich war immer völlig klar, dass er existiert. Der liebe Gott ist da und der liebe Gott lenkt die Sachen und macht das alles und noch mehr.«

Gab es nicht mal ein Ringen, ein Hadern mit ihm, als er dann als junger Mann so oft mit der Nase im Dreck steckte? »Es konnte mir noch so scheiße gehen, noch so schlecht. Ob ich da lag in meinem Blut und wusste, wenn jetzt nicht bald was passiert, bin ich tot – nie hab ich gesagt: ›Lieber Gott, jetzt komm endlich mal!‹ Das ist immer automatisch passiert, ohne dass ich ihn darum bitten musste.«

Als er nach dem Stimmbruch raus war aus dem Chor, die Lehre als Speditionskaufmann beendet hatte und er zu Hause vor die Tür gesetzt wurde, ging er ans Theater Esslingen. Da war er neunzehn. Wenn er zu Heiligabend wieder heim nach Hamburg fuhr, las er sieben Jahre lang noch die Weihnachtsgeschichte im rappelvollen Michel. Weil sie dort seine Stimme, auch wenn sie jetzt tief und samtig und nicht mehr so engelsgleich tönte, so liebten.

Er trug für diese Auftritte ein grünes Samtjäckchen mit Fliege, darunter ein hellgrünes Hemd und eine schwarze Hose. In diesem schmucken Aufzug steckte dieser langhaarige Hallodri, der nun Schauspieler geworden war. Es war Mitte der Siebziger, die große RAF-Zeit, und dann tritt da im hochherrschaftlichen Michel so ein fein gemachter Rocker ans Mikrofon. Jedes Mal lag ein Raunen über den Rängen.

Jans Vater Adolf beäugte das misstrauisch. Er war ein ziemlich nüchterner Mann. Schauspielerei, Musik und Tanz, alles Künstlerische, das war ihm suspekt. Fernsehen ebenfalls. Fünfzehn Jahre Altersunterschied zu Mutter Gisela machten ihn zu einem Vater mit wenig Verständnis für Jans bunte Welt. Anerkennung für dessen Rollen am Theater gab es nicht. Er ging nicht hin. Oder doch …? Wenn, dann nur heimlich. Nie gab er Jan das Gefühl, ein guter Schauspieler zu sein und die richtige Entscheidung getroffen zu haben. Ein Lob gab es nie.

Seine Mutter hatte früh ihre wilde Zeit, aus der dieses Andenken an Jans Finger stammt, hinter sich. Sie machte stets ein großes Geheimnis aus ihrer Vergangenheit vor ihrer Hochzeit mit Adolf. Nur Bruchstücke teilte sie Jan und Olli mit. Sie wollte ihr Leben für sich behalten. Irgendwann mal, beim Adventskaffee oder Familientreffen, kamen Details heraus … Im Laufe der Jahre wurden sie wie ein Puzzle zusammengesetzt. Im Krieg tourte sie mit einer Zigeunerband durch die Lande … nicht ungefährlich zu den Zeiten. Sie lernte einen groß gewachsenen, flotten GI kennen, der ihr den Ring schenkte – und Oliver.

Jan hat ihr altes Tagebuch noch, in dem sie von dieser Zeit schwärmt. Auffallend oft schrieb sie Dinge wie: »Haben zusammen wieder in den Mond geguckt.« Jan schmunzelt: »Wahrscheinlich bedeutet das, dass sie es gern mal draußen getan haben.«

Später hieß es dann, der Ami sei bei einem Verkehrsunfall mit einem Sportwagen gestorben. »Böse Zungen behaupteten, er hätte einen Abflug nach Amerika gemacht. Auf jeden Fall kam meine Mutter dann wieder nach Hamburg. Nicht verheiratet, Tänzerin und mit einem unehelichen Kind, das noch dazu von diesem Ami war ...«

Um sich durchzuschlagen, arbeitete Gisela als eine der ersten Tankwartinnen Hamburgs an der Tankstelle ihres Vaters, unten am Hafen. Schräg gegenüber gab es damals einen gewissen Herrn Fedder, der war schon mittleren Alters, hatte direkt am Wasser eine Knackwurstbude aus ein paar Holzplanken gezimmert. Dort ging sie mit ihrem Vater mittags Würstchen essen. Was sicherlich der Grund dafür ist, dass Jan bis heute – obwohl Vegetarier – ausnehmend gerne Knackwürstchen isst.

Als sich Jans Eltern zusammengetan hatten, sammelte sein Vater, der gelernter Tischler war, Brett um Brett, das er im Hafen so fand, und hämmerte und zimmerte aus der Wurstbude nach und nach eine Kneipe. Nachdem Jan zur Welt gekommen war, setzte der Vater oben auf die Kneipe noch eine kleine Etage drauf. Zwei Zimmer. »Im Winter konntest du das Eis an der Wand fühlen.«

Als Jan dreizehn war, sind sie dann alle in die Wohnung auf St. Pauli gezogen, in der Jan bis heute geblieben ist. Noch einmal streicht er über den Ring an seiner Hand, der sich mit den Jahren fest in den rechten kleinen Finger gegraben hat. Sein Talisman. Sein letzter Schmuck. Vom Totenkopf-Ohrring, den er lange trug, zeugt noch das fast zugewachsene Loch im Ohrläppchen. Und an seinem Hals baumelte früher das ausgesägte Wappen eines uralten Hamburger Fünf-Mark-Stücks. »Das hat mein Vater meiner Mutter mitgebracht aus Tirol. Da hat sich einer ganz lange hingesetzt und das Wappen ganz fein ausgesägt. Es stammt aus einer Zeit, als Hamburg noch eigene Münzen hatte. 1905. ›Freie und Hansestadt Hamburg‹ stand darauf.«

Schon als Jan aus der Pubertät herauskam, sagte er zu seiner Mutter: »Ich versteh die ganze Zeit nicht so recht – du sagst immer Jan zu mir. Und ich sage Mutti. Warum soll ich eigentlich Mutti zu dir sagen? Ist doch unlogisch. Wenn du Jan zu mir sagst, dann sage ich ab heute zu dir Gisi. So lautete ihr Künstlername: Gisi Sarai. Von da an habe ich sie immer Gisi genannt.«

Mehr zu erzählen von seiner Mutter, das bringt Jan bis heute nicht richtig fertig. Seine besten Freunde aber deuten an, dass es nur wenig Liebe gab von ihrer Seite. Bis zu ihrem Tod.

Nur wenig offenbart er über seine Mutter. Etwa jene Anekdote, als er nach einem Jahr als Jungschauspieler das erste Mal wieder zurück nach Hause kommt: »Ich fahre nach Langenhorn und steige aus dem Auto. Und meine Mutter arbeitet im Garten, macht da irgendwas und dreht sich kurz um nach mir. Und ich denke noch: Jetzt fallen wir uns in die Arme und sagen: ›Das war ein schreckliches Leben ohne dich‹, oder so. Sie aber dreht sich um, guckt mich an und sagt nur: ›Sag mal, willst du nicht mal wieder zum Friseur gehen?‹ Das war ihr erster Satz nach einem Jahr. So kalt war sie.«

Von seinem Vater war auch keine Wärme zu erwarten. »Der saß all die Jahre abends da, trank seine Biere und seine Kornschnäpse. Ganz zum Schluss, auch im Hochsommer, machte er sich Grogs. Und kurz vorm Zubettgehen gab es immer noch drei, vier Grogs obendrauf.«

Und dann denkt er zurück, wie er sich, wenn er spät nach Hause kam, auf Zehenspitzen am Schäferhund vorbeischlich und leise zur Mutter hineinflüsterte: »Gisela, ich wollte nur sagen, ich bin wieder da.« – »Hm. Alles gut.« Und wie dann immer der Geruch von Rum aus dem Schlafzimmer wehte, den sein Vater ausdünstete.

Jan erinnert sich nur an eine einzige Szene, in der er mal etwas mit seinem Vater alleine unternommen hatte. »Wir kamen beide sonntags aus der Kirche – und unten an der Ditmar-Koel-Straße sagt er: ›Komm, wir laufen um die Wette.‹ Und er hat noch gewonnen. Das ist das Einzige, dass wir mal so was zusammen machten. Irgendwas anderes mit ihm – nichts! Ich war ja sein leiblicher Sohn. Er ließ mich aber immer in dem Glauben, dass mein Bruder alles besser konnte. Der konnte die Krüge über der Theke einsortieren, ohne dass die runterfielen. Ich nicht, ich war immer der Trottel.«

Wie gerne hätte er ihm da eines Tages bewiesen, dass er es zu etwas gebracht hat. »Dass ich als Schauspieler die Nummer eins im Norden geworden bin!« Zu spät.

Und trotzdem. Er trägt von seinem Vater die Liebe zu Hamburg in sich. »Er war Hanseat durch und durch. Er lebte dieses alte Hanseatische, dieses leicht blasiert Vornehme. Blasiert bin ich ja nun nicht, aber: Ein Hanseat benimmt sich. Oder *hat* sich zu benehmen! Und das habe ich von ihm. Auch die Liebe zum Trödel stammt aus meiner Sippe. Das war sein Großvater, also mein Urgroßvater, von dem ich das geerbt habe. Diese Liebe zum Detail.«

Und weil sein Vater strikt dagegen war, dass Jan Schauspieler werden wollte, zog er die Lehre durch. Von fünfzehn bis achtzehneinhalb. Dreieinhalb verlorene Jahre für Jan. Deswegen hat er so seine ganz eigene Rechnung, die er dieser Zeit entgegenstellt: »Ich bin der weltlängste

Schauspielschüler, weil ich mit zehn angefangen habe mit Kinderballett. Und mit zwölf bekam ich schon Sprechunterricht – weil die bei meinem ersten Film mit dreizehn verrückt geworden waren, wie Hamburgisch ich sprach. *Reisedienst Schwalbe* heißt der Film, und in dem musste ich synchronisiert werden. Und dann bin ich ans Klecks-Theater gegangen, war dort viele Jahre lang, spielte aber auch am Ernst-Deutsch-Theater Goethe und andere Klassiker und lernte dort ein so manieriertes Hochdeutsch, so ein sehr großes Shakespeare-Deutsch: ›Ha! Wer kommt? Was sehe ich? Ooh, mein Roderich, was bringt dich so unverhofft aus Brüssel wieder? Wem danke ich diese Überraschung, wem?‹ Da musste ich meine Natürlichkeit später wieder schwer zurückerkämpfen.«

Genauso wie die Anerkennung des Vaters. Der kam eines Tages heimlich in ein Stück im Kinder- und Jugendtheater Klecks, erzählte davon aber erst kurz vor seinem Tod. Dabei hatte Jan ihn so oft darum gebeten und wäre so glücklich gewesen, ihn dort einmal im Publikum zu sehen.

»Aber er ist dann in der Pause gegangen. Es war ihm zu laut, und es war ihm alles zu doof. Das Einzige, was ihm imponiert hat, so sagte er, war, dass hinter dem Tresen ein Langhaariger mit einem Zopf stand. Und der konnte gut Pils ausschenken, weil das ein Profi war. Trotz seiner langen Haare. Mein Vater verachtete Langhaarige. Tja, was willst du da noch zu sagen? Lange hab ich darunter gelitten und darüber nachgedacht; gerade als ich dann größer wurde: Warum hat mein Vater meinen Auftritt nicht miterleben wollen? Heute habe ich das verarbeitet – weg, weg und Schluss! Aber damals war es ein Problem für mich.

Warum konnte ich meinem Vater nicht beweisen, dass ich ein guter Schauspieler bin? Die anderen, Opa und Mutter, sind ja noch nach Esslingen gekommen, haben mich da noch als ›jungen W.‹ gesehen und als Puck im *Sommernachtstraum.*«

Der Vater aber kippte um, als Jan den ersten Tag in Esslingen hatte. Herzinfarkt im Brötchenladen auf dem Hamburger Schulterblatt. Vier Wochen später war er tot. Der Intendant ließ Jan morgens mit dem ersten Flieger nach Hamburg zur Beerdigung fliegen und nachmittags wieder zurück nach Stuttgart und zahlte ihm den Flug. Abends spielte Jan wieder.

»So ist das alte Zirkuspferd. Egal, was passiert. Nur die anderen, die Kollegen, haben sich alle gewundert an dem Abend: ›Fedder, was ist mit dir los? Hast du schlechte Laune heute?‹ Weil ich normalerweise einen Joke nach dem anderen rausgehauen habe. Und ich saß bloß still in der Ecke und wollte meine Ruhe haben, weil ich über meinen Vater nachdachte, den ich am Vormittag unter die Erde gebracht hatte. Bis dann einer mal sagte: ›Lass ihn mal in Ruhe. Sein Vater ist heute gestorben.‹«

War es sein Vater, der manches Hindernis in Jans Leben einbaute, so war es seine Mutter, die ihm das Wichtigste, was eine Mutter geben kann, von Anfang an entzog. Wie schnell hätte Jan zum bloßen Opfer mangelnder Zuneigung werden können. Doch er kämpfte um diese Gefühle – bei anderen Menschen. Als seine Oma Kartoffeln schälte, damals in der Küche, nahm er sie als kleiner Kerl eines Tages in den Schwitzkasten, um ihr endlich mal einen Kuss geben zu können. Denn diese Oma hatte nie Küsse geben wollen oder können, genauso wenig wie ihre

Tochter Gisela, Jans Mutter. »Ich musste mir meine Liebe immer schwer erkämpfen, versuchte sie mir zu holen.« Aber er scheiterte.

Er wollte immer nur geliebt sein. Bis heute. Das ist die große Triebfeder der meisten Schauspieler, und bei ihm ist diese Sehnsucht ein besonders starker Antrieb. »Außerdem war ich ein sehr verschmuster Junge und bin bis heute verschmust mit meiner Marion.«

Wenn er heute in den Spiegel schaut, was erkennt er dann noch von seiner Mutter? »Von ihr habe ich das Ungestüme. Dieses ›Das muss jetzt fertig werden! Das müssen wir schaffen!‹ Die laute Stimme, das Schreien … Gisi war ja später Gymnastiklehrerin, und die Turnhallen zitterten, wenn sie Anweisungen gab. Das konnte sie gut. Das Gegenteil leider nicht. Selbst zu meinem Vater war sie kurz angebunden, wenn sie sich gegenseitig in den Urlaub verabschiedeten. Weil ja einer immer in der Kneipe bleiben musste, fuhren sie getrennt. Da gab es einen flüchtigen Kuss auf die Wange.«

Aber wo holte sich der kleine Jan denn dann seine Liebe? »Woanders halt. Und sehr früh. Deswegen habe ich schon jung angefangen mit den Mädels. Man holt sich die Liebe eben da, wo man sie kriegt.« Und wo kriegt man die, wenn man auf St. Pauli groß wird? Nein, nicht genau dort – es waren ganz normale Mädchen, bei denen Jan Wärme suchte und fand. Wenigstens das. Bei den anderen hätte er sie ja auch nicht finden können.

»Nein, Nutten kannte ich nur wenige«, erinnert er sich. »Erst später dann, als sie mich auf St. Pauli als Zuhälter anwerben wollten.« Das war zu der Zeit, als er nächtelang in der Kneipe Micky Mouse zubrachte und fast ein

Teil des Milieus geworden wäre. Er sah gut aus, und die alten Luden wollten ihn als Koberer, der am Wochenende durch die Discos auf dem Land zieht und die schönen Mädchen »kobert«, mitnimmt nach Hamburg und dort auf die schiefe Bahn bringt. »Da wurde es Zeit für mich, dass endlich der Break kam, dass ich mich von der Micky Mouse und von diesem Teil von St. Pauli ganz abwandte.« Die Sehnsucht, ein erfolgreicher Schauspieler zu sein, war stärker. Und ein von vielen geliebter.

Die Kühle der Mutter aber blieb. »Ihr Hund war ihr immer wesentlich wichtiger als das, was mit ihrem Sohn so passiert.« Selbst als dieser ihr sagte, dass er sich verloben will mit Marion, antwortete sie bloß, dass sie auf dem Hundeübungsplatz den zweiten Platz gemacht hat mit ihrem Liebling. »Und auch wenn ich zum Bambi oder Fernsehpreis eingeladen war – das war alles Scheiße, ne? Wichtig war nur sie. Bis es dann mit ihr zu Ende ging und ich meinen innerlichen Frieden mit ihr schließen und sagen konnte: ›Sie ist halt so, wie sie ist.‹«

Zum Schluss lag sie auf der Intensivstation. »Die ganze Familie war um sie rum. Und dann sagte Gisela: ›Tschüss, mein Janni.‹ Und es war sehr selten, dass sie Janni zu mir sagte. Und ich antwortete: ›Auf Wiedersehen, auf Wiedersehen, auf Wiedersehen.‹«

# Ich war kein Hauer

»Arsch in der Hose. Bügel in der Jacke. Breiter Gang. Blick geradeaus. Klare Worte. Geile Fresse. Aber keine Muskeln! So musste ich mich auf dem Kiez durchschlagen. Jemand hat mir mal einen gut gemeinten Rat gegeben: Setz dich nie mit dem Rücken zur Tür – das kann tödlich sein auf dem Kiez. Und wenn du mal dringend weg musst – kauf dir ne Rolex, die kannst du immer zu Geld machen. Hatte ich aber nie.

Man musste schon was hermachen: Geile Kutte ist klar und ne coole Karre – in meinem Fall ein Chevrolet Impala Cabrio. Das war mal ne Ansage. Aber keiner wusste so recht, wie er mich unterbringen soll. Ich war kein Zuhälter – obwohl die Mädels mich gern als ihren gehabt hätten. Ich hatte mit Drogen nix am Hut. Ein Hauer war ich nicht. Kobern wollte ich nicht … Aber da war ja noch mein Talent als Schauspieler. Die edlen Klassiker konnte ich kaum – aber mit anderen Rollen wollte ich überzeugen. Als Ortschie zum Beispiel, am Klecks-Theater. Da bin ich in einem Aufklärungsstück lange Zeit als Orgasmus aufgetreten. Ich hab das mal ausgerechnet – ich hatte hunderttausend Zuschauer bei diesem Stück. Also hatten so um die fünfzigtausend Mädels mit mir ihren ersten Orgasmus erlebt. Immerhin.

Ich konnte immer gut cool und trotzdem herzlich sein. Heute will ich gar nicht mehr der Harte sein. Früher schon.

Jetzt ist es die Altersmilde. Privat hasse ich es, hart zu sein. Ich will nicht privat irgendwelchen Leuten sagen: ›Du bist ein Arschloch. Du hast hier nichts mehr zu suchen. Und ich will mit dir nicht mehr. Und Schluss aus!‹ Trotzdem: Ich *kann* richtig böse werden.

Ich gehe auch keiner Sache aus dem Weg. Ich habe mich mal mit drei Hells Angels gleichzeitig angelegt. Und ich habe auch dem Weltmeister im Karate-Bruchtest Prügel angeboten. Weil ich besoffen war. Wenn ich besoffen war, war ich immer irrsinnig mutig. Irrsinnig. Und vor allen Dingen, wenn es um andere ging. Wenn es gegen mich selbst geht, zucke ich so zurück. Aber wenn dich jetzt jemand angreifen würde, dann würde ich zum Held. Dann würde ich dazwischenspringen – also, wenn ich noch springen könnte – und würde ihn weghauen und wegdrücken oder machen und tun. Bloß wenn einer sagt: ›*Dich* will ich haben, dich bring ich um ... *Dir* haue ich gleich was in die Fresse.‹ Dann weiß ich nicht, wohin.

Austicken kann ich noch immer. Auch wenn ich von allen Seiten Krawumm kriege: Ich bleibe dabei! «

# Fast ersoffen – die große Sturmflut

Wenn es ein Erlebnis gibt, das wie ein Schlüssel passt, um Jans Seele aufzuschließen, dann ist es die Nacht vom 16. auf den 17. Februar 1962. Die Nacht der großen Sturmflut. Mit dreihundertfünfzehn Toten, allein in Hamburg.

Wenn Jan, der Botschafter der Deutschen Gesellschaft zur Rettung Schiffbrüchiger ist, von diesem Tag zu erzählen beginnt, klingt er anders als sonst. Dann legt sich seine Stimme noch eine Oktave tiefer. Dann klingt es in seiner Kehle härter, knirschender als je zuvor: »Das Wasser kommt. Der Sturm peitscht draußen. Die Böen pfeifen um das Holzhaus herum. Die Fenster wackeln. Alles ist im Umbruch. Man weiß nicht, was passiert. Die Scheiben sind schon voller Wasser …«, erinnert er sich und dreht dabei längst einen Film mit seinen Augen.

Ganz so wie damals, als er als siebenjähriger Junge in der Kneipe der Eltern Augenzeuge der Katastrophe war: »Dann klatschen die Wellen von draußen an die Scheiben, in einer Höhe, in der man Angst bekommt. Noch ist alles trocken in unserer Stube. Aber da kommt ein erster kleiner vorwitziger Tropfen unter der Eingangstür hervor, schiebt sich wieder zurück, kommt wieder, wird größer, wird immer größer – größer. Und wird immer vorwitziger. Und auf einmal ist dieser Tropfen ein Riesenfleck …«

Jans Stimme gerät beinahe ins Stocken an dieser Stelle. Fast bricht der junge Jan durch die Erzählungen des alten

Jan, des Schauspielers. Aber dessen Stimme bleibt nach diesem kleinen Aussetzer fest und hart und tief: »Und dann auf einmal, mit Wucht, kommt es unter der Tür durch, und der ganze Raum ist voll mit Wasser. Noch ist das nur ein bisschen. Denkt man. Aber das Wasser steigt. Das Wasser steigt. Und steigt. Und steigt. Und wir ziehen uns immer mehr zurück. Wir haben alles, was Wertvolles da war, nach oben gerettet. Und nun ziehen wir uns zurück, gehen die kleinen Steinstufen hoch und gucken, was passiert. Und je mehr und je länger es dauert, desto mehr steigt dieses Wasser in unserem Haus. In unserer Gaststätte. Im Gastraum. Wir haben die Tür noch offen – und sehen auf einmal, wie die Tische und Bänke, und alles, was nicht niet- und nagelfest ist, in der Küche im Kreis herumschwimmt. So wie es will. Es kracht zusammen. Es verheddert sich. Es verbarrikadiert sich.«

Als er davon erzählt, nippt Jan an einem Tee. Seinen Blick hat er starr aufs Fenster gerichtet, doch er schaut mit seinen Augen nicht nach draußen, er schaut bloß zurück: »Du guckst in den Keller. Und das Wasser auf der Kellertreppe steigt genauso, wie es auch in der Gaststätte steigt. Es wird immer höher. Und das Wasser auf der Kellertreppe – bevor es kippt und in unseren, so gesehen, ersten Stock reinläuft, stoppt es. Aber du weißt nicht, wie lange. Ich bin ein *Kind*. Und ich beobachte das erste Mal, wie der liebe Gott – oder auch vielleicht nur das Wetter – einfach mal zeigt, wer Herr im Hause ist. Und du – als Kind – fängst an zu respektieren, dass es da ganz andere Sachen gibt als nur den Fuchsschwanz am Fahrrad oder deine Sturmklingel. Oder andere Geschichten. Dass es noch was viel Wichtigeres gibt. Nämlich dein eigenes Leben.«

In Jans Augen, die er weit aufgerissen hat, glänzt es jetzt: »Und das Wasser steigt und steigt – und dann hört es irgendwann auf. Und wir sitzen oben im ersten Stock und irgendwie – ich weiß nicht, aus welchem Grund – ging das Radio noch. Dieses Radio habe ich bis heute, das ist auf dem Bauernhof. Und mit dem hörten wir die Sturmflutwarnung. Und wir lauschten: Der Wasserstand ist so und so. Aber das konnten wir ja nicht nachmessen, wir hatten ja kein Metermaß dabei. Und dann erwischt es dich. Und es ist dieses Schmatzende, Gurgelnde, dieses sich alles nehmende Geräusch dieser Drecksbrühe, auf der Schlieren von Benzin und Altöl schimmern und auf der Treibholz schwimmt und weiß der Kuckuck was … Und dieses Wasser nimmt sich *alles*. Und vielleicht nimmt es dich zum Schluss.«

Am Ende seiner Erzählung angekommen, schließt Jan die Augen, wischt sich kurz über die Lider und zieht seinen einen Mundwinkel hoch zum Fedderschmunzeln: »Na, das war ganz schön harter Tobak. Aber diese Gedanken sind ganz tief in mir drinnen«, raunt er.

»Wir hatten ein Steinfundament unter der Kneipe, Gott sei Dank«, und das bewahrte die aus Brettern zusammengeschusterte Kneipe samt darüberliegender Wohnung davor, ganz von der Flut mitgerissen zu werden. »Jeder Seemann, jeder Kapitän oder Steuermann hat früher, wenn er so vierzig, fünfzig Jahre zur See gefahren ist, eine kleine Kneipe am Hamburger Hafen genommen. Und damit weiter sein Geld verdient. Schon meine Vorfahren bauten sich ihre eigenen Kneipen. Da gab es nicht nur eine unten im Erdgeschoss, sondern eine im ersten, eine Kneipe im zweiten, eine auch im dritten Stock. Und wenn das erste Schiff festmachte, waren die nur ein paar Augenblicke später voll mit Tausenden von Seeleuten, die Vergnügungen suchten.«

Hat er damals bei der Sturmflut Todesangst gespürt? »Ein unbekanntes Gefühl hatte ich. Etwas, was der Todesangst sicherlich ähnelt. Aber nicht genau diese.« Und kaum hat er das Wort Todesangst selber ausgesprochen, spult Fedder in seinen Gedanken vor, hin zu den vielen Malen, in denen er dem Tod nahe war. Es dauert dann, ihn wieder zurückzuholen zur Sturmflut. Wie sie alle da oben saßen und warteten und bangten, bis das Wasser wieder zurückging. Die ganze Nacht. »Und irgendwann floss es wieder ab. Aber der ganze Dreck – der Schlick –, der blieb. Und alles war zerstört. Der Keller war völlig vollgelaufen.«

Die ganze Stadt Hamburg war in ihrem Lebensnerv getroffen. Zusammen mit hundertfünfzigtausend anderen Menschen standen die Fedders einige Tage darauf bei der Trauerfeier für die Sturmflutopfer auf dem Rathausmarkt. Zuvor hatte Helmut Schmidt seine berühmte Rede in der Bürgerschaft gehalten. Ihm und seinem Handeln verdanken es die Hamburger, dass es nicht Zehntausende Tote gegeben hat, dass so viele gerettet wurden. Die Sturmflut war Schmidts große Feuerprobe. Fortan galt er als Krisenmanager par excellence, stieg als damaliger Innensenator über Nacht zur Legende auf. Vor ihm hatten sie alle Respekt.

Wobei? Respekt, so richtigen, hat Fedder vor niemandem. So sagt er. Aber es gibt drei Ausnahmen: »Vor Marion habe ich Respekt und vorm lieben Gott.« Und als Schmidt noch lebte, hatte Jan auch vor seinem Altbundeskanzler Respekt. Vielleicht ähnlich wie das ganze Land. Aber bei Jan ging das noch ein gehöriges Stück weiter. Denn Helmut Schmidt hatte Jan das Leben gerettet.

Als sein verehrter Freund Siegfried Lenz fünfundachtzig Jahre alt wurde, war es für Jan endlich an der Zeit, Schmidt einmal zu begegnen und ihm für alles zu danken. Gerade mal zwanzig Leute waren eingeladen zu diesem Fest des großen Dichters, in dessen Romanverfilmungen Jan die Hauptrollen gespielt hatte. Und der über Jan sagte: »Er ist gütig, er ist schlau, er ist liebenswert.« Und dass er genau solch einen wie ihn immer gemeint, immer in Kopf und Herzen gehabt hatte, als er die Helden seiner Bücher erschuf. In ein wunderschönes kleines Lokal hatte Lenz nun eingeladen, sehr ostfriesisch, reetgedeckt, in einen winzigen Saal. In ihm saß, im Rollstuhl, Siegfried Lenz. Und direkt neben ihm sein Freund Helmut Schmidt.

Aufgeregt wie ein Schuljunge war Jan damals. Passenderweise hatte er, ebenfalls wie ein kleiner Junge, ein paar Verse als Geschenk, für einen kleinen Vortrag, Lenz zu Ehren. Ringelnatz. Nach der Suppe verschwand er deswegen im Nebenzimmer, um sich auf seinen großen Auftritt vorzubereiten. Wie er das immer bei seinen Lesungen getan hatte, so setzte er sich auch diesmal die Elbsegler-Mütze auf und begann mit einer Anleihe aus dem *Jedermann* von Hugo von Hofmannsthal, und rief, um seinem Auftritt möglichst effektvoll Gehör zu verschaffen, durch die geschlossene Tür zum Saal ein lautes: »Jeeedddermaaannn!« Ganz so, wie es sich gehört bei den Salzburger Festspielen. Auch dort erschallt der Ruf aus dem Off auf die Bühne.

Blöd nur, dass in Ostfriesland niemand von den Sicherheitskräften, die den Altkanzler rund um die Uhr begleiteten, von diesem Auftritt wusste. Und so setzte Jan Fedders Ruf die Leibwächter aus dem Stand heraus in Bewegung. Gleich drei von ihnen stürzten auf die Seitentür zu, hinter der Fedder stand und auf seinen Auftritt wartete. Die Männer zogen ihre Pistolen, hielten sie schon im Anschlag, rissen die Tür auf ... und erkannten im letzten Moment: Fedder. Fehlalarm. Puh!

Der Rezitator aber war nun durcheinander und lieferte die schlechteste Ringelnatz-Lesung seines Lebens ab. Keiner lachte. Keiner lächelte. Keiner schmunzelte, nicht einmal das. Und das bei einem Programm, bei dem die Leute sich sonst köstlich amüsierten.

Aber das lag nicht nur an Jan Fedder, sondern auch an Helmut Schmidt. Norddeutsch wie die Festgesellschaft nun mal war und voller Respekt vor dem Ehrengast, schauten alle anderen Geladenen erst den Staatsmann a. D. an, bevor sie selber auf Fedders Vortrag reagierten. »Und Helmut Schmidt lachte nicht«, erinnert sich Fedder. »Also wagte auch kein anderer zu lachen. Schmidt saß so da und dachte: ›Na, was soll das jetzt?‹«

Und so endete Fedders Vortrag mit einer kleinen Verbeugung, einem kleinen Dankeschön und einem ebenso kleinen Anstands-Applaus. Dann zog er die Elbseglermütze ab und nahm all seinen verbliebenen Mumm zusammen, um endlich das zu tun, was er schon so lange wollte. Er ging auf Helmut Schmidt zu: »Herr Schmidt, darf ich mal auf eine Zigarette zu Ihnen kommen und mich kurz unterhalten?« Und der antwortete: »Ja, bitte. Nehmen Sie Platz.« Und Fedder nahm Platz. Erst einmal auf der falschen Seite, auf der Schmidt, der ohnehin schon schwerhörig war, eigentlich *gar nichts* mehr hörte. Und so musste er erst mal die Seite wechseln, zu Schmidts noch halbwegs funktionierendem Ohr: »Herr Schmidt, Folgendes: Mein Name ist Jan Fedder, und ich spiele in den Siegfried-Lenz-

Filmen die Hauptrolle. Ich hoffe, Sie haben …?« – »Jaja«, antwortete Schmidt, »habe ich gesehen …«

Und wie sich Fedder in diesem Moment schon freuen wollte, dass sein großes Vorbild ihn in diesen Filmen erlebt hat, schaut Helmut Schmidt ihn nur prüfend an und fragt ihn in typischer Schmidt-Manier: »Aha. Hm. Ja. Und was machen Sie beruflich?«

Der Befragte will schon lachen, um die Situation zu entschärfen, nimmt sich aber zusammen, denn schließlich spricht er gerade mit Helmut Schmidt: »Das haben Sie ja gerade gesehen. Ich zitiere Ringelnatz und spiele in den Filmen von Siegfried Lenz die Hauptrolle …« Woraufhin Schmidt trocken erwidert: »Ach! Kann man davon leben?«

»Da war ich ziemlich platt«, erinnert sich Fedder, und auch daran, wie er in diesem Moment seinen ganzen Stolz walten lässt und antwortet: »Ja. Ich bin einer der meistbeschäftigten Schauspieler Deutschlands. Und ich kann da ganz gut von leben.« – »Aha. Hm. Ist ja interessant.« Es folgte noch ein wenig Geplänkel. Fedder sagt: »Das alles hat ihn null interessiert. *Null!*«

Ziemlich baff und verlegen machte Fedder in diesem Augenblick also Bekanntschaft mit der berüchtigt abweisenden Seite dieses so geliebten Politikers. »Aber nun kam ich mit Trick siebzehn um die Ecke, denn den hatte ich ja noch im Stiefel. Und so sage ich zu Schmidt: ›Wir sind ja damals ziemlich abgesoffen, 1962, und Sie haben uns ja sehr geholfen …‹« Bei diesen Sätzen kehrte Schmidts Aufmerksamkeit schlagartig zurück: »Ja? Wieso? Was?«, fragte er, und Fedder antwortete: »Wir hatten eine Holzkneipe unten am Hafen. Und wir waren vollgelaufen. Wir saßen im ersten Stock und kamen nicht raus.«

Noch heute legt sich Genugtuung in sein Gesicht, wenn er sich an die nächsten Augenblicke mit Schmidt entsinnt: »Da hatte ich ihn! Mit der Sturmflut hatte ich ihn!«

Und dann erzählte er noch, wie heikel ihm damals zumute war. »Als er mich gefragt hatte: ›Kann man davon leben?‹, da wollte ich erst aufstehen und nach Hause gehen. Ich dachte mir: ›Der muss doch mal irgendwann den Fernseher anhaben und muss doch mal das *Großstadtrevier* oder *Büttenwarder* oder die Lenz-Verfilmungen gesehen haben.‹« Natürlich hatte Schmidt das. Zumindest die Lenz-Filme mit ihm kannte er ja und mochte er auch. »Aber so war das eben Schmidts Art. Das war seine Art von Humor und so wie er sich gab.«

An jenem Abend erzählte er Schmidt noch lange, wie das Wasser höher und höher stieg. Und vor allen Dingen, was aus den Hauskatzen wurde. Denn die konnten sich ja ganz gut bewegen und schafften es bis auf die Mauersimse. »›Aber was machen wir mit dem Schäferhund? Schmeißen wir den über die Mauer oder nicht, ne? Damit der auch gerettet wird.‹ Und da war er richtig drin in meiner Geschichte, und er fragte: ›Haben Sie es denn geschafft? Haben Sie den Schäferhund über die Mauer geschmissen?‹ Ich sage: ›Nee. Gott sei Dank hielt das Wasser dann an, und dann war gut.‹ Und so ging das weiter mit uns, und wir schnackten über dies und das. Und rauchten dabei eine nach der anderen.«

Als sich das Gespräch zum Ende neigt, deutet Fedder auf den Aschenbecher und meint: »Ach, der ist doch ganz voll. Ich hole mal einen neuen.« – »Brauchen Sie nicht.« Ich sage: »Nein, ich hole einen neuen.« Fedder also ab ins Nebenzimmer, packt den Aschenbecher samt Inhalt in eine Asservatentüte, die er als Requisit aus dem *Groß-*

*stadtrevier* in seiner Manteltasche deponiert hatte – »Ganz ehrlich: Das war nicht geplant« –, greift sich dann noch einen leeren Aschenbecher und kehrt mit dem zu Schmidt zurück, stellt ihn vor ihn auf den Tisch. »So, hier, Herr Schmidt. Hab uns einen frischen Aschenbecher mitgebracht, ist besser, ne?«

Eben jener von Schmidt und Fedder befüllte Aschenbecher steht heute von einem Scheinwerfer bestrahlt in Fedders Wohnung. Gleich neben einem anderen Souvenir … Denn zum Schluss der Geburtstagsfeier beugt sich Fedder noch einmal herunter auf Augenhöhe zum Altkanzler und traut sich noch einmal was: »Herr Schmidt, ich habe da noch eine Frage. Mit Ihren Mützen … Gibt es da vielleicht irgendwie eine Chance, eine, die Sie nicht mehr brauchen, von Ihnen zu bekommen?« Und Schmidt sagte bloß: »Da reden Sie mal nicht mit mir. Reden Sie mit meiner Freundin.«

Woraufhin Fedder rüber ist zu Ruth Loah – um sich mit seiner extra zartharten Schmelz-Stimme vorzustellen: »Frau Loah, gestatten Sie, mein Name ist Jan Fedder …« Und Frau Loah gestattete, ja schmolz sofort dahin. Fedder zu ihr: »Ich habe jetzt gerade mit Helmut, pardon, mit Herrn Schmidt gesprochen, und nun wollte ich Sie mal fragen: Besteht da eventuell die Möglichkeit, dass ich irgendwie eine seiner Mützen bekomme oder so …« Und da mischte sich Schmidt wieder ein: »Wir haben doch noch so ein Ding im Büro liegen. Das brauchen wir sowieso nicht mehr. Das kann er sich doch abholen. Frau Dings kümmert sich darum. Also reden Sie mit ihr.« Fedder fragt noch: »Wie sollen wir das denn machen?«, als Ruth Loah schon antwortet: »Wir machen Folgendes. Ich rede mit seiner Sekretärin. Und die macht das dann alles klar. Dann melden Sie sich am Montag oder Dienstag, und ich rufe vorher an und sage, was Sache ist. Dann können Sie vorbeikommen.« So lief es dann auch. Die Sekretärin meldete sich und sagte: »Sie können jetzt vorbeifahren.« Und so fuhr Fedder zum hochheiligen Speersort, dem Redaktionsgebäude der *Zeit,* in dem Schmidt sein Büro hatte, ging hoch zu der Vorzimmerdame, und da lag schon die Mütze, die dort für Notfälle deponiert war.

Die Sekretärin flötete durch die Sprechanlage hinüber zu ihrem Chef: »Herr Fedder wäre jetzt da.«

»Ja, soll reinkommen.«

Einen Augenblick später stand Fedder also vor dem Schmidt'schen Schreibtisch und sagte: »Herr Schmidt, ich möchte mich bedanken für die Mütze.«

»Ja, nehmen Sie die mit. Ich brauche den Scheiß sowieso nicht.«

Und Fedder antwortet: »Kann ich Ihnen irgendwas Gutes im Umkehrschluss tun? Sie haben doch am Brahmsee Ihr Häuschen. Sind Sie da noch?«

»Jaja. Wieso?«

»Ich habe noch einen Messerschmitt-Kabinenroller. Ich biete Ihnen an, aus nostalgischen Gründen: Wir fahren beide einmal um den Brahmsee mit einem Messerschmitt-Kabinenroller.«

»Nee, das machen wir nicht. Außerdem habe ich jetzt keine Zeit mehr. Ich muss jetzt arbeiten.«

Damit war die Audienz beendet. Und Jan zieht stolz mit der Mütze ab – kommt dabei am Büro von Chefredakteur Giovanni di Lorenzo vorbei. Stolz präsentiert der Gast seine Trophäe.

»Der ist fast ohnmächtig geworden. Der sagte bloß: ›Das glaube ich nicht. Das glaube ich nicht!‹«

Aber wieder zurück zur Sturmflut, als Schmidt zu seinen Hamburgern gesprochen hatte. »Nach seiner Rede haben wir alle geschrubbt wie die Beknackten, um den Schlamm rauszukriegen. Und dann wäre ich am nächsten Tag doch noch ersoffen, als wir den Scheiß und das Wasser aus Opas Tankstelle kriegen wollten. Ich trat auf die Bretter, die über der Abschmiergrube schwammen, und stürzte in sie hinein. Die war ja randvoll mit Wasser und Öl.« Noch im Fallen fängt ihn sein Großvater auf. »Wenn der mich nicht im letzten Moment erwischt hätte, wäre ich nicht mehr da rausgekommen. Aber er hat mich gefangen und gesagt: ›Geh rüber. Zieh dich um. Zieh dir trockene Sachen an.‹«

# Der Geruch von Heimat

» Meine Kindheit roch nach Teer und Gas. Als Erstes fällt mir der Geruch ein, wenn ich lange Zeit weg war und dann mit dem Goggo von Esslingen, wo ich am Theater engagiert war, heimfuhr … Das war immer eine Tour! Über die Kasseler Berge. Fünfzehn Stundenkilometer aufwärts. Und die Laster hinter dir kommen bis an deine Stoßstange, hauen dir die Lichthupe rein, weil die ja ihren ganzen Schwung verlieren. Ich bin dann immer über die Elbbrücken gefahren, nie durch den Elbtunnel. Und wenn ich oben auf den Elbbrücken war, hab ich die Fenster runtergekurbelt … Und dann war da dieser ölige, brackige Geruch der Elbe. Und der Geruch vom Gasometer. Da stand ein Gasometer. Und das roch so nach Teer. Und so roch das auch am Hafen. Dazu kam der Geruch nach altem Holz. Dann wusste ich: Ich bin wieder zu Hause. Ich bin wieder da.

Unten am Hafen roch es auch nach Sprit. Das war Opa mit der Tankstelle. Der war ja schräg gegenüber unserer Kneipe. Da roch es nach Benzin und nach Diesel. Dann die Schiffe und die ganzen Auspuffgase; alles was verheizt wurde. Die sind ja damals noch mit Kohle beheizt worden. Und die alten Dampfer, wenn die unter der Brücke durchmussten, zogen die ihre Schornsteine runter. Und wenn der Dampfer vorbei war, gingen die wieder nach oben. Das war bei der Überseebrücke sehr oft so, dass die ihre Schornsteine reinholten.

Und dann hast du da diese Geräuschkulisse. Dieses Hundertfache. Schiffshörner. Das Hallen von den Werften, wenn sie mit den schweren Hämmern auf die leeren Hüllen von Schiffen schlugen. Das hallt ja wider wie … Und dann das Nieten und Stanzen … Und die Kräne, wenn sie fuhren. Düdellüdellüdeldü. War ein Warnzeichen oder auch nicht, damals wahrscheinlich noch nicht, erst später. Das war die Geräuschkulisse. Und dann waren wir ja direkt an der U-Bahn. Genau in der Kurve. Da wo der runde alte Bunker noch steht. Und die U-Bahn quietschte und knarrte jedes Mal vorbei.

Ich habe mir das alles reingezogen. *Alles.* Du fährst im Bus, du fährst in der U-Bahn, du fährst in der Straßenbahn. Schon als Kind habe ich beobachtet: Was machen die, wie streiten die sich, wie haben die sich lieb, was machen die mit der Hand oder was weiß ich … Und das habe ich alles verarbeitet. Auch für den Beruf. «

# Fehler hab ich so einige ...

» Ich hab vom lieben Gott sehr viele Gaben abbekommen: Menschlichkeit, großes Herz, Sammelleidenschaft für alte und völlig unsinnige Sachen. Da hat der liebe Gott einen ausgekotzt, den es so nicht noch mal gibt!

Ich trinke zu viel und habe zu exzessiv gelebt. Mein toller Kollege Diether Krebs hatte das auch. Der hat auch in seinem Leben gebrannt von beiden Seiten. Da muss man sich nicht wundern, wenn man früher abtreten muss. Aber nun habe ich ja noch mal die Kurve gekriegt.

Ein Fehler von mir ist manchmal auch meine Ehrlichkeit. Dass ich jedem immer die Wahrheit sage. Was man aber nicht immer machen sollte. Diplomatie ist die Sache von Marion und meinem Freund Joerg, die können das.

Ein anderer Fehler von mir ist, dass ich immer zu spät komme. Sagen meine Kollegen. Dass ich nie den Text lerne. Mich nicht vorbereite. Aber wenn es losgeht, dann geht das aber richtig los.

Ich bin übrigens auch Egomane. Kein Egoist, aber ein Egozentriker. Muss ich sein. Darum habe ich auch keine Kinder. Damit ich diese Spiellaune bewahre. Weil ich selber ein Kind bin und mit mir selber so beschäftigt. Auch beim Schauspielen.

Jeder gute Schauspieler muss sich um sich selber drehen. Obwohl Marion schon manchmal sagt: ›Es muss sich ja nicht immer alles um dich drehen.‹ Aber ich bin ruhiger geworden. Ich war früher viel, viel schlimmer. Seitdem ich mit Marion zusammen bin, bin ich nicht mehr so egomanisch wie früher.

Ich kenne übrigens auch einen, der in mir ein Vorbild sah. Harald Schmidt. Der war von '74–'76 auf der Schauspielschule in Stuttgart. Und ich war damals in Esslingen, vierzehn Kilometer von Stuttgart. Und da ist er mir immer hinterhergereist. Ich habe den Puck gespielt im *Sommernachtstraum.* Sein Schauspiellehrer hatte zu ihm gesagt: ›Wenn du mal ein großer, guter Schauspieler werden willst, dann musst du so spielen wie dieser Typ da.‹ «

# Mein St. Pauli bei Nacht

»Ich kannte die ja alle noch, die letzten Originale. Die Berühmtheiten von St. Pauli, etwa Hoddel. Das war der Verrückteste von St. Pauli, den es gab, und mit dem habe ich gepaukt. Pauken heißt: Wir sind Freunde; wir sind zusammen. Er ist mein Pauker. In der Zuhältersprache. Wir haben jeden Scheiß zusammen gemacht. Und Hoddel ging immer barfuß, auch im Winter meistens, und trug nur eine abgeschnittene Jeans. Trug auch nie Unterwäsche und auch oben nichts. Nur eine Weste und so ein großes goldenes Amulett. Damals war Hoddel eine Zentralfigur auf St. Pauli. Den habe ich kennengelernt, als auf der Straße auf einmal Schüsse knallten. Und dann siehst du einen Halbnackten mit Wehrmachtshelm, der mitten auf der Straße steht; die Autos müssen anhalten, er zieht den Bademantel aus, ist nackt. ›Endlich mal wieder duschen!‹, brüllt er in den Regen und feuert mit so einer großkalibrigen Waffe in die Luft; und danach kommt er zu uns in die Micky Mouse. Das war Hoddel. Der war so. Und er war der zweitschnellste Hauer von St. Pauli. Der hatte vor nichts Angst. Solche Leute, die gibt es heute nicht mehr. So was wie Heinz Hoenig früher mal war. Heute wirkt das nur noch aufgesetzt und albern. Wenn du jetzt noch versuchst, fünfundzwanzig zu sein, ist das ein bisschen albern.

Albern find ich auch so manches Moderne auf St. Pauli. Da fallen mir diese Kioske ein, die überall Bier und Schnaps verkaufen. Es gibt dreißig Stück davon mittlerweile. Und alle jungen Leute kaufen sich da ihr Bier und gehen nicht mehr in die Läden; lungern aber vor den Läden rum. Und dann gehen sie auf *ein* Bier in den Laden. Die machen da überhaupt keinen Umsatz, weil sie schon breit sind wie die Schweine. Und das habe ich mal laut gesagt – da hat die *Morgenpost* getitelt: ›Jan Fedder: Auf St. Pauli gibt es nur noch Spacken‹. Aber es ist ja wahr: Was ist heute aus St. Pauli geworden? Ein billiges Paradies.

Und auch ein gefährliches Pflaster: früher war hier Rauferei. Und wenn man auf dem Boden lag, dann war Schluss. Heute treten sie noch mal rein oder hüpfen noch mal auf ihm rum. «

# Meine Frauen

»Ich bewundere meine Süße über alles. Die macht das jetzt zweiundzwanzig Jahre mit mir mit. Mit allen Exzessen. Da wir getrennte Wohnungen haben, habe ich die meisten zwar alleine durchgemacht. Aber sie hat oft mitgekriegt, wenn ich auf die Fresse gefallen bin. Wieder was gebrochen, wieder was im Arsch oder irgendwie so was. Respekt.

Ohne die getrennten Wohnungen wären wir längst auseinander, denn wer würde das mit mir aushalten? Das geht nur so. Früher hatten wir noch die große Wohnung in der Oderfelder Straße in Eppendorf. Beste Gegend. Jugendstil. Alles vom Allerallerfeinsten. Voll mit den besten Antiquitäten, die ich hatte – die jetzt alle auf dem Hof so halbwegs vergammeln, weil sie da in Luft und Zug stehen. Und manchmal kommt die Feuchtigkeit und all so ein Scheiß. Also das ist wirklich schade. Wir wohnten da auf dreihundert Quadratmetern, mit Treppe runter. Da waren noch zwei Räume. Am Freitagabend sind wir immer da hin; und waren das ganze Wochenende zusammen. Und erst am Montagmorgen kam der Wagen, der mich wieder abgeholt hat zum Dreh. Wir sind auch zusammen in den Urlaub geflogen. Aber dann habe ich mich auch wieder gefreut, wenn ich aus dem Flieger kam und in meine eigene Wohnung gehen konnte.

So war das bei mir schon bei der ersten Liebe, da war

ich achtzehn, neunzehn. Die war auch am Theater beschäftigt. Mit der war ich, glaube ich, ein halbes Jahr zusammen. Und das war wirklich die große Liebe. Da habe ich ein Jahr oder zwei Jahre gelitten, als sie mit mir Schluss machte.

Das war scheiße, weil ich immer geguckt habe, wo ist ein grüner 127er Fiat; denn dann wären wir uns begegnet. Das tat echt weh. Aber ich hab dieses Leid auch verwertet als junger Schauspieler. Dann kam die zweite Liebe. Die hatte einen Musikladen, in dem sämtliche Punkbands spielten, die Toten Hosen zum Beispiel. Und in dem viel neue Musik, Neue Welle gespielt wurde. Unten im Keller hatte Andreas Dorau dieses ›Fred vom Jupiter‹ eingeübt; das ist da entstanden. Mit der war ich dreieinhalb Jahre zusammen, dann waren wir fünf Jahre auseinander und dann wieder zusammen. Die habe ich auch sehr geliebt. Dann kam die Dritte. Die war Moderatorin und Schauspielerin. Und die habe ich dann *auch* sehr geliebt. Die hat mich aber nicht ganz rechtschaffen verlassen. Danach wollte ich nicht mehr. Und der Rest – ja, da waren ziemlich viele Frauen dazwischen. Aber nicht, wenn ich mit einer zusammen war, dann nicht. Aber sonst ja. «

# Mein Gesicht

»Ich bin stolzer Besitzer der größten Nasenflügel Norddeutschlands! Ich wittere halt viele Dinge mit meinen Nasenflügeln. Und überhaupt: Wenn ich eine Frau wäre, hätte ich mich früher unsterblich in mich verliebt. Haben sich auch alle Frauen früher. Weil ich so geil aussah. Unglaublich! Letztes Jahr war ich im Keller und hab Fotos von mir gefunden. Nun weiß ich, warum die Frauen mich damals reihenweise vernascht haben. Ich habe nicht die Frauen vernascht, die haben mich alle vernascht.

Dazu kam noch das Revoluzzertum. Ich will mich mit ihm nicht vergleichen, aber die Gründe sind ähnlich wie bei Che Guevara. Du siehst gut aus, hast alles und dazu auch noch diese Wildheit. Und dieses Anarchistische.

Und dann meine dunkelbraunen Augen. Früher habe ich damit, wenn ich Scheiße gebaut habe, alle wichtigen älteren Damen um den Finger gewickelt. Außer meiner Mutter, die kannte diesen Blick, die hatte die gleichen Augen, diesen Dackelblick.

Ich hab große Augen und auch große Ohren. Ich sehe und höre viel. Das ist wichtig. Meine St.-Pauli-Zeit hab ich hauptsächlich damit überlebt, dass ich kaum Hauereien hatte, wenn ich in eine fremde Kneipe reinkam. Weil, wenn du reinkommst und du guckst – du ›roinst‹ – durch den Laden, ist das gefährlich. ›Roinen‹ heißt ableuchten, also abfotografieren. Uralter Spruch, ist mir gerade neulich eingefallen: ›Alter, roin dir mal.‹ Und dann kommst du irgendwo rein, und du weißt ganz genau: Tisch fünf da hinten, die Typen, die haben Bock auf dich. Weil ich auch immer eine sehr provokante Person war, so wie ich aussah. Und wer provokant ist und irgendwo reinkommt und alleine ist, dann geht man da hin und haut dem was auf die Fresse. So war das früher. Also musste ich aufpassen, dass du dich gar nicht auf den Barhocker setzt, dass du stehen bleibst, dass du besser fällst, verstehst du? Habe ich auch ein paarmal gehabt.

Wenn solche Typen Streit anfangen wollen, musst du sabbeln können ohne Ende. Damit der Typ sagt: ›Oh, der ist ganz in Ordnung.‹ Alles, was ich nicht an Muskeln hatte, musste ich mit meinem Spruch gerade machen auf St. Pauli. Aber diese Gabe, die hatte ich schon damals. Dass du merkst: Aha, hier brennt die Luft, hier kommt gleich was. Und wer immer zuerst auffiel, das war ich. Ich sah ja nicht aus wie ein Konfirmand, der sich still in die Ecke gesetzt hat. Sondern ich hab mich erst mal großartig da hingestellt und erst mal den Dicken gemacht. Ist klar. Und daher habe ich, glaube ich, auch diese Menschenkenntnis. Und noch mehr durch die vielen Gespräche mit den unterschiedlichsten Menschen auf dieser Welt, in allen Ländern. Du siehst einem Gesicht dann an, ob der Mensch dahinter gut ist, ob das ehrliche Gesichter sind, ob sie ehrliche Augen haben … Ich gucke immer zuerst in die Augen. Dann kann ich dir auch sagen, ob das gute Augen sind oder schlechte, ob das ein guter Mensch ist oder ein schlechter.

Daher kann ich auch Schauspieler beurteilen. Ich weiß sofort, ob das ein guter Schauspieler ist oder ein schlechter.

Manchmal kann man sich auch irren. Dann denkt man: ›Der kann gar nichts‹, und dann spielt der aber auf einmal und die Hölle bricht los. Kann auch passieren. Aber meistens ist es so, wie ich denke. «

# Der Alkohol

» Der Teufel Alkohol hängt neben mir. In meinem Schlafzimmer. Vor fünfundzwanzig Jahren hab ich da ein französisches Werbeplakat an die Wand genagelt, was mittlerweile sicherlich ein Vermögen wert ist. Darauf ist ein Faun in Grün, handgemalt. Der wirbt für einen Weinbrand. Und der lockt und sagt: ›Komm und trink! Komm und trink!‹ Den habe ich mir absichtlich neben das Bett gehängt.

So wache ich jeden Morgen auf und gucke diesen Teufel an. Ein paarmal habe ich ihn verflucht, gebe ich zu. Und ich weiß auch, wie gefährlich er ist. Darum habe ich ihn auch direkt neben das Bett gehängt, damit er immer als Mahnung bei mir ist.

Das Saufen hat meinen Körper natürlich geschwächt. Mittlerweile erlebe ich auch wegen ihm einen langsamen Abschied auf Raten. Früher habe ich elf Monate gearbeitet im Jahr, und jetzt wird es immer weniger. Im Grunde genommen ist es bereits verschwindend. Und gestern Nacht habe ich mir Gedanken darüber gemacht, wie das ist, wenn ich überhaupt nicht mehr drehe. Ist dann schon scheiße.

In mir ist Dr. Jekyll und Mr. Hyde, und wenn der Böse zuschlägt, dann schlägt der Böse wieder zu. Im Moment ist der Gute da. Dann ist alles wunderbar. Ich weiß aber selbst, dass solche Sachen wie früher – entschuldige mal –, zwei Flaschen Schnaps am Tag: Das geht nicht mehr.

Nur manchmal sitzt da eben noch so ein blöder Geier auf meiner Schulter und sagt: ›Wollen wir nicht noch einen Lütten haben?‹ Aber das war es schon an Versuchung. Ich bemühe mich, dieses Leben so ehrlich wie nur irgendwie gelebt zu haben. Ohne Leute zu bescheißen, ohne zu betrügen, ohne zu hintergehen. Ich bin ein Ehrlichkeitsfanatiker.

Ich liebe Marion über alles und werde sie auch immer lieben. Und wir haben ja unser Ritual: Wir telefonieren jeden Tag, oder wir treffen uns und machen und tun. Ich bin dennoch froh, wenn ich meine Ruhe habe. Und frag Marion mal, ob sie das überhaupt mit mir aushalten würde, fest zusammenzuwohnen. Ich glaube nicht. Ich hatte immer getrennte Wohnungen mit all meinen Frauen. Das ist das A und O. Das Geheimnis einer jeden guten Beziehung sind getrennte Wohnungen.

Denn man ändert sich ja nicht mehr. Mein Vater war schon ein Schlucklöwe. Sein Vater, mein Opa väterlicherseits, war ein Schlucklöwe. Der Urgroßvater war ein Schlucklöwe. Mein Opa mütterlicherseits war ein Schlucklöwe. Sein Vater wiederum, mein Urgroßvater mütterlicherseits, hieß ›Lattenaugust‹, – weil er gern mit der Latte auch mal zugehauen hat. Der war auch ein Schlucklöwe. Die waren *alle* drauf. Und ich werde einen Teufel tun und diese Tradition unterbrechen. Und darum habe ich eben genauso gesoffen wie die.

Mein Vater ist siebenundsechzig geworden. Ich weiß nicht, ob die anderen lange gelebt haben. Aber ich hätte es jetzt nicht mehr so lange überlebt. Momentan trink ich nichts, aber ist ja auch nicht gesagt, dass ich nicht wieder mal irgendwann anfange. Endgültige Versprechen gebe ich in diesem Leben nicht ... Habe ich noch nie ... Habe ich nur einer Person gegeben, nämlich Marion, dass ich sie liebe bis an mein Lebensende. Und sonst gebe ich keine Versprechen.

Bereut hab ich keine Minute. Denn dann hätte ich die ganzen schönen, herrlichen Nächte, die man im Rausch verbracht hat, nicht gehabt. Wie geht noch mal das Lied: ›Die Nacht ist nicht allein zum Schlafen da, die Nacht ist da, dass was geschieht, die Nacht ist nicht allein zum Schlafen da ...‹ So habe ich immer gelebt. «

# *Das Boot* – das Spiel seines Lebens

Ein Film wie ein Sturm. Kaum ein anderes Meisterwerk wirkte auf uns Jungs der »Generation Golf« eindringlicher als *Das Boot*. Auch der Roman von Lothar-Günther Buchheim war eines der ersten Bücher, das wir uns von unserem Taschengeld kauften und atemlos lasen. Damals lief der Film noch im Kino, und wir Knirpse standen und staunten davor und wünschten uns in die Lichtspielhäuser hinein. Aber genauso wenig wie wir als Halbstarke in *Krieg der Sterne* durften und stattdessen nur die Figuren und Panini-Einklebebilder sammelten, so war uns auch der Eintritt ins *Boot* versperrt. Was die Sehnsucht natürlich noch stärker machte.

Was war das für eine große Sache für uns Vierzehn- oder Fünfzehnjährige, als der Film endlich – in einzelne Folgen geschnitten – im Fernsehen lief! Unsere ganze Clique traf sich zum gemeinsamen *Boot*-Gucken und trank dazu heimlich Bier. Ich kann das Gefühl, das an einem dieser *Boot*-Tage in mir aufstieg, bis heute abrufen. Diese Spannung, dieses Bangen, dieses Beben. Als wären wir mit an Bord als blinde Passagiere.

Seit diesen Jahren haben einige meiner Freunde und ich diese »TV-Version – ungekürzt« wohl jedes Jahr wieder angeschaut. Und ich sah sie auch noch mal ganz konzentriert beim Schreiben dieses Buchs. Diesmal, um Jan Fedders Szenen geradezu einzufangen. Einzugravieren.

Seinen berühmtesten Satz brachte Fedder alias Maat Pilgrim während einer »Gammelfahrt«. Als er nämlich seinen Kollegen Ralf Richter alias Frenssen fragte: »Sach ma, hass du eigentlich Haare in die Nase?« Woraufhin Frenssen zurückfragte: »Wieso?« Und Pilgrim antwortete: »Weil, ich hab welche im Arsch, die können wir ja zusammenknoten.«

Es gibt auf Instagram einen *Das Boot*-Fanclub, der regelmäßig die legendärsten Szenen des Kultfilms kunstvoll aufbereitet, sie entweder in Zeitlupe oder in Dauerschleife zeigt. Vorneweg natürlich Fedders Nasen-Szene. Sie ist sogar weltberühmt, denn kaum einen anderen Film aus Deutschland kennt man in fernen Ländern so wie *Das Boot.* Sechs Nominierungen für den Oscar, eine für den Golden Globe, den BAFTA Award und zahlreiche Deutsche Fernsehpreise waren der Lohn für den harten Dreh.

Aber auch jene Stelle ist legendär, in der Pilgrim erst seine Haare kämmt, um dann mit dem Kamm in Frenssens Frühstück zu stochern: »Schmeckt wie Scheiße, das Rühreí, ne? Wie Baby-A-a!« *Das Boot* stattete einen Mann, der damals jung war, zeitlebens mit einem wunderbar kneipentauglich krachenden Zitatenschatz aus.

Und, was oft überhört wurde: Die allerersten Worte im Film stammen von unserer Hauptperson persönlich! Als sturzbetrunkener Matrose wankt Fedder gleich in den ersten Bildern durch die Gegend. Und grölt ein Lied. Natürlich »sein« Lied, das vom Jungen mit dem Tüdelband. Sein Lebenslied. Dass er das singen darf im Film seines Lebens, das hatte er beim Regisseur Petersen durchgesetzt.

Die vielleicht gewaltigste Fedder-Szene im Film ist aber jene: Als das Boot schon fast verloren ist und getroffen von britischen Wasserbomben vor Gibraltar in Richtung Grund sinkt, reißt sich die Mannschaft in einem gewaltigen Kraftakt aus dem Verderben. Fast jeder aus der Besatzung, ohnehin schon ausgelaugt und ausgezehrt vom Wahnsinn des Krieges, gibt noch einmal alles, um den Wassereinbruch zu stoppen in diesem Stahlsarg. Einer von den Männern, ausgerechnet jener, der vorher immer so cool tat und abgebrüht, der zerreißt sich in diesen Szenen. Das ist Jan. Er wringt sich förmlich aus, er scheint seinen dünnen Körper auf links zu drehen, er opfert sich in diesen Minuten, die über Leben und Tod entscheiden. Um dann, als der Wassereinbruch gestoppt ist, seinem »Kaleu« alias Jürgen Prochnow Meldung zu machen. Wie er da, seiner Kräfte beraubt, vor ihn wankt und wie er in sich zusammengesunken trotzdem Haltung annimmt … »Na, Pilgrim?«, fragt der Kaleu. Und der antwortet bloß auf Hamburgisch: »Ollns kloar, Herr Kaleu.«

Wenige Momente später hat Regisseur Wolfgang Petersen seinen Pilgrim ganz vorne positioniert, als die ganze Mannschaft in einer Totalen gefilmt wird. Als sie bebend darauf hofft, dass es das Boot ein letztes Mal doch noch vom Meeresboden in die Höhe schafft beim »Anblasen«. Als es tatsächlich so weit ist und das Stahlgefährt aufsteigt, geben Jans Schauspiel-Kollegen alles, was sie an Repertoire zu bieten haben. Und in Jans Gesicht steht jener Unglauben, dass er als Pilgrim nun doch nicht sterben muss, gepaart mit all der Erschöpfung und aufbrechenden Freude und Fassungslosigkeit.

Kurze Zeit später spendiert der Kommandant eine Flasche Bier für jeden. Und wieder geben alle Künstler an Bord alles, dieses Mal, was sie an Ausgelassenheit zeigen und spielen können. Nur Jan nicht. Er starrt auf seine Bierflasche, betet sie an, küsst schließlich ihren Bauch voller Dankbarkeit. Erst dann nimmt er einen Schluck aus ihr.

Wenn man Szene um Szene mit Jan so noch einmal seziert, bereitet es Gänsehaut. Denn alles, was man sieht von ihm als Pilgrim, steht wie ein einziges großes Symbol für den Menschen Jan. Für sein Leben und für sein Spiel. Für das Spiel seines Lebens.

Als hätte Petersen damals vorausgesehen, was der Darsteller seines Pilgrim in seinem Leben alles erleben sollte, fand er in Jan Fedder nicht nur den besten Mann für diese Rolle, sondern zudem auch einen, der diese Rolle in seinem Innersten fortlebte. Nicht nur dieses latent Großmäulige eines Pilgrim, auch seine arg volkstümliche, bisweilen ordinäre Sprache und jene Schnoddrigkeit und schließlich seine Verletzbarkeit. All das haftet auch dem echten Jan seit Kindesbeinen an.

Aber da ist noch mehr. Symbolschwer und wie eine Parabel auf sein echtes Leben ist auch die Kulisse des Films. Viel lebensfeindlicher geht es kaum, als in dieser stickig-schimmligen Stahlröhre zu vegetieren, in der die Luft nach Schmieröl und Abgasen stinkt. Fast so unwirtlich und ungesund mutet diese Umgebung an wie jene aus so manchen seiner Lebensjahre, die Fedder vorzugsweise in ähnlich klammen und modrigen Kneipen verbrachte. In denen das Gemisch aus Zigarettenrauch und menschlichen Ausdünstungen so stank wie jenes im *Boot* aus den Dieselmotoren und den ständig nassen Klamotten seiner schwitzenden Kameraden.

Wie kein Zweiter aus dem *Boot* steht Jan zudem für die vielen Beinahe-Tode, denen dieses Monstrum samt seiner

Besatzung bis fast zum Filmende entkommt. Niemand außer Jan ist in seinem Leben so oft abgesoffen im mehrfachen Wortsinn. Niemand ist so tief gesunken. Und wahrscheinlich kein anderer seiner Filmkollegen hat die Tiefen im wahren Leben so durchmessen wie Fedder.

Dass er bis heute immer wieder auftauchte, war zwar nach allen Naturgesetzen so unwahrscheinlich wie die wahre Geschichte vom *Boot.* Aber es ist nun mal so.

Zu hoffen bleibt, dass Jan Fedder vom lieben Gott beschützt wird. Ganz so, wie es im Film angedeutet wird. Als das Boot in der Meeresenge von Gibraltar in Richtung Meeresboden taumelt, aber wie durch ein Wunder nicht ganz in die tödliche Tiefe dieser Wasserschlucht gezogen wird, sondern auf einer Art Vorsprung zu stehen kommt, da stammelt der Kaleu zur Mannschaft: »Ne Schaufel Sand …! Der liebe Gott hat uns ne Schaufel Sand untern Kiel geschmissen …!«

Diese Schaufel Sand hat der liebe Gott vielleicht auch Jan Fedder in seinem wahren Leben hingeschmissen. Das darf man ruhig mal so pathetisch und hoffnungsvoll vermuten. Denn Jan glaubt nicht nur an den Schöpfer, sondern auch an das Schicksal. Und so manche Schaufel Sand unter seinem Kiel hat ihn vor dem Ende bewahrt, bis heute.

Eine große Metapher für das Ende, für die Ausweglosigkeit jedes Krieges, ist der gesamte Film. Und ein weiteres besonders starkes Bild aus dem *Boot,* das sich ebenfalls bei allen Zuschauern eingenistet haben dürfte, ist die Nahaufnahme auf den Tiefenmesser. Der ist in drei Farbstufen skaliert: grün, gelb und rot. Immer wenn die Mannschaft unter Lebensgefahr vor den Wasserbomben abtauchen muss, sinkt der Zeiger auf der Skala in den roten Bereich.

In genau diesem ist Jan Fedder den größten Teil seines Lebens schon zu Hause.

Er fühlt sich auch heimisch, wenn er an die Dreharbeiten zurückdenkt und an die Zeit in der Stahlkulisse. »Ich hab vieles in meinem Leben gemacht und gedreht. Wichtig von all dem war aber nur, dass ich beim *Boot* dabei war. Aus. Ende. Banane«, sagt er.

So ähnlich ergeht es seinen Mitstreitern von einst. Teil der Mannschaft gewesen zu sein gilt als Adelstitel unter deutschen Schauspielern. Allein schon deswegen wollte ich vor ein paar Jahren die Mannschaft von damals für ein Treffen einmal wieder zusammenführen. Ich tat das als Reporter und recherchierte monatelang, um die in alle Windrichtungen Verstreuten noch einmal zu versammeln, wenigstens die meisten von ihnen. Ich lud sie ein nach Bayern, um eine Reportage über dieses Revival zu schreiben. Und so reisten sie genau dorthin, wo der Bestseller über die apokalyptische Feindfahrt von U 96 verfilmt wurde – ins Filmgelände Geiselgasteig bei München. Ich initiierte dort eine Art großes Klassentreffen dieser Schauspieler. Mit viel Bier und kaltem Buffet, Stimmung und Melancholie. Ziel unserer Zusammenkunft: Das Treffen in der Originalkulisse, die bis heute im Freizeitpark von Geiselgasteig, der Bavaria Filmstadt, gegen Eintritt besichtigt und begangen werden kann. An diesem Samstagnachmittag wurde die Stahlröhre fürs Publikum gesperrt. In ihr sieht bis heute alles genauso aus, als wäre gerade Drehschluss.

Vorher treffen wir uns zum Feiern im Billy-Wilder-Saal der Bavaria. Ein *Get together* unter Veteranen. Einer nach dem anderen reist an. Und betritt den Raum nicht einfach, sondern erscheint. Wie es *Boot*-Stars nun mal so tun. Es ist ihr Aufritt, fast wie im Film. Als Erstes kommt Erwin Leder. Im *Boot* ist er Johann, »das Gespenst«, das im Maschinenraum als Schattenwesen haust. Sein Darsteller steht unversehens im Türrahmen. Ein Mann mit hohlen Wangen und Augen, die beseelt schauen. Erwin Leder, Jahrgang 1951, ist vielleicht der anrührendste aller Kollegen dieses besonderen Treffens.

Er hatte den schauspielerisch vielleicht schwierigsten Auftritt im *Boot* hingelegt. Als Johann rastet er nach einem Angriff aus, wird wahnsinnig. »Das Gespenst« dreht durch. Und Leder spielte diese Szene, als ginge es wirklich um sein Leben und seinen Verstand. Eindringlich auch die Sequenzen, in denen der Maschinist mit Hörrohr an seinen stampfenden Dieselmotoren lauscht und dabei versonnen lächelt, ganz so, als sei er verwachsen mit den Motoren. Der echte Erwin Leder hat etwas Durchscheinendes, er tritt unter seinen Kollegen feinsinnig und geradezu zärtlich auf. Lange sitzt er etwas außerhalb der Gruppe, fast scheu, bis die anderen auf ihn zugehen und ihn umarmen.

Jan erinnert sich an die Zeit nach dem Dreh: »Erwin hatte danach erst mal nichts zu drehen gekriegt, ganz so wie ich.« Später war er sogar bei *Schindlers Liste* dabei, wenn auch nur für einen Minutenauftritt. Die große Karriere aber blieb ihm versagt. Dafür spielt er bis heute in kleinen Theatern mit aller Hingabe und mit aller Liebe. »Er kann sich in seine Rollen reinsteigern. So wie als ›Gespenst‹. Er war von Petersen als Erster besetzt, als ›Gespenst‹ – und das hat ja auch voll funktioniert.«

Vor seiner »irren« Szene, so erinnert sich Fedder, habe sich Erwin Leder »auch einen Kleinen reingefiedelt«. Und schon zu Beginn der Dreharbeiten hatte er einmal eine ganze Nacht im Boot verbracht. Um mit dem Koloss eins zu werden, um da ganz nah ranzukommen.

Nach Jans Tod erinnert sich Erwin Leder noch einmal an seinen Kameraden: »Von Anfang an war Jan bescheiden, extrem cool und er selbst, unaufdringlich. Stets bemüht, Ausgleich zu schaffen, wenn's mal hart wurde, und er hatte eine mich sehr ansprechende Art von ironischem bis liebevoll keckem Humor.«

Immer wenn Leder in Hamburg zu tun hatte, besuchte er Jan. Der große Erfolg hatte diesen nicht verändert: »Jan war nicht anders als immer, einfach, cool, kein großes Theater; mit seiner ruhigen gesättigten Stimme, mit seinen langen Blicken, zuweilen melancholisch wirkend, dann aber mit etwas gehobenen Augenbrauen, in seiner Miene den anderen langsam ins Auge fassend und mit kaum merklichem Lächeln abtastend. Das und diese gewisse Herzlichkeit, welche darin verborgen war, habe ich sehr geliebt.«

Fast alle aus dem Cast des *Boot* waren damals Newcomer, nur einer nicht und das war Martin Semmelrogge. Schon Anfang der Achtziger hatte er eine Frühkarriere als Mörder bei *Derrick* und dem *Alten* hingelegt. Im *Boot* nun lernte die halbe Welt sein Markenzeichen kennen, dieses geckenhafte Grinsen. Dieses Spitzbübische in seinem Blick.

Nie zuvor und nie danach hat ein deutscher Film einen solchen Ruhm erfahren wie dieser aus dem Jahr 1981. Es war der damals teuerste Film der Bundesrepublik und gilt bis heute als der bedeutendste und weltweit bekannteste aus Deutschland. Gedreht von Wolfgang Petersen *(Air Force One)*, den damals nur Insider kannten und feierten, etwa für seinen *Tatort »Reifezeugnis«* mit Nastassja Kinski und Christian Quadflieg.

Und nun wagte er sich an dieses Epos. Mit Martin Semmelrogge als Zweiten Wachoffizier. Als der reinkommt in den Billy-Wilder-Saal, krächzt er sein Semmelrogge-Lachen, das noch ein wenig heiserer als damals klingt. »Weil so ein Wiedersehen ans Herz geht«, sagt er. Ein Überlebenslachen.

Semmelrogge bringt den ersten Riesen-Lacher dieses Wiedersehens, als er von Petersens Abneigungen erzählt. »Der hat ja Alkohol gehasst. Da habe ich beim Dreh halt nur LSD genommen«, scherzt er.

Dabei war das die Zeit, in der er alles zu sich nahm, was es so gab. Und wegen Fahrens ohne Führerschein gleich mehrmals in den Knast ging. Dieser Mann hat so einiges versemmelt in seinem Leben. Aber er jammert nicht darüber. Er macht einfach weiter.

Sehr breitbeinig steht er da beim Treffen, steckt seine beiden Daumen hinter seinen Gürtel, winkelt seine Arme nach links und rechts und funkelt und lacht mit seinen Augen. Die Mackerpose, sie gelingt diesem Kerl immer noch, und man lässt sie ihm gerne durchgehen – und denkt an eines seiner Filmzitate, als er über den sehr steifen und sehr nationalsozialistischen Ersten Wachoffizier sagt: »Der ist so verkrampft, der kann mit seinen Arschbacken Nüsse knacken.«

»Semmel ist mein kleiner missratener Ziehsohn, der immer Scheiße baut. Und er hat immer nur Scheiße gebaut«, erinnert sich Jan. »Und so hat sich Semmels großartige Karriere früh erledigt. Dabei hätte er mit dieser Stimme alles spielen können. Er liebt mich. Das ist schön. Und ich bin vielleicht mal so ein bisschen Vater für ihn gewesen.« Zweimal hat er ihm eine schöne Rolle im *Großstadtrevier* gegeben, sogar im »Western Spezial«.

»Einmal war ich zu *Boot*-Zeiten mit dabei, als er wieder mal betrunken austickte«, erinnert sich Jan. »Ich sagte zu Semmel: ›Oh, ich merke schon, du willst weg? Halt, halt! Wo willst du hin? Gib mir mal deine Schlüssel von dem Mofa! Gib mir die Schlüssel!‹ Sagt er: ›Nein. Nein, ich will gar nicht. Ich will nur Zigaretten holen eben. Da vorne. In der Kneipe.‹ Ich sage: ›Dann hol die Zigaretten, aber ich schwöre dir: Wehe, du haust ab, dann ist aber richtig …!‹ Am nächsten Tag ist er dann in Schlangenlinien über die vierspurige Schnellstraße getuckert. Und so kam er das fünfzehnte Mal vor den Richter.«

Dieser »Semmel« war sehr traurig, als er vom Tod seines Kollegen erfuhr, und sagte: »Jan, ich hoffe, du hältst mir da oben noch einen Platz frei. Aber ich komme erst ein bisschen später. Wir sitzen für immer im gleichen Boot. Irgendwann müssen wir alle da oben auftauchen. Meine Tauchfahrt geht noch ein bisschen. Aber dann komme ich richtig. Und dann trinken wir ein schönes Bleifreies da oben. Mit zwei feinen Engeln mit goldgelocktem Haar.«

Zurück zum Treffen. Jetzt kommt Claude-Oliver Rudolph herein. Im *Everlast*-Jogginganzug. Eine Brikett-Sonnenbrille verdunkelt das halbe Gesicht. Wenn der Böse aus dem James-Bond-Film *Die Welt ist nicht genug* erscheint, verstummen die Gespräche. So auch heute. Rudolph legt dann ein zufriedenes Lächeln in sein Schurkengesicht – und bestellt Ingwertee, vielleicht weil das mehr schockt, als wenn er ein Bier nehmen würde.

Im *Boot* war Rudolph der muskelbeladene Dieselheizer Ario. Ein scheinbar Grobschlächtiger. Dabei ist sein Äußeres fast nur Camouflage seiner Sensibilität. Tarnung eines Gewieften und Gebildeten, der im Actors Studio in New York sein Fach lernte, schließlich von Zadek entdeckt wurde und genauso wie sein Klassenkamerad Grönemeyer aus den besseren Kreisen Bochums stammte. Unvergessen ist Rudolph als Bruno Kruska in *Rote Erde,* als Chinesen-Fiete in Wedels *Der König von St. Pauli* oder als Leibwächter des von Mario Adorf gespielten Mafiabosses in *Der Schattenmann.*

Beim *Boot*-Treffen legt er nie die Pose ab, steht breitbeinig inmitten der anderen, verschränkt seine Arme vor seinem Brustkorb.

Jan holt Claude gerne immer wieder mal für eine Episodenhauptrolle ins *Großstadtrevier.* »Obwohl auch Claude sich alles selber kaputt macht«, sagt Fedder. »Dabei ist er ein guter Kollege. Aber er war selber schuld, dass in den letzten Jahren kaum mehr was kam, so wie Semmel und auch wie Ralf Richter.«

Natürlich müssen wir jetzt noch über *Boot*-Hauptdarsteller Herbert Grönemeyer sprechen. Damals ein relativ unbekannter Schauspieler, der sich gerade erfolglos als Sänger versucht hatte und die ersten Flops hinter sich hatte. Zwei weitere sollten nach dem *Boot*-Dreh noch folgen, bis er mit *4630 Bochum* berühmt wurde.

»Hunderttausend Mark hatte Grönemeyer als Gage gekriegt und sich als Erstes einen Mustang gekauft, weil er doch Autos so liebt. Hunderttausend waren viel damals. Nur Prochnow bekam noch mehr, hundertfünfzig, und Klaus Wennemann als LI hundertzwanzig. Ich habe mit Zusätzen achtzig gekriegt. Weil ich diese Nachdrehzeit hatte. Und da war ich immer oben auf dem Turm und mitten im Wasserorkan.«

Was durchaus hart und auch gefährlich war. Ein paar

ihrer Rippen brachen sie sich in diesen Szenen, als sie weggespült wurden von den Wassermassen. Grönemeyer aber fand auch diese Einstellungen witzig. »Herbie war ein Kasper am Set. Schon Zadek hat sich damals in Bochumer Theaterzeiten gewundert und gefragt: ›Wer ist der Typ, der jetzt im weißen Anzug so strahlend über diese Showtreppe runterkommt?‹ Da haben sie ihm gesagt: ›Herbert Grönemeyer‹. Herbert hatte immer gute Laune. Er war unser Hüpfballon, hatte immer einen Scherz drauf. Und er war so sozial. Er hat für alle gekämpft! Dass wir alle annähernd die gleiche Gage kriegten. Er hat das durchgesetzt, dass wir alle tausend Mark pro Zusatzdrehtag bekamen.« Bis heute staunt Fedder, was für eine Karriere sein alter Herbie dann drei Jahre später startete. Was hatten wir ihn geliebt als Leutnant Werner in der Rolle des *Boot*-Autors Lothar-Günther Buchheim, der als Kriegsberichterstatter auf U 96 mitfuhr. Wie Grönemeyer damals spielte, als ginge es um Leben und Tod, so sang er später auch.

Nach dem Tod von Jan sagte er über seinen schmerzlich vermissten Weggefährten: »Lieber Jan, hab eine sanfte Überfahrt in deinen weiteren Hafen. Das Boot, das dich trägt, ist gefüllt mit lauter trauernden und glücklichen Gedanken an dich. Leinen los und eine gute volle Kraft voraus! Dein Herbert.«

Jan hatte solch glückliche Gedanken schon zu Lebzeiten, wenn er an diesen Tag des Wiedersehens in der Bavaria zurückdachte. Einmal erinnerten wir uns daran, wie er selbst erst als Letzter und verspätet dazukommt. Und die alte Mannschaft applaudiert und johlt, um Maat Pilgrim zu begrüßen. Scheinbar unscheinbar steht er da im Türrahmen – ein bisschen blass um die große Nase, ein bisschen schlaff seine Haltung. Doch kaum hat er die Türschwelle überschritten, schaltet Fedder um auf Hochbetrieb. Als hätte er ein Licht in sich selbst angeknipst. Sein Gesicht, gerade noch fahl, nimmt kantige Züge an. Seine Mimik, eben noch müde, spannt er leicht, aber cool an. Sein Kinn streckt er kantig vor und setzt den Seemannsblick auf. Es ist sein Auftritt.

Kaum angekommen, nestelt er in den Taschen seines unvermeidlichen Ledermantels, kramt nach Zigaretten und seinem transportablen Aschenbecher. Weil er damals noch raucht. Dann klappt er die Silberbüchse auf, zündet erst mal eine an und versteckt sein Gesicht in einer Wolke Nikotin. Anschließend durchmisst er den Saal, geht etwas schwerfällig mit seinem breiten Seemannsgang, aber noch sturmerprobt. Ähnlich wie im Film ganz zu Beginn: In voller Matrosenuniform und noch voller als voll torkelt er seinem Kaleu entgegen und stoppt dessen Wagen, mit dem er zum U-Boot-Bunker fahren will.

Nun sind alle, die kommen wollten zum Klassentreffen, beisammen, und nun wartet *Das Boot* auf die ewigen Jungs. Seit fast vier Jahrzehnten steht es schon da. Eine halbe Million Filmtourbesucher bevölkern die Originalkulisse jährlich. Als die Männer ins Stahlrohr klettern, hallt ihr Lachen durch die Konstruktion und vervielfältigt sich als Echo. Nur Fedder verstummt. Immer wieder versinkt er in Andacht vor einzelnen Stationen der Kulisse, bis er schließlich vor seiner damaligen Koje verharrt. Die anderen sind schon abgezogen aus dem Mannschaftsschlafraum, als sich Fedder unbeobachtet wähnt – immer noch fest verwurzelt vor seiner Koje. Er neigt seinen Kopf, legt beide Hände auf die Laken und flüstert zu sich selbst:

»Das ist mein Bett! … Das ist meine Koje! … Das ist mein Boot! … Mensch! …«

Fedder, an sich abgehärtet, steigt Rührung in die Augen. Wie verwandelt wirkt er und offenbart jetzt den Mann mit dem hafengroßen Herzen. Kramt aus einer abgegriffenen Edeka-Tüte, mit der er gerade hereinkam, alte Polaroids und Geschichten hervor. »Kieckt man all mo her und lasst uns bisschen klönen«, sagt er, und alle scharen sich um ihn. Fedder erzählt dann mit Knisterstimme, wie er Semmelrogge zweimal rettete. Einmal, als der im Rausch im französischen La Rochelle mit der Film-Wehrmachtsuniform in eine Disco schlurft und er sich dazwischenwirft, »Semmel« die Uniform runterreißt und auf links dreht, bevor die Menge auf ihn losgeht. Und ein weiteres Mal beim Nachsynchronisieren des Films, als »der so breit war, dass er das Wort Zerstörergeräusche nicht herausbrachte, sondern bloß ›Zschtö … gäusche‹.«

Wir reden jetzt noch über Uwe Ochsenknecht, der den Bootsmaat Lamprecht gab. »Ein feiner Kerl. Und was der für eine Fresse hat! Du brauchst den nur schwarz anmalen, dann sieht der aus, als käme er aus Afrika«, scherzt Jan jetzt. »Ich habe ihn oft noch getroffen nach unserer gemeinsamen Zeit und wollte mit ihm immer übers *Boot* sabbeln. Das wollte er aber gar nicht: ›Hör doch mal auf, übers *Boot* zu labern! Ich kann den Scheiß nicht mehr hören! Es gibt doch noch andere Sachen im Leben als nur *Das Boot!*‹« Aber wie das dann so ist: Beim letzten Mal, als die beiden sich trafen, hat Ochsenknecht dann nur noch vom *Boot* geredet. Und Jan hat erstaunlicherweise kaum was gesagt.

»Uwe war damals ein Geizhals. Bei einer Party bei ihm zu Hause musstest du zwanzig Mark Eintritt bezahlen, weil es ja etwas zu Essen gab. Er hat dann Pizza bestellt.« Obwohl er damals schon erfolgreich war.

Für Jan aber verhieß das *Boot* erst einmal kein Glück. Alle anderen machten Karriere, er lange Zeit nicht. Klaus Wennemann wurde *Der Fahnder,* Semmelrogge mordete und stahl in allen möglichen Krimis, Heinz Hoenig alias Funker Hinrich bekam tolle Charakterrollen, Bernd Tauber alias Steuermann Kriechbaum wurde der Benno in der *Lindenstraße.* Und Ochsenknecht ein Star in Doris Dörries *Männer.* »Alle schossen um mich herum wie Silvesterraketen in die Luft. Nur einer saß ganz alleine in der Ecke und weinte bitterlich. Das war ich«, sagt Jan und müht sich, den letzten Teil des Gesagten als Selbstironie zu tarnen.

»Ich hab die Welt nicht mehr verstanden. Einer wie Uwe war und ist als Schauspieler genauso gut wie ich. Wir tun uns nichts. Der Einzige, wo ich sagen würde, der ist wirklich besser, das war Klaus Wennemann. Auch Heinz ist gut, aber es gibt auch Filme von mir, wo ich genauso gut bin. Wir waren fast alle irgendwie gleich gut. Und vielleicht war ich auch noch einen Tick besser als einige. Aber mich hat keiner angerufen. Erst Jahre später fing das mit mir an.« Und wie das anfing!

Und gar nicht mehr aufhörte. Auch in puncto weiterer Seefahrer-Rollen machte er nämlich Karriere. War immerhin Mitte der Neunziger der Kapitän Kamphagen in der ZDF-Serie *Inseln unter dem Wind.* Mit dem Dreimaster »Lili Marleen« kreuzte er da durch die Karibik, lange bevor Johnny Depp so etwas tat. Schneeweiß seine Uniform, kernig seine Kommandos – und erprobt zart-hart seine Aura. Aber auch warm wie die Brise vor Antigua.

Da lehnt er sich gerne mal zurück beim Veteranentreffen und raunt: »Heute bin ich vielleicht der, der am meisten geschafft hat von allen.«

So klingt es, wenn Jan bis heute wetteifert mit seinen Kollegen und auch ein wenig hadert und missgünstig wirkt. Typisch Schauspieler. Und so bilanzieren die Kollegen in der Bavaria ihre Leben. Klatschen und tratschen natürlich auch feste.

Martin Semmelrogge sucht die Nähe zu Jan, albert mit ihm während des Fotoshootings, streicht erst über seinen eigenen, dann über Jans Bauchansatz und rezitiert seine Kult-*Boot*-Sätze, etwa jenen beim Schneiden von Brot, das an Bord schon angeschimmelt ist: »Schimmel! Ein edles Gewächs ... Gerade hier soll man sich freuen über alles, was wächst ...«

Oliver Stritzel scherzt, wie schade es sei, dass »so viele von uns am Ende des Films sterben, sonst hätten wir einen zweiten Teil gedreht«. Stritzel spielte den Schwalle, der kurz vorm Einlaufen in den verheißungsvollen Hafen von »Karbol-Nüttchen« schwärmt. Später war er Ermittler Kalle Küppers im *Polizeiruf 110* und das so bootsmäßig markant, dass er dafür den Grimme-Preis bekam. In dreißig Jahren hat sich seine Stimme noch mehr verdunkelt; sie klingt, als würde der Heizer von damals noch heute Dieseldämpfe atmen. Beinahe logisch also, dass er in dem Film *Der Untergang* den Maschinisten und Elektromeister des Führerbunkers gab, der das Licht ausmachte in Hitlers Totenreich. Er wird besetzt, wenn einem TV-Film ein kerniger Kerl fehlt. Stritzel ist ein Mann, dem die Zeit noch mehr Eigenart und Profil ins Gesicht gelegt hat. Womit wir beim Thema »gute Fressen« wären. »Der Olli hat sich sehr gut gemacht«, sagt Fedder. »Ist ein super Synchronsprecher und war klasse, als er mit Inge Meysel im *Polizeiruf* diesen Dorfbullen gespielt hat. Der hat sich richtig nach vorne geknackt.«

»Solche Fressen wie unsere findest du nämlich nicht mehr«, grummelt Charaktergesicht Jan Fedder zu Charakterkopf Stritzel. »Deswegen gibt's auch solche Filme nicht mehr.« Die neuen Talente, meint Fedder, auch die aus dem Remake und der Fortsetzung des Films aus dem Jahr 2019, »die spielen alle so cool. Hinter denen schneit's doch.«

Wenn Martin May früher spielte, schien hinter ihm meist die Sonne. Er verkörperte oft die warmherzigen Charaktere, die Versonnenen. Heute wird er auch als rätselhafter und abgründiger Charakter besetzt. Damals beim Dreh war er der jüngste Schauspieler an Bord, gerade mal neunzehn – und gab den Fähnrich Ullmann so empfindsam, dass er unter den Raubeinen herausragte. Auch er sehnt sich zurück nach der Rolle seines Lebens, die viel zu früh kam. Einen der Liebesbriefe, die er im *Boot* an seine Filmgeliebte schrieb, trägt er wie eine Reliquie bei sich: »Es war klar, dieser Film wird ganz besonders. Und es war klar, dass so etwas nie wiederkommt.«

»Martin May hatte viel Glück im Kartenspiel. Jeden Tag haben sie im Hotel gepokert. Berge von Kohle lagen da. Und sie konnten ihn nicht knacken. Er hat immer gewonnen. Gewonnen, gewonnen, gewonnen. Ein- oder zweimal war ich dabei. Und da habe ich gesagt: ›So, jetzt steigt ihr mal alle aus. Ich will jetzt mal seinen Bann brechen. Seinen Glücksbann.‹ Und dann habe ich mit ihm alleine gespielt. Und er hatte zwanzig, und ich hatte einundzwanzig.«

Nach Jans Tod ruft Martin May seinem Mit-Matrosen nach: »Heini Backen, hool di fuchtig! *Farewell,* lieber Jan, du warst ein prima Kerl!«

Den Kaleu, Jürgen Prochnow, hatte ich natürlich auch eingeladen und mächtig um ihn geworben, weil er für alle Zeit der Chef vom *Boot* sein wird und er uns allen tiefsten Respekt einflößte mit seinem Spiel – für das er dann ja auch berühmt wurde, selbst in Amerika. Leider blieb der Boss aber in den USA, wo er damals noch lebte.

Das Geheimnisumwitterte seines Kaleu umfängt Jürgen Prochnow bis heute. Er ist einer der wenigen deutschen Schauspieler, die mit einer einzigen Rolle so überzeugten, dass sie ihr ganzes Leben von ihr schöpfen können und von ihr getragen werden. Er spielte diese Rolle so tief und mystisch, dass selbst seine alten Filmuntergebenen von damals mit Ehrfurcht über ihn sprechen. Weil sie seine Kunst schätzen, aber auch – und das verblüfft fast noch mehr –, weil er für sie ihr Chef geblieben ist, eine Autorität und Respektsperson.

»Jürgen war Strasberg-Schüler. Und die Methode Strasberg war: Ich spiele nicht die Rolle, ich bin die Rolle! Und so war Jürgen von Anfang an der Kapitän. Er spielte ihn nicht, er war der Kapitän. Gütig, aber streng, nach oben treten und nicht nach unten, sondern die Schwachen beschützen. Jeden Freitag gab es ein Fest in der Bavaria nach Drehschluss. Und Jürgen blieb auch da in seiner Rolle. Er war immer in dieser Strasberg-Spannung: Ich *bin* der Kapitän. Und dann kommt die letzte Drehwoche. Ich gebe mal wieder einen aus. Ich weiß nicht, wie viele ich ausgegeben habe – ich glaube, acht- oder neunmal bin ich mit denen abends in die Kneipe und habe alle eingeladen. Wir also da rein, und ich sage: ›Die erste Maß bezahle ich, und dann müsst ihr selber bezahlen.‹ Und auf einmal hörst du ein Wahnsinnslachen, ein hysterisches Lachen, ein Nicht-von-dieser-Welt-Lachen. Und du denkst: ›Was ist jetzt passiert?‹ Und du merkst: Es ist Jürgen. Und der lacht völlig irre, so völlig, wie du es nicht kennst. Und dann denkst du: ›Was hat er jetzt? Hat er jetzt einen Trip geschmissen oder was ist passiert?‹ Er ist eine Woche vor Drehschluss aus dieser Strasberg-Spannung – Ich bin der Kapitän! – rausgegangen und ist wieder zu Jürgen geworden. Und wir haben uns alle verjagt ohne Ende, weil, so kannten wir ihn nicht. Er fing auf einmal an zu lachen, wie wir ihn noch nie haben lachen hören.«

Außerdem muss da noch die Geschichte von Heinz Hoenig und Jan Fedder erzählt werden. Zwei, die mal echte Freunde waren. Sich im Rausch sogar Freundschafts-Tattoos stechen ließen. »Das Ding an meinem Oberarm sollte mal eine Art Rose sein. Sieht heute aus wie ne Frikadelle«, sagt Jan und lacht.

»Heinz und ich, wir waren mal Brüder«, erinnert sich Jan. »Er hat mich jeden Samstag angerufen, egal wo er war. Und wir haben alles durchgemacht. Wie oft waren wir in Hamburg unterwegs. Es floss der Alkohol, und es knallten die Drogen, gekifft haben wir wie die Großen und gesoffen wie die Allergrößten.«

Das Tattoo trägt Heinz Hoenig heute nicht mehr. »Das hat er sich rauslasern lassen, ohne mich zu fragen«, sagt er und klingt verletzt deswegen. Aber dann auch verärgert: »Heinz war einer meiner besten Freunde, und dann hat er angefangen, mit Wedel zu drehen – und das hat ihn verändert.« Und von Jan entfernt. »Mit Wedel hätte ich niemals gedreht!«, sagt Jan dann noch. Hoenig war sein Star als »Sugar« im *König von St. Pauli, als* »King« im *Schattenmann* und als »Rottmann« in *Der große Bellheim.*

Fedder redet, wie immer, ohne Filter über seinen alten Freund. Mich erstaunt, dass er, im Gegensatz zu vielen bekannten Kollegen, ein Ein-Mann-Unternehmen ist. Er hat keinen Manager, keinen Pressebetreuer, nicht mal einen Agenten. Geradeaus-sein als Erfolgsgesetz. Und gern mal übers Ziel hinaus und schroff. King of Kodderschnauze. Und doch bleibt dieser gern mal Großmäulige geheimnisvoll. Mareike Carrière sagte mal über ihn: »Jan hat eine äußerst zarte, aber auch unergründliche Seele. Wer hineinblickt, sollte schwindelfrei sein.«

So sehr mich manchmal sein latent übles Nachreden verwundert, so gefällt mir seine Tapferkeit: »Tja, nu, es erwischt mich immer wieder«, sagte er schon beim Treffen in München. »Vielleicht kriegt dafür ein anderer weniger ab. Daran glaube ich.« Bis heute ist beides an und in ihm spürbar: Diese Mischung aus Gottergebenheit und Gosse. Mit ihr ist er aufgewachsen.

Und dann gibt es da noch den Schauspieler Hubertus Bengsch, der den steifen und regimetreuen Ersten Wachoffizier personifizierte, von dem sein Filmpartner Semmelrogge meinte, er könne mit den Arschbacken Nüsse knacken. Auch um ihn habe ich mich bemüht. Doch Bengsch lebt sehr zurückgezogen. Aber man wird von ihm hören, bestimmt. Man muss nur mal die Augen schließen, wenn man einen Film mit Richard Gere sieht. Dessen so samtige Stimme stammt nämlich von Hubertus Bengsch. »Der Hubertus ist ein wunderbarer Mensch«, sagt Jan. »Alle rätselten, warum er sich nach unserm Dreh so zurückgezogen hat.«

Bis Bengsch zu einem Fedder-Konzert ging und die beiden danach noch mal über alles sprachen. Nur über den wahren Grund nicht, warum Bengsch verschwand. Es heißt, er habe eine orientalische Prinzessin lieben gelernt. Deshalb ist er in eine andere Welt eingetaucht.

»Hubsi kann im wahren Leben kein Blut sehen. Nun musste er ja in dieser Szene, in der Steuermann Kriechbaum angeschossen wird, in diesem Filmblut rumfummeln und immer ›Sani!‹ rufen. Und dann hat er zu Petersen gesagt: ›Das kann ich nicht. Das schaffe ich nicht. Ich kotze sofort. Ich kann kein Blut sehen!‹ Und so hat Petersen gesagt: ›Das Einzige, was wir da machen können, ist, einen Courvoisier-Cognac trinken.‹ Und dann zog er die Flasche gleich hervor. Hubsi setzt die an, trinkt die halbe Pulle aus. Danach konnte er Blut sehen …«

Drei Jahrzehnte später sitzt Jan Fedder im Billy-Wilder-Saal bei einem Bierchen in der Mitte von allen und erinnert sich jetzt an die elf Meter lange *Boot*-Attrappe, auf der sie auf dem Bodensee und vor Helgoland drehten – wie eines Tages auf offenem Meer diese Kulisse entzweibrach und die Crew in Seenot geriet. Petersen aber bloß gerufen habe: »Spielt weiter, Jungs! Das gibt gute Bilder!« So sagt es Fedder.

Auch im Studio ging der Seekrieg weiter. Auf eine Wippe montiert, trieb ihr Boot auf imaginären Wellen, stampfte durch Stürme, entfacht von Ventilatoren, groß wie Windmühlen. In einer jener Szenen verletzte sich auch Bernd Tauber als Obersteuermann Kriechbaum, als er Fedder rettete, den hundertzwanzig Tonnen Wasser fortschwemmten. Die Rettungsszene verbindet die Kollegen bis heute. Fedder umarmt Tauber immer wieder, und der erzählt, dass er eigentlich für die Hauptrolle, den Kaleu, vorsprach. Dass ihm aber das »Führungsgen« für die Rolle fehlte. Dass er mit den Kollegen den Krieg damals nicht nur spielte, sondern in sich trug.

Tauber steht mit einer Uneitelkeit im Saal, die unter Schauspielern heraussticht. Zottelig sein Bart, zerzaust sein drahtiger Haarschopf, ausgebeult seine Hosen, abgewetzt sein Hemd. Und in den Kleidern steckt ein Kerl, dem man, hat man ihn denn kurz gesprochen und kennengelernt, locker zutrauen würde, ein echter Steuermann zu sein. So umsichtig spricht er über seine Mannschaftskollegen und viel später erst über sich selbst. Tauber interessiert sich ernsthaft und von Herzen, was aus den anderen wurde.

Er erzählt jetzt, wie Regisseur Petersen die Luft und die Lebensmittel in der Stahlröhre absichtlich faulen und die Jungs tagelang durch Eiswasser waten ließ. Das Jahr im *Boot* quälte und adelte die Besatzung. Milchgesichter reiften zu Männern.

Jan sagt: »Acht Windmaschinen bliesen uns entgegen, und das eisige Wasser spritzte aus zwei A-Schläuchen. Und dann noch diese Rutsche mit einer Tonne Wasser. Jedes Mal in meine Fresse! Ich hatte ungefähr fünfzig Stürze. Fünfzig Stürze! Das tat so weh. Und ich hatte so einen Muskelkater. Und dann kam die Szene, in der mich Bernd Tauber retten soll. Ich sage: ›Bernd, tu mir einen Gefallen. Halte dich richtig fest. Das hat so eine Kraft alles. Es ist so extrem. Das kann man sich nicht vorstellen. Acht Windmaschinen und Tonnen von Wasser.‹ Und Bernd sagt: ›Jaja, ich mache das schon. Mach dir mal keine Sorgen.‹ Erste Rutsche kam. Bernd hat sich nicht richtig festgehalten. Ich war ja angeschnallt. Bei mir sollte der Gurt dann reißen. Und ist er ja auch. Nachher hing ich da hinten im Wind und schrie nach Hilfe. Und Bernd ist sofort gegen die Reling geknallt. Zwei Rippen gebrochen. Er kam ins

Krankenhaus. Was macht Petersen aus Langeweile? Dreht mit mir stundenlang diese andere Szene noch mal.«

Zu allem Überfluss gab es dann einen großen Negativschaden im Film, die Szene war dahin. Und so musste sie auch noch wiederholt werden.

Viel Anrührendes liegt in der Luft bei diesem Treffen. Am meisten merke ich Jan Fedder die Wehmut an. Kann er die auch in seinen Filmen erspielen?, frage ich ihn. Kann er weinen, wenn die Kamera es will? »Beim *Boot* wollte ich weinen in dieser verzweifelten Schluss-Szene, in der so viele meiner Kameraden sterben – aber glaubst du, das ist mir irgendwie gelungen? In keinster Weise. Da kam jemand aus der Maske mit diesen Tropfen. Rein in die Augen! Und ich habe mir das Schlimmste ausgemalt, habe an meinen toten Opa gedacht –, und die träufeln die Tropfen rein und rein und rein; aber nix mit Weinen. Dann habe ich schnell einen Aufnahmeleiter zum Caterer geschickt, hab ihm gesagt: ›Hol 'ne Zwiebel!‹ Zwiebel durchgeschnitten und dann den puren Zwiebelsaft in die Augen … Und nun musste ich Ralf Richter im Arm halten, der zappelte und schrie, er wollte unbedingt, dass sein Gesicht völlig verbrannt geschminkt wurde – ›Waahaa!‹ Und trotzdem war da zuerst nix gegangen mit Tränen. Aber jetzt mit Zwiebelsaft schon! Meine Augen explodierten. Da kam so viel Wasser raus, ich sah überhaupt nichts mehr. Ich sagte zu Ralf: ›Lieber Ralf, du liegst hier in meinen Armen. Guck mal, ich bin schneeweiß und weine. Mich engagieren sie wieder beim *Boot 2*, weil, ich habe ja überlebt.‹ Damals dachte ich, dass es einen zweiten Teil geben wird.«

Dann ist es später Nachmittag geworden in der Bavaria, und es keimt etwas vom alten Kameradschaftsgeist von damals auf. Die meisten bleiben noch auf viele Geschichten und Biere. Ein paar ziehen bis zum Morgen durch Münchens Kneipen und feiern das Gefühl von früher, als alle zusammen in einem Boot saßen. Nur ausgerechnet Jan ist vernünftig an diesem Tag und will am frühen Abend heim nach Hamburg fliegen. Irgendwann müssen wir uns verabschieden. Der Fahrer ist schon längst vorgefahren, um ihn zum Flughafen zu bringen. Ich werde den Augenblick nie vergessen, wie er da vor der geöffneten Limousinentür lange noch innehielt. Weil er ja eigentlich noch gar nicht gehen wollte. Weil nur die Vernunft ihn heimwärts zog. Da stand er also an der Mercedes-Tür, und der Wind wehte wieder einmal so filmgerecht, dass er Fedders Ledermantel erst aufblähte und dann wie einen schwarzen Schleier wehen ließ, Zorro-artig. In dem Moment öffnete er seine Arme. Er umarmte seine Jungs und auch mich und zog uns fest zu sich heran. So fest, dass sein Mantel uns einhüllte.

Er hielt uns alle so kernig in seinen Armen, wie ich es nie zuvor und nie danach bei einem bis vor Kurzem noch fremden Menschen erlebt hatte. Zweimal ließ ich vorsichtshalber locker, ganz in der Annahme, es wäre mein eigener Überschwang, der ihn da so lange umarmte. Doch es war Fedders Herzlichkeit, und er ließ lange nicht los. Wie er sich freute über diese kleine Zeitreise! Und wie viel Geborgenheit er verbreitete an diesem Tag. Wie er in Erscheinung trat. Wie er alle wärmte.

# Durchhalten und weitermachen

» Ich hatte ja schließlich einen der erfolgreichsten deutschen Spielfilme gedreht. *Das Boot* war für sechs Oscars, je einen Golden Globe Award nominiert. Und die ganzen deutschen Filmpreise, die der Film gewonnen hat! Alle anderen Kumpels wollten am Ende der Bombenangriff-Szene theatralisch sterben. Ich nicht ... Ich war schlauer ... Könnte ja noch 'ne Fortsetzung kommen, und dann wäre ich ja wieder dabei.

Bis dahin fehlte jetzt eigentlich nur noch ne geile neue Rolle als Schauspieler. Die anderen Kumpels, Uwe Ochsenknecht, Herbert Grönemeyer kamen ganz groß raus. Nur mich fragte keiner. Ich musste mich mit kleinen Filmen und kurzen Engagements zufriedengeben. Unruhige Zeiten ...

Nix ging richtig nach vorne. Also durchhalten und weitermachen. An mir kann's ja nicht gelegen haben. «

# Der Bauernhof

»Ich träumte immer von meinem eigenen Bauernhof. Auch, als wir irgendwann mal wieder mit dem Chevrolet runter von Sylt fuhren. Ich hatte diese ›Zu verkaufen‹-Bilder gekriegt von der Sparkasse. Und ein Bild davon hatte mich sehr, sehr angemacht. Das war *so* romantisch mit dem Fluss direkt dabei. Und die alten Bäume und der alte Stil. Das wollte ich mir nun unbedingt auf der Rückfahrt angucken.

Und da kam gleich der Bauer mit der Mistgabel auf uns zu. Und schrie: ›Runter vom Hof! Was wollt ihr hier?‹

›Wir wollten nur höflich fragen, wo ist denn dieser Bauernhof?‹

›Interessiert mich nicht. Runter vom Hof!‹

Dann haben wir ihn irgendwann gefunden. Denn es ist nicht leicht, ihn zu finden, wenn man nicht weiß, wo der ist. Ich bin über diese Brücke gegangen und habe diesen Hof gesehen. Da war es um mich geschehen. *Absolut* geschehen. Voll. Ich habe nicht mehr gesprochen. Ich habe kein Wort mehr gesagt.

Die anderen fragten mich immer: ›Jan, was ist denn?‹ In mir hat alles gerattert. Wie kann ich das finanzieren? Was kann man daraus machen? Und so weiter. Das war 1990. Ein Jahr vor dem *Großstadtrevier*. Ich wusste noch gar nicht, wie ich das finanzieren soll. Aber ich habe den Hof trotzdem gekauft. Die Sparkasse hat gesagt: ›Sie haben genug Geld dieses Jahr verdient, den Rest können Sie abzahlen ... Das kriegen Sie schon hin.‹ Und dann kommt der nächste Tag. Ich mache diesen entscheidenden Anruf. Rufe den Makler an. In dem Moment fängt ein Unwetter an. Es regnet. Es donnert. Und in dem Moment, wo ich den Hörer abnehme, gab es einen *Blitz!* Es knallte so dermaßen. Direkt über mir *haute* dieser Blitz rein. Und dann erfuhr ich, wie die Besitzer des Hofes hießen: ›Amen.‹ Die hießen: ›Amen‹! Tja, und die Schlüsselübergabe, die war an Maria Empfängnis.

Dieser Hof ist mein Himmel auf Erden. Mein Paradies, das ich mir selber geschaffen habe. Und 2015 war es so weit, da habe ich alle Freunde abholen lassen, mit so einem Fünfziger-Jahre-Bus. H.P. Baxxter kam mit seinem dreihunderttausend teuren Rolls-Royce. Er sagte: ›Die Autos müssen auch mal ein bisschen bewegt werden. Ist ja klar.‹ Uwe Schröder war dabei, Tim Mälzer und die Ottos. Michael Otto ist durch die Scheune gegangen, da wo die Autos stehen, und sagte: ›Ich habe schon so vieles gesehen im Leben, aber so was habe ich noch nie gesehen.‹ Und das ist das schönste Kompliment, was man kriegen kann. Und da habe ich richtig Gas gegeben.

Diesen Sammelwahn habe ich von meinem Urgroßvater, der wie alle meine Vorväter zur See gefahren ist. Er hatte unter seiner Wohnung sämtliche Kellerräume angemietet; eine Straße hinter der Wasserlinie, wo die Überseebrücke zu den Landungsbrücken geht. Und seine Kameraden waren auch alles Seeleute, die damals noch teilweise auf Segelschiffen fuhren. Die brachten Haifischgebisse, Schrumpfköpfe, Sägezähne als Andenken mit. Und haben ihm das verkauft.

Das Schlimme ist ja, dass ich nicht weiß, was wird aus meinem ganzen Sammler-Schatz … Das sind ja mehrere Museen, die ich damit füllen könnte. Das muss ich mir noch überlegen. Entweder mache ich ein Museum auf … Aber nicht auf dem Bauernhof. Ich möchte nicht, dass da solche Busladungen von Menschen drüber herfallen, so wie diese über fünfzig Busse, die täglich nach Büttenwarder fahren … Mein Zimmermann hat das mal mitgemacht, kostet neununddreißig Euro. Dann fährst du mit dem Bus, in dem Fall von Itzehoe, aber du kannst auch von ganz Norddeutschland fahren. Dann fahren die bis zu diesem alten Büttenwarder Bauernhof. Den dürfen sie aber nicht betreten, ist Privatgelände. Der Bauernhof da ist so verfallen, dass der beim nächsten Sturm einstürzt. Kein gemähtes Gras, gar nichts. Und Peter Brix und ich sind auch nicht da. Du siehst nichts. Dann fährst du weiter zum Dorfkrug, die wiederum so geschickt sind – Bauernschläue! –, da stehen wir beide als Adsche und Kurt Brakelmann als Pappkameraden. Die nehmen dann sogar für ein Foto mit Pappkameraden Geld!

Früher sind so kleine Ausflugs-Bötchen auf der Au direkt an meinem Bauernhof vorbeigefahren. Gott sei Dank sind da jetzt ein paar Brücken erneuert worden. Jetzt können die nicht mehr bis zu mir durchfahren. Früher sind dann fünfzehn besoffene Kegelschwestern aus dem Boot auf mein Grundstück gestürmt. ›Wo ist er? Wo ist er?‹, haben die gerufen und mich gesucht. Und ein paar andere haben sich in meine Gartenmöbel gesetzt: ›Wir kommen aus dem Ruhrpott, freuen uns und haben extra ein Geschenk für Sie mitgebracht.‹ «

# Schlafende Schätze

Wo wird dieser Mann, der immer alles von sich gibt in seinem Spiel, selber wieder ganz? Wo setzt er sich wieder zusammen, nachdem er sich in so viele Rollen geworfen hat? Wo wird er, wenn er die Masken abgelegt hat, wieder nur er selbst? Sein Versteck dafür hat er gut gewählt. Verborgen vor allen Blicken liegt sein Hof hinter einem kleinen Deich, der den Wind aufhält. Irgendwann, so etwa nach hundert bis zweihundert Kühen, biegt eine kleine Brücke von diesem Deich ab über einen Fluss. Hinter diesem Wasserlauf beginnt Jans Eldorado. Es schmiegt sich an den Fluss und schlängelt sich mit ihm durch satte Wiesen, die, wären sie nicht so sattgrün im Sommer, einer Insel ähnlich sähen.

Hinter den Toren finden die Schritte Halt auf einem uralten Kopfsteinpflaster, ein Mosaik aus blank gewetztem Gestein wie vor hundert Jahren. Wenn es auf die Kopfsteine zu regnen beginnt, schimmern und glänzen sie rötlich, bräunlich, gräulich. Und weil sich die Steine im Sommer aufladen mit Sonnenwärme, dampfen sie, wenn nach einem heißen Tag wieder norddeutsche Nieselwetterwolken über den Hof ziehen. Man sieht diese Wolken hier von Weitem kommen, so unverstellt ist der Himmel. Viel weiter als in Hamburg reckt und streckt er sich über dieses Stück Land.

Die steilen Dächer der Gebäude sind gedeckt mit Reet.

So spitz in die Höhe ragen die Giebel, dass auf ihnen manchmal Gänse landen und sich, weit genug entfernt von dem, was unten im Hof passiert, völlig ungestört fühlen. »Schau mal, die ficken mal wieder«, lacht Jan und deutet aufs Dach.

Und dann beginnt er mit seiner Führung. Auf seinem Elektroshopper, den er von seiner Mutter übernommen hat, rattert er über die Kopfsteine und tuckert als Erstes in die große Scheune. Mittendrin parkt jene weiße Stretchlimo, die er für nur einen Tag in seinem Leben gekauft hatte. Nämlich für den größten Tag, für seine Hochzeit mit Marion. Überflüssig zu erwähnen, dass diese Stretchlimo schöner und länger »gestretcht« ist als andere und dass sie einen Ausguck hat, sodass das Paar in ihm stehend und fahrend den Hamburgern am Straßenrand zuwinken konnte.

Je unbeweglicher Jan wurde in den vergangenen Jahren, umso stärker wuchs die Liebe in ihm zu seinen gesammelten Sachen. Es berührt, wie dieser schmal gewordene Mann auf seinem kleinen Mobil immer wieder vor den von ihm zusammengetragenen Themenwelten zum Stehen kommt und seine rechte Hand auf einen Kotflügel und die Motorhaube eines alten Treckers legt. Wer mal beobachtet hat, wie ein kleiner Junge staunend vor einem Auto steht und davon träumt, eines Tages so eines zu besitzen, der kann sich ausmalen, welche Sehnsucht in Fedders Blick liegt, wenn er auf seine Karossen schaut.

Doch Jans Sehnsucht endet in seinem privaten Nimmerland nicht bei den Automobilen. Nein, bei ihm feddert es zu Lande, zu Wasser und in der Luft. Man legt erst jetzt den Kopf in den Nacken, weil der Blick zuvor auf die Oldtimer fiel. Umso erstaunlicher ist nun der Ausblick in die oberen Gefilde. Denn dort hängen lauter uralte Schiffsmodelle. Kunstvoll geschnitzt ist ihr von der Zeit geschwärztes Holz. Manche messen drei Meter mal zwei Meter. Er hat sie im Hamburger Rathauskeller aufgestöbert, gekauft und sie dann hierher entführt. Als fliegende Holländer schweben sie nun am Firmament der Scheune.

Eine Treppe führt uns auf eine andere Ebene, auf der wir den Schiffen näher kommen. Hier oben steht auch ein Original-Modell von U 96, ein drei Meter langes *Das Boot*-Boot aus dem Film. Ein Nachbau, den ihm Marion schenkte. Daneben hat Jan in Gruppen sortierte Exponate aufgestellt: Dort eine Versammlung alter Schreibmaschinen, hier der Tropenhelm von Albert Schweitzer, etwas weiter der Kondom-Automat aus dem Kiez-Live-Sex-Laden Salambo. Und auf den alten Sofas haben es sich lauter Barbiepuppen bequem gemacht. Und nicht zu vergessen, die fünfundvierzig Transistorradios, die nun so aufgetürmt mächtig Eindruck machen. Eins alleine sieht nicht aus – aber ein Turm … der bringt es. Die Radios wirken wie ein Mahnmal in Gedenken an die Sturmflut, die er damals erlebte, als die Familie vor solch einem Radio saß und lauschte, wie hoch die Pegelstände sind.

In einer abgerockten Extra-Scheune hat Jan eine Art Sinnbild auf sich selbst inszeniert und ausgestellt, ein Fedder-Gleichnis. In diesem Schuppen stehen ein paar völlig fertige, verrostete und verwitterte alte Autos, denen man das Leben auf der Straße und den Verfall ansieht. Manchmal sind Beulen drin, die Reifen platt, die Sitze sind aufgeplatzt. Nichts ist mehr ganz und perfekt. Er nennt sie »schlafende Schönheiten«. Richtig alte Autos, die er bewusst der Zeit überlässt. Nun schlummern sie ihren Dornröschenschlaf und rosten edel vor sich hin. Wie er die einst so schnittigen Mobile hier auf seinem Hof zur Ruhe gebettet hat, darauf ist Jan stolz. Er liebt dieses Schlafgemach der Vierrädrigen.

Dass dies so symbolträchtig für sein höchstpersönliches Jetzt steht, das sagt er nicht. Denn so richtig mobil, wie ein Auto es nun mal sein sollte, ist ihr Besitzer nicht mehr. Über all das redet man aber an diesem Tag hier in seiner Schatzkammer mit ihm nicht, denn das wäre zu melancholisch. Aber man spürt es.

Noch mehr Autos passen leider nicht hinein in seine Scheunen. Sein Ideal von Freiheit und Beweglichkeit aber schon. Das gibt er nicht auf. Im Gegenteil. Er füttert es. Gerade kaufte er noch eine Kreidler Florett, damals sein erstes Moped. Dieses neueste seiner Vehikel wird er zwar niemals mehr auf einer Straße fahren können, dafür aber umso mehr in seinen Träumen. Sie sind unnütz, aber Balsam für seine Seele. »Sie zu kaufen hat mir richtig gutgetan«, sagt er und strahlt.

Gegenüber im Haus hat Jan sich seine ganz private Kneipe nachgebaut: Die Haifischbar. Doch so nahe der Gedanke auch liegen mag, dass ihr Besitzer hier des Öfteren selber sitzt, so bitter ist auch diese Wahrheit. »Ich weiß gar nicht, wann wir hier zum letzten Mal drin gefeiert haben«, sagt der Hausherr. »Das muss Jahre her sein.« So liebevoll hat er seine Kneipe dekoriert. Mit Sitzecke, mit Fischernetzen und Kunstkrebsen, mit einer in allen Neonfarben aufleuchtenden Musicbox, einem Flipper und einer halbrunden Bar mit Fünfziger-Jahre-Hockern davor.

Wieder draußen aus Jans Kneipe führt der Weg schließlich ins berührendste Zimmer seines Landsitzes, seinen »Lebensraum«, wie er ihn nennt. Und wenn er dieses Wort ausspricht, dann nicht einfach so, sondern durchaus mit Feierlichkeit in der Stimme. Gebaut ist dieser Raum wie der eines Museums. Man flaniert in ihm an lauter Lebens-Exponaten vorbei, die liebevoll aufgestellt sind wie in einem Schaufenster. Es beginnt mit den Dingen seiner Kindheit. Seine Bibel, in der schon sein Vater las, seine alten Rollschuhe. Legosteine. Seine Kinder-Ski und seine Buntstifte, sein erstes Rad, der Kleppermantel des Vaters.

Das Schreinerwerkzeug von seinem einen Opa, das Esso-Schild von der Tankstelle des anderen Opas. Ein paar Bruchstücke der Takelage seiner seefahrenden Urgroßväter. Sein Hippie-Schmuck und eine Dose mit den unvermeidlichen Knackwürstchen. Die Schreibmaschine aus seiner Kaufmannslehre. Eine Russenmütze für die neunzehn Jahre beim sozialistischen Klecks-Jugendtheater. Noch mal ein kleines *Das Boot*-Modell, na klar.

Dann Marions Brautstrauß, getrocknet, gleich neben der Maske für Kopf und Brust, in die er sich zwängen musste, als er als Krebspatient bestrahlt wurde. Seine Rauchutensilien und eine Schachtel seiner Zigaretten, die ihm den Krebs eingebracht haben. Eine selbsterhitzende (!) Dose mit seinen geliebten Ravioli. Etwas weiter sein alter Afghanenmantel. Ein Blaulicht und eine Polizistenmütze. Eine Kerze von der Beerdigung seiner Mutter. Seine Brakelmann-Mütze aus *Büttenwarder.*

Kaum treten wir hinaus aus seinem Lebensraum, thront über unseren Köpfen ein Schlagzeug. Und dann landen wir im »Schlosszimmer« mit einladend ausladenden Sofalandschaften. Von den Wänden schauen uns Antilopen und Gnus und Steinböcke zu, antiquierte Trophäen, die Jan aus dritter Generation erworben hat. Dann kommt ein langer Tisch in Bankettmaßen mit zusammengewürfelten alten Stühlen. Von dort geht es wieder eine Treppe höher in den ersten Stock. Nichts zum Wohnen, eher museal reiht sich eine Attraktion an die nächste, so vollgestellt ist der Raum. Das da drüben ist der Schreibtisch von Hans Albers, und daneben finden sich Teile des Interieurs eines Casinos.

Dann steigen wir hinab ins Herz des Hofes. Besichtigen ein aus lauter Findlingen gemauertes Badezimmer. Im Zimmer nebenan steht ein Rokoko-Schreibtisch, und auf ein Plüschsofa davor hat Jan ein menschliches Skelett gebettet, auf rote Samtkissen, als wäre es eine Reliquie. Aber ganz unheilig und gemütlich liegt es da – und überm Totenschädel hängt Jesus an seinem Kreuz.

Wir kommen in die Küche. Norddeutsch handgefertigt schmiegt sie sich in den Raum, fast wie in einem Heimatfilm. Bis wir dann Platz nehmen auf einer schweren Küchenbank samt ebensolchen Sesseln aus reich verziertem Ebenholz. Auf diesen angekommen, muss jeder Besucher erst einmal lange durchatmen und schweigen. Jans gesammeltes Leben nimmt jeden in seine Gewalt.

Ganz benommen tritt man hinaus ins Freie. Dann gibt's was zu trinken und zu essen: natürlich Würstchen und Kartoffelsalat. Das hilft. Man braucht Zeit, um das Gesehene zu verarbeiten.

# Ein Jan, ein Wort

» Meine Jungs vom Kiez dachten, ich tick nicht richtig. Jürgen Roland schickte mir eine Casting-Anfrage für die Hauptrolle ›Dirk Matthies im *Großstadtrevier*‹. Das war echt der Knaller. Die konnten das alle nicht fassen. Ich als Polizist – so'n Serien-Fuzzi. Auch meine Schauspielkollegen schlugen sich auf die Schenkel. Ich hab mir echt Zeit gelassen mit der Entscheidung. Vier Monate. Bulle oder Bruch. Und dann war für mich klar: Jetzt bin ich Bulle! «

# Hier, im *Großstadtrevier* …

Es funkte in der ersten Minute. Als Jan da so durch die Tür kam zum ersten Drehtag, war allen sofort klar, dass nicht ihm eine Tür geöffnet wurde, sondern dass er dem *Großstadtrevier* eine Tür geöffnet hatte. Er zog die schwarze Lederjacke an und war Dirk Matthies. Und wenn er nach dem Dreh nach Hause in seine Wohnung nahe der Schilleroper kam, dann war er es auch noch. Vielmehr wurde Dirk Matthies zu Jan Fedder. »Wenn ich was mache, dann hundertprozentig!«

Es gibt eine Melodie im deutschen Fernsehen, die klingt sogar noch altmodischer als jene des *Tatort*. Und noch mehr aus der Zeit gefallen als die Melodie klingt der Text: »Wenn der Schutzmann ums Eck kommt, nimmt der Ede Reißaus. Weil der Ede den Schutzmann nicht mag …«

Seit dem 16. Dezember 1986 stammt dieses Intro von der Country-Band Truck Stop. Deren Musik lief im Fernsehen, als Dieter Thomas Heck noch die *Hitparade* moderierte. Dort spielten Truck Stop ihre Songs. So etwa im Jahr 1978 (»Ich möcht' so gern Dave Dudley hör'n«) und 1979 (»Take it easy, altes Haus«). Sogar der Name der Serie, die zu diesem Lied gehört, klingt ein bisschen nach Toast Hawaii und Käse-Igel, die in dieser Zeit noch serviert wurden, wenn die Beamten des 14. Polizeikommissariats auf Streife gingen. Es war eine Zeit, in der Verbrecher noch Ede heißen mussten und die Männer noch Frisuren trugen, die Jan bis heute trägt.

Und weil man nun mal Markenzeichen nicht verändern soll und man dennoch mit der Zeit gehen will, hat sich das Intro der Serie natürlich optisch verändert. Mittlerweile fährt der Zuschauer aus Streifenwagen-Perspektive durch das Zentrum von Hamburg und sieht dann vor sich all die Helden der Serie an den Häuserwänden lächeln. Und damit auch dort ganz klar ist, wer der Größte ist in der Großstadt, grüßt Jan mit seinem typischsten Feddergrinsen auf einer imaginären Leinwand vom Dach des Panoptikum auf der Reeperbahn, in dem eine Kopie von ihm als Wachsfigur steht. In Rufnähe zu jener von Hans Albers.

Das *Großstadtrevier* ist einer der letzten Vorabend-Dinosaurier im TV. Erdacht und erschaffen vom Kultregisseur Jürgen Roland.

Wenn jemand wie Dirk Matthies fast drei Jahrzehnte lang in den deutschen Wohnzimmern zu Gast ist, gelingt ihm etwas Großartiges: Er führt ganze Generationen in dieser langen Bildschirm-Karriere zusammen. Die Oma schaut zusammen mit der Enkelin, der Sohn mit dem Vater, die Schwiegermutter mit der Schwiegertochter. Und alle können sich vom Herzen her einigen auf diesen Dirk Matthies, auf einen Mann, der nicht nur aus der Zeit gefallen ist, sondern auch etwas zeitlos Herziges an sich hat.

Fast wie ein Thomas Gottschalk brachte er noch bis in die Neunziger ganze Familien zusammen. Er befeuerte und verlängerte die vom Aussterben bedrohten Zeiten, als das Fernsehen noch einem Bollerofen glich, um den sich die Sippe versammelte. Und im besten Fall sogar gewärmt wurde von einem coolen Typen mit innerer Glut.

Deswegen ist Jan alias Dirk gefühlt so etwas wie ein entfernter, aber sehr beliebter Onkel in vielen deutschen

Familien. Einer, der bei der nächsten Familienfeier herausragt oder auch gerne beständig aus der Rolle fällt, der die besten Witze macht und die dollsten Geschichten von früher erzählen kann. Einer, der es auf Tante Elses achtzigstem Geburtstag krachen lässt und kleine Kunststückchen mit den Kindern einstudiert, bevor die Verwandtschaft ansonsten vor Langeweile beinahe schon eingenickt wäre.

Jan alias Dirk ist aber auch einer, dem man von Jahr zu Jahr ansieht, was die Zeit aus ihm macht. Der früher mal kraftstrotzend und schneidig war, dann schlimm krank, und der es dann wieder zurück schaffte und lässig weitermachte, als wäre nichts passiert. Vielleicht ist genau das gemeint, wenn man von Dirk Matthies als Kultfigur spricht.

Unterschätzen sollte aber niemand, dass das *Großstadtrevier* durchaus auch persönlich von Dirk Matthies alias Jan Fedder beschützt wird. Kaum jemand sonst von allen Nord-Schauspielern wird so geliebt von den Big Bossen. Nicht nur ARD-Programmchef Volker Herres verehrt ihn; auch Lutz Marmor, der bis Januar 2020 NDR-Intendant war, versprach ihm in die Hand, dass es mit dem Polizeikommissariat 14 weitergeht. Deswegen hängt auch ein ironisches Plakat in Jans *Großstadtrevier*-Garderobe, das ihn ganz verschwörerisch mit den beiden zeigt. Darüber steht der Titel des Mafia-Klassikers *Goodfellas* geschrieben.

Wer einmal eine NDR-Gala zu einem runden Geburtstag Jans gesehen hat, der ahnt, wie sehr diese öffentlich-rechtliche Anstalt von Herzen an ihm hängt. Da sitzt Jan dann auf einem grünen Plüschsessel, und um ihn herum treten die Gratulanten auf. Natürlich darf das Geburtstagskind auch sich selbst ein Ständchen singen und brummt ein bisschen »La Paloma«. Und damit der edle Sessel von

König Jan nicht allzu sehr an einen Thron erinnert, hat jemand vom Bühnenbild zwei kleine Flicken auf das samtene Polster genäht. Schließlich trägt der Kerl, der auf dem Sessel Platz nimmt, auch ein paar Gebrauchsspuren mit sich.

Wegen dieser Gebrauchsspuren sitzen wir im Februar 2019 bei einer Tasse löslichem Kaffee zusammen. Und Jan erinnert sich, wie alles begann: Wie er schon als Gast auftauchte, bevor er zu Dirk Matthies wurde. In Folge drei hatte er eine Gastrolle und später noch eine; lange bevor er die Hauptrolle bekam.

Damals suchte Jürgen Roland einen Jungspund, der eine Bettszene mit Mareike Carrière dreht, der späteren Streifenkollegin von Jan. »Irgendwie haben die aber keinen gefunden.« Fedder blickt zurück: »Jürgen sah sich schließlich ein Foto von mir an und sagt: ›Das glaubt doch kein Mensch, dass so ein Typ mit der Mareike ins Bett gegangen ist.‹ Was machen wir denn jetzt? Ist ja die einzige Chance, dieser Typ!« Und so ruft er Jan einfach mal persönlich an. Der aber hatte tags zuvor in seinen Geburtstag reingefeiert und holte gerade einen seiner Lieblings-Oldtimer, einen Peugeot, aus der Werkstatt. Dieser Wagen hatte keine Sitze, und so tuckerte Jan im Schritttempo und auf einem Benzinkanister hockend von Altona zu seiner Wohnung auf St. Pauli. Ölverschmiert, resttrunken vom Feiern, im Arbeitsoverall.

Und wie er die Karosse in die Garage steuert, stürzt seine damalige Freundin Conny zu ihm auf die Straße hinunter und brüllt: »Jan, das Telefon! Ist wichtig! Studio Hamburg. Ist ganz, ganz wichtig. Du sollst sofort ans Telefon kommen!« Dran war Jürgen Roland. »Von dem hatte ich viele böse Sachen gehört, und auf den hatte ich eigentlich keinen Bock«, erinnert er sich. Also sage ich: »Ja, was ist?« – »Wir brauchen einen Schauspieler und zwar morgen früh um sieben. Und ich würde Sie gern kennenlernen. Könnten Sie jetzt vielleicht noch mal ins Studio Hamburg kommen?« Und Jan antwortet: »Ich bin hier mitten bei der Arbeit. Ich muss erst mal meine Autos wegfahren.« – »Aber könnten Sie dann …? Bitte kommen Sie doch dann ins Studio Hamburg.«

Also hat Conny ihren Jan dorthin gefahren. »Ich konnte ja nicht fahren, solch einen Kater hatte ich. Und so bin ich denn da hin. Immer noch im Arbeitsoverall. Und vorher war so eine Sendung: *Fünfzig Jahre ARD,* und da trat Dieter Hildebrandt auf und machte Witze über die ARD, und keiner hat gelacht. Es waren nur Prominente dort. *Keiner* von denen hat gelacht. Dabei waren es gute Witze. Und dann dachte ich: ›Was ist denn mit diesen Prominenten los?‹ Und Jürgen Roland saß dazwischen. Ich also nach der Sendung rein in dieses Studio. Zu ihm hin. Er hatte so nen langen Afghanenmantel an, und ich habe zu ihm gesagt: ›Du bist ein Feigling, bist du! Ihr seid alle Feiglinge! Bei eurer Veranstaltung hat keiner gelacht über die Witze von Hildebrandt, und die waren *gut.* Was ist denn das für eine Scheiße da?‹ Und so habe ich den gleich so zusammengeschissen, dass der dasaß und dachte: ›Um Gottes willen …‹«

Nur langsam löst sich Jürgen Roland aus seinem Schock, halb beleidigt, viel mehr aber doch beeindruckt von diesem zornigen »Vorsprechen«, und sagt noch lakonischer, als sein Rollenkandidat das kann: »Tja, nützt ja nichts. Wir finden jetzt sowieso keinen anderen mehr.« Nur deswegen sagt der Produktionsleiter zu Jan: O.K., morgen früh um sieben, da und da. Später ruft der heutige Aufnahmeleiter noch Mareike Carrière an, um sie zu warnen: »Um Gottes willen, um Gottes willen!«, stammelt er zu ihr. »Aber ich finde keinen anderen mehr. Zieh dich warm an! Da kommt morgen … da kommt … ein Berserker. Das wird ganz schlimm. Wirklich. Aber du wirst das schaffen … Ich bin ja bei dir. Ich beschütze dich.«

Und dann erschien dieser Berserker am nächsten Tag wie ausgewechselt. Ein gut gelaunter junger Mann, der seine Rolle hervorragend spielte. Alles wunderbar. Und Jürgen Roland stürmt nach Drehschluss in das Produktionsbüro und schreit seine Leute an:

*»Warum sagt mir keiner in dieser Stadt, dass es so gute Schauspieler in Hamburg gibt?!«*

Das war der Beginn ihrer Freundschaft. »Jürgen Roland ist für mich ein bisschen wie Siegfried Lenz. Er hat mich immer begleitet und mir dann auch den Weg geebnet, praktisch wie theoretisch. Das war also Folge drei. Dann gab es noch eine andere Folge, da spielte ich einen Autodieb. Mit Tana Schanzara.«

Und so verging die Zeit ohne ihn bis zur Folge 36. Damals war Jan eingeladen zur Weihnachtsfeier des *Großstadtrevier.* Als alle schon gut angetrunken waren, fragt der Tonmann Horst Stroemer irgendwann an diesem Abend Jürgen Roland: »Warum besetzen wir nicht mal einen Hamburger?«

Jan schmunzelt: »Der Chef des Kommissariats damals, der Peter Neusser, stammte aus Wien; was keiner wusste und wissen sollte. Ein anderer Hauptdarsteller aus Hannover. Mareike kam aus Lübeck. Arthur Brauss, der damalige Hauptdarsteller, kam aus München. Kay Sabban kam aus einem Vorort von Hamburg, also auch nicht richtig aus Hamburg. Nun konnte Jürgen ja nicht zu Horst sagen: ›Du hast recht‹, sondern es musste sich erst mal so langsam entwickeln, dass das nun auch Jürgens Idee war und nicht die Idee von Horst. Und so dauerte es eine Woche, und dann kam Jürgen: ›Ich habe eine Idee. Wir könnten ja Jan Fedder besetzen.‹ Weil Arthur Brauss mittlerweile zu alt war. Denn ein Polizist fährt nur bis achtundvierzig auf dem Peterwagen.«

Und so bot Jürgen Roland Arthur Brauss an, ins Büro der Wache zu gehen oder Zivilfahnder zu werden. Als Brauss das ablehnte, bot er ihm sogar an, Chef der Wache zu werden. Jan erinnert sich: »Aber auch das kam für ihn nicht infrage, weil er ahnte, dass er dann der Trottel im Büro ist und wir die Helden da draußen. Und als Brauss abgewunken hatte, war Jürgen sehr konsequent und ließ ihn rausschneiden. Nach der Devise: ›Wenn nicht so, dann gar nicht.‹ Und so wurde ich der Neue. Mit Folge 37. Und war auch der Neue an Mareikes Seite.«

An der Seite von Brauss war Jans neue Kollegin noch das kleine Mädchen gewesen. Nun ließ sie sich in ihren Vertrag schreiben, dass sie die Streifenführerin wird. »Sie wollte nicht mehr die Befehlsempfängerin sein und hat dadurch viel für die Emanzipation getan. Auch wenn es manchmal schwierig mit ihr war, weil sie einiges diskutierte am Set.«

Jan schaut zurück: »Nach dem Motto: ›Wir könnten doch, wir sollten, man müsste jetzt doch so aus dem Impetus heraus …‹ Das konnte ich noch nie. Ich stelle mich hin und spiele. Das Gerede langweilt mich zu Tode. Ich bin da ein Vollblut und gehe gleich ran und fertig.«

So ungern er selbst anderen reinredet, so wenig lässt er das auch bei sich selber zu. Das fing schon bei der Polizeimütze an. Fedder hatte nie eine auf. Alle anderen erfüllten ihre Pflicht und trugen sie, weil es echte Polizisten auch müssen, um auf der Straße gut erkennbar zu sein. Zwar probierte es jeder Regisseur und rief: »Jan, zieh mal die Mütze auf.« – »Nee, zieh ich nicht. Kein Bock drauf«, erklärte er bloß. »Ich schnalle mich ja auch nicht an. Ich habe mal gelesen, dass Lkw-Fahrer und Polizeifahrer Berufskraftfahrer sind. Und die sind vom Anschnallen befreit.« Deswegen haben seine Chefs irgendwann aufgegeben, und Jan wurde einer der letzten Unangeschnallten im deutschen TV. Ganz so wie im echten Leben. Nur auf der Autobahn legt er den Gurt um. Was wiederum hohen Symbolgehalt hat für sein wahres Sein.

Und nun war Jan der Neue beim *Großstadtrevier.* Dabei glaubte sein Kollege Kay Sabban, der den Motorradpolizisten in der Serie spielte, er würde das werden. Jan: »Einen anderen als mich – ich war ja ein guter Kumpel von ihm – hätte er deswegen fertiggemacht. Kay hatte immer einen guten Spruch drauf, aber ich bin leider auch sehr gut im Spruch. Und dann kam Konter, Konter, Konter. Und dann haben wir es gedreht und gedreht und gedreht und gemacht und getan, fünfhundert Jahre. Dann kam der frühe Tod von Kay. Mit nur vierzig Jahren ist er während der Dreharbeiten gestorben. Das war hart für uns. Und kurze Zeit später wollte Mareike aussteigen und starb den Serientod. Und starb tatsächlich im Jahr 2014. Ich hab sehr bedauert, dass sie ausgestiegen ist. Mareike wollte raus aus dieser durchfallbraunen Scheißhose und wieder Kleider tragen. Wollte sich wieder zeigen als Frau. Und hatte ein Angebot für einen Zwei-mal-Neunzigminüter in Russland. Leider ist es ihr so ergangen wie fast allen, die fortgegangen waren. Der große Erfolg kam danach nicht mehr.«

Dass seine Kollegen nach neuen Herausforderungen suchen, dass sie das eigene Rollenklischee verlassen wollen, kann Jan nicht verstehen. »Ich habe mich immer wieder neu erfunden. Dass ich was Neues mache oder einfach rumspinne, was weiß ich. Alle Veränderungen in der Rolle des Dirk Matthies sind auf meinem Mist gewachsen. Dass Dirk einen schwarzen Mercedes-Oldtimer fährt, der natürlich mein eigener ist; das Hausboot, auf dem er lebt: alles meine Idee. Weil Dirk Matthies ja rausmusste aus seiner schönen St.-Pauli-Wohnung, als die Hafencity gebaut wurde. Damit war es mit meinem schönen Hans-Albers-Blick in die Ferne vorbei. Der ging dann nur noch fünfzehn Meter bis zum Rotklinkerbau. In dieser Zeit hatte ich auch den Wunsch, Jens Münchow zu besetzen als meinen Partner. Ich wollte ihn unbedingt.«

Aber gelangen ihm all diese Wunscherfüllungen und Wandlungen nicht nur wegen seiner außergewöhnlichen Stellung innerhalb der Serie, als Chef im Ring? »Absolut«, antwortet er. »Und ich wollte mich auch für Jens einsetzen, dass er, wie er sich das wünschte, mehr Szenen und Text bekommt. Aber da hatte er schon beim Aufnahmeleiter gekündigt. Der sagte darauf zu ihm: ›Gut, aber du gehst vorher zu Jan und erklärst ihm das …‹ Und als er das tat, war ich schon ein bisschen enttäuscht: ›Mann, ich habe dich extra geholt. Du bist der erste Mann an meiner Seite.

Ich hatte sonst immer nur Frauen.‹ Das fanden zwar alle immer toll, immer nur Frauen ... Ich durfte auch mitbestimmen, wer meine nächste Partnerin wird; war immer bei den Castings dabei. Bis mich die Leute schon an der Supermarktkasse fragten: ›Und wann heiratet ihr denn nun endlich mal?‹ Ich sage: ›So weit ist es noch nicht ...‹ Und nun hatte ich gesagt: ›Jetzt möchte ich endlich mal einen Macker haben. Einen Typen, der an meiner Seite steht.‹ Dadurch kam Jens erst rein. Den hatte ich in einem Lars-Jessen-Film gesehen. Danach trafen wir uns, und er sagte zu mir: ›Mein Vorbild war der Film *Rocker* von Klaus Lemke. Und so möchte ich gerne später auch mal spielen ...‹ Da habe ich zu ihm gesagt: ›Alter. Das war auch mein Lieblingsfilm.‹ Und deswegen habe ich gesagt: ›Den will ich haben!‹«

Von beiden ist irgendwann nur noch Jan geblieben im Revier. Auch wenn seine Auftritte manches Mal schmerzlich klein geworden sind, weil er durch seine Krankheiten so oft ausfiel. Doch so klein sie auch geworden sind mit den Jahren: würdevoll sind sie geblieben. Die Macher der Serie sorgen dafür, dass die Kamera am Set ihn immer noch als großen Star filmt, stets mit der bei Schauspielern so begehrten Nahaufnahme, immer mit einem coolen Spruch aus dem Drehbuch, meist mit einer guten Pose. Auch wenn es ihm immer schwerer fällt, die einzunehmen, seit er mit dem Rollstuhl an den Set geschoben wird – und deswegen entweder hinter ein Steuerrad, auf sein Boot oder hinter einen Tisch gesetzt wird.

Trotz allem ist es erhebend im mehrfachen Sinn, Jan einen Drehtag lang beim *Großstadtrevier* zuzuschauen. Weil ihn diese Arbeit wieder aufrichtet. Hier, im Studio

Hamburg, wohin die Serie umgezogen ist im Frühling 2019, stemmt er sich noch einmal raus aus seinem Rollstuhl und steht dann da inmitten seiner Kollegen, die ihn umringen, um ihn zu stützen. Oder ihm wenigstens den Arm anzubieten, um ihn die paar Tippelschritte zu begleiten. Bis er Platz nimmt an seinem Filmschreibtisch oder vorübergehend auf einem Hocker, den man ihm schnell unter den Hintern schiebt, wenn der Dreh das vorsieht. Wenn Jan stehend gefilmt wird, lehnt er sich an eine Kulissenwand, bis in ein paar Minuten die Klappe fällt.

Fedder als Matthies, das war immer ein Balanceakt. Dieser Bulle hatte oft den Charme eines leichten bis mittelschweren Verbrechers – dem man seine Untaten aber jederzeit verzieh. Er sprach die Sprache der Straße und jener, die sie regieren. Deswegen haben ihn so viele geliebt als Polizisten. Er verkörperte den Gerechten wie den Gauner. Einen Schutzmann, der sich nicht bloß auskannte in der Halbwelt, sondern ein bisschen in ihr beheimatet, ja beinahe ein Teil von ihr war. Einen Ordnungshüter, der eigentlich unordentlich war. Der mit der Gegenseite sympathisierte. Und sich manchmal sogar mit ihr verbrüderte. Der ihre Vertreter – all jene Schattengewächse und Zwielichtigen – im Grunde seines Herzens gut verstand. Einen, der lieber mit den Sündern zechte, statt mit den Heiligen und Scheinheiligen zu parlieren. Auch der echte Jan Fedder wäre ja fast einer von der anderen Seite geworden. Also konnte er diesen Matthies so höchst glaubwürdig spielen.

Er *liebte* sein altes Revier in der Mendelssohnstraße, in dem er drei Jahrzehnte lang zu Hause war. Und einen alten Baum wie Fedder, der noch dazu so sehr an vertrauten Orten hängt, pflanzt man eigentlich nicht mehr um. Umso schmerzhafter für ihn, als dann doch die letzte Szene abgedreht war, und die alte Wache – wenn auch nur tricktechnisch – in die Luft gesprengt wurde. Wie es sich für einen Kapitän gehört, ging er als letzter von Bord, auf seinen Schultern und in seinen Haaren der Staub der Kulissentrümmer. Dabei musste er bitterlich weinen. Und diese Tränen standen nicht im Drehbuch.

Das neue Revier ist nun nicht mehr echt, aber es sieht zumindest gut aus hier in Halle 2 des Studio Hamburg. Genau hier drehte schon Heinz Erhardt. In der Halle duftet es heute nach Kohlrouladen, das Catering ist schon da, und gleich gibt es Mittag für die Mannschaft. Jan lässt das immer ausfallen und bekommt vom Koch in eine Tupperschüssel Kartoffeln mit Soße gepackt. Die nimmt er nach Drehschluss mit nach Hause, denn er isst lieber allein.

Eine große Freitreppe führt in der Halle in den ersten Stock. Dort oben liegen die Büros der Inspektionschefin Frau Küppers, herrlich hanseatisch gespielt von Saskia Fischer, der Enkelin von Johannes Heesters. Daneben ist der Konferenzraum. Und leider auch Jans Büro. Es ist nicht einfach, bis er dort oben angekommen ist, wieder gestützt von seinen Kollegen und wie in Zeitlupe.

»Ich kann doch deswegen nicht aufhören«, ruft er, als er mitten auf der Treppe wieder und wieder eine Pause einlegt. »Der alte Zirkusgaul kann zwar nicht mehr so hoch springen wie früher, aber in der Manege stehen, das kann ich noch!« Früher hat er diesen Spruch auch gebracht. Nämlich damals, als er mit achtundfünfzig die Uniform auszog, weil er als Streifenpolizist nicht mehr gut genug zu Fuß war und deswegen die Rolle des Kiezermittlers bekam. Schick in seinem schwarzen Ledermantel mit den Silberknöpfen, den er auch privat am liebsten trägt. Damals schnodderte er den Zirkusspruch leicht abgewandelt: »Das Zirkuspferd kann zwar nicht mehr so hoch springen, aber im Kreis laufen kann ich immer noch!« Allein schon ehrenhalber: Dieser Mann ist Ehrenkommissar der Hamburger und sogar der Bayerischen Polizei.

Dann ist Drehbeginn, und gleich die erste Einstellung gelingt ihm bestens. Auch wenn der neue Regisseur sie neunmal wiederholen lässt, weil zehn von Jans Kollegen an ihr beteiligt sind. Ich muss schmunzeln, als das alte Zirkuspferd in jedem dieser Takes seine zwei, drei Sätze variiert, ganz so, wie sie ihm gerade einfallen und auf keinen Fall so wie sie im Drehbuch stehen. Denn bis heute gilt die Maxime, mit der er einst von Jürgen Rolands Nachfolger als Regisseur gekrönt wurde. Christian Stier sagte damals, als Jan sich mal wieder nicht an den Text hielt:

»Sag doch, was du willst. Was du spielst, ist sowieso genial, mach den Rest einfach, wie du denkst.«

»Das war mit das schönste Lob«, erinnert sich Jan.

Leider starb dieser Regisseur bei einem Tauchunfall, und es kamen viele andere. Ein paar von denen lehnten sich auf gegen Jans große Freiheit am Arbeitsplatz. »Da musste ich denen zeigen, wer hier der Stärkere ist. Gerade bei den jungen Typen, die wollen ja alle erst mal zum *Bullfight* antreten. Konnten sie gerne haben …«, schmunzelt Jan und lässt dazu ein bisschen Cowboy-Mimik übers Gesicht huschen.

Jan kümmerte sich um seine Leute. Und das bekamen auch die Regisseure zu spüren. Wenn mal ein Praktikant zusammengeschissen wurde, dann hat er sich den Regisseur vorgeknöpft. »Hör auf, hier auf den Kleinen rumzuhacken. Wenn du einen Gegner brauchst, dann nimm mich …« Damit war alles gesagt.

»Ich bin derjenige, der die längere Erfahrung hat«, meint er heute, »und ich spiel das so, wie ich denke, und nicht, wie der Regisseur das will und macht. Und dadurch wird das immer ein Erfolg, komischerweise.«

Wenn Fedder so in sich hineintriumphiert nach solchen Sätzen, blitzt der Junge vom Kiez wieder auf in den Zügen des älteren Herrn. Dann nimmt sein gerade noch fahles Gesicht wieder für Momente dieses Gewiefte an. Dann ist die coole Sau wieder da.

Genossen hat er dieses viele Arbeiten fürs *Großstadtrevier* und so vieler anderer Formate. Auch wenn er behauptet: »War nicht immer einfach, wenn man so viele Filme macht. Aber ich war's auch nicht anders gewöhnt. Schon als junger Kerl ging ich von acht bis fünf in die Lehre und von fünf bis zehn eben in die Schauspielschule. Und von zehn bis zwölf in die Kneipe. Logischerweise.« Damals. Denn damals ging die letzte U-Bahn um Viertel nach zwölf.

Als er beim *Großstadtrevier* begann, war ein Typ wie er ein bunter Hund, eine herzlich-harte Ausnahmeerscheinung. Ein Bulle, wie ihn Frauen mögen, weil er viel Gefühl durchscheinen lässt durch seine Uniform. Zudem ein Typus jenes ersehnten Helden, der Risse in und mit sich trägt; vor allem in seinem Gemüt. Der sich deswegen aber nicht beschweren und erst recht nicht bemitleiden lassen würde.

In Jans Anfangszeit war solch ein Cop besonders einzigartig. Steckte doch unter der schweren schwarzen Lederjacke ein wahrer Goldkerl, ein besonders liebenswerter

Junge, der mit norddeutsch versteifter Wind-und-Wetter-Mimik und flotten Sprüchen gut getarnt werden musste.

Ideal angelegt ist diese vermeintlich alltägliche Rolle des Streifenpolizisten, weil von diesem Schutzmann tatsächlich so viel Schützendes ausgeht. Das spürten zuallererst die weiblichen Zuschauer. Und dann war da diese Menschenkenntnis, die dieser Matthies tief, wie eine vergrabene Schatztruhe versteckt, in sich trug. Dieser Polizist hatte nun wirklich die Menschen kennengelernt. Nicht nur die »großen Haie und kleinen Fische«, wie es im Refrain zum *Großstadtrevier* heißt. Nein, er hatte auch allen anderen Sorten Mensch ins Auge gesehen und von dort in die Seele. Nicht in erster Linie irgendwelchen Millionärswitwen, wie einst sein Kollege Tappert als Derrick. Gut, denen auch manchmal. Aber zumeist doch eher den echten Typen. Denen von der Straße. Was kann einem Volksschauspieler Besseres passieren?

Dass die Produzentenlegende Jürgen Roland, selbst bestens vertraut mit dem Kiez, ausgerechnet einen Hamburger Jung für diese Ordnungshüterrolle engagierte, der im Epizentrum aller Milieus nicht nur aufgewachsen war, sondern sich dort bis in die krummsten Kaschemmen, tiefsten Ritzen und windigsten Ecken auskannte, war ein Widerspruch an sich.

Neu war auch das Frauenbild dieses Dirk Matthies, damals, als er anfing, am Vorabend für Recht und Ordnung zu sorgen. Die schönsten Damen haben die Regisseure ihm auf den Beifahrersitz gesetzt. Bis Jan eines Tages selbst dort Platz nahm. Weil ein Mann wie er auf solche Statusdinge verzichten kann. Nie oder nur selten war Dirk Matthies anzüglich zu seinen Streifenpartnerinnen. Meist schaute er mit seinem um Verzeihung bittenden Dackelblick auf Augenhöhe zu den Frauen herüber. Und war zudem fast immer mehr Kumpel als potenzieller Lover. Auch wenn seine Polizeikolleginnen ihn natürlich alle ziemlich sexy fanden: Dirk Matthies spielte diesen Vorteil nie aus. Und so blieb da immer dieses Spielerische unter den Geschlechtern. Bester Treibstoff für Schauspieler.

In den vergangenen Jahren wurde Dirk Matthies partnerlos im Revier und immer mehr eine Art einsamer Wolf. Der aber nach wie vor gern zu seinem Rudel zurückkehrt. Der Fahrer der Produktion holt ihn dafür extraspät vor seiner Wohnung auf St. Pauli ab, erst um neun oder zehn, um ihn zurück in seine Vergangenheit, zurück ins *Großstadtrevier* zu chauffieren.

Auch wenn das jetzt nicht mehr das Zuhause von damals ist: »Mir bringt das immer noch tierisch Spaß, und ein paar Leute sind immer noch dabei.« Die hat er neulich alle eingeladen auf seinen Bauernhof. Zwölf Lieblinge vom Set. Acht von früher waren sogar noch dabei. »Das ist auch wichtig, dass du diese Vertrautheit mit denen hast. Mit unserem Oberbeleuchter Lindi etwa. Denn mit wem soll ich mich irgendwann mal sonst über die alten Anekdoten unterhalten?«

Das klingt lustig und rührend zugleich. Es ist wahr, dass man Deutschlands langlebigsten Serienstar in keiner Folge des *Großstadtrevier* richtig hat weinen sehen. Der Mann, der eben nur von Geburt nah am Wasser geboren ist, der an der Überseebrücke aufwuchs, ist eine Anti-Heulsuse. Bloß keine Tränen! Dafür trägt er aber die allerbeste Vorstufe in seinem Gesicht. Wenn er seine Nasenflügel ein wenig zittern lässt, scheint er trocken zu weinen.

Gut in seinem Job macht es sich zudem, wie er beherrscht, was eigentlich nur im übertragenen Sinn gemeint ist: Er kann Mund und Nase aufsperren. Manchmal sperrangelweit, wie eines der Scheunentore auf seinem Bauernhof. Dann wieder schließt er den Mund und sich selbst ausgesprochen norddeutsch. Um daraufhin umso überraschender loszufeddern und seine Klappe aufzureißen.

Und seine Seele.

Große Schnauze, großes Herz. Das hat er beides.

# Maria Ketikidou über Jan

» Jan verkörpert die Gegensätze von St. Pauli in seiner Person. Alles, was damit zusammenhängt: Das Dreckige, das Vulgäre, das Rohe, das Betrunkene, das Prollige – das kann er alles sein. Aber auch dieses große Herz, die Sehnsucht und die Gemeinschaftlichkeit.

Er verkörpert dieses Heimweh und den Stolz, zu wissen, wo man herkommt. «

# Großer Bruder, kleine Schwester

Seit 1993 ermittelt sie an Jans Seite. Maria Ketikidou spielt die Polizistin Hariklia »Harry« Möller im *Großstadtrevier.* Längst ist sie groß geworden in der Serie – und großartig. Niemand sonst entfacht solche Gefühle im Dialog mit Jan. Wenn Maria mit Jan spielt, muss die Kamera immer ganz nah ran an diese Szene, diese beiden Gesichter. Denn die beiden liefern sich jedes Mal ein kleines Kammerspiel, wenn sie sich in die Augen schauen.

»Das zwischen Jan und mir, das war Liebe auf den ersten Blick. Ich habe ihn 1988 kennengelernt. Wir drehten den Film *Traumauto* zusammen. Er spielte einen Zivilfahnder und ich die Automechanikerin Susi. Wir sahen uns, und es war tatsächlich irgendwie Liebe. Ohne dass es je Liebe war. Diese große Sympathie, diese ›gleiche Wellenlänge‹, diese Verbundenheit. Janni ist halt einfach auch ein wahnsinnig charismatischer Mensch. Der strahlt in den ganzen Raum.

Und dann trafen wir uns ein paar Jahre später wieder beim *Großstadtrevier.* Ich kann mich erinnern, dass wir gleich so gematched haben und dass alle sagten: ›Ach, geil, die zwei sind aber gut zusammen …!‹ Wir waren uns halt ähnlich vom Typ, und es passte. Aber die Macher wollten dann lieber eine Blondine, einen Kontrast im 14/2, und so bauten sie mich kurzerhand als Zivilfahnderin in die Serie ein. Und damit begann unsere langjährige Freundschaft.

Ich lebe auf St. Pauli, ich arbeite viel dort und habe diesen Pauli-Fußballfanatismus. Das ist natürlich etwas, was uns zusammenschweißt. Und dann die Arbeiterklasse, aus der ich komme, da kommt er ja auch her. Sein Vater hatte eine Kneipe, seine Mutter war Tänzerin. Mein Vater war Tischler, meine Mutter Hauswirtschafterin.

Ich musste mich bei Jan nie verstellen. Ich konnte so sein, wie ich bin. Und er eben auch. Und dann war es wirklich irgendwann so, dass ich seine kleine Schwester wurde.

Er ist immer der, an den ich mich anlehnen, bei dem ich mich auskotzen kann, bei dem ich aufgehoben bin. Und ja, unter seinem Flügel konnte ich mich so ein bisschen ausruhen. Alles verändert sich, nichts ist mehr, wie es war, aber Jan ist mein Anker.

Jan ist aber auch ein Anarcho, der gegen alle irgendwie anstinkt. Und dem alles scheißegal ist. Ich finde es ja auch cool. Ich finde es bewundernswert. Ich hätte auch gern so wenig Schiss in der Hose. Und so ein Rückgrat wie er, wenn er irgendwie bei Ungerechtigkeiten laut sagt: ›Nein!‹ oder ›Aber!‹ Das traut sich ja sonst keiner.

Jan denkt einfach mit dem Herzen. Da gibt es kein Zögern. Er war ja schon zu seinen Hippie-Zeiten schmerzbefreit und schlagfertig. Kein Wunder, dass er immer die lustigsten Geschichten zu erzählen hat. Einmal ist er mit einer Schrottkarre und nem Kumpel nach Thassos gefahren. Eine Insel in Nordgriechenland. Er brauchte nicht lang, die schlimmsten Flüche in Landessprache zu lernen. Perfekte Aussprache. Die Einheimischen haben den Hamburger Jung mit der dunklen Matte für nen waschechten Griechen gehalten. ›Ela Jianni, ti kanis?! Hey Janni, wie geht's dir?‹, haben sie immer gerufen, erzählte er mir später. Er

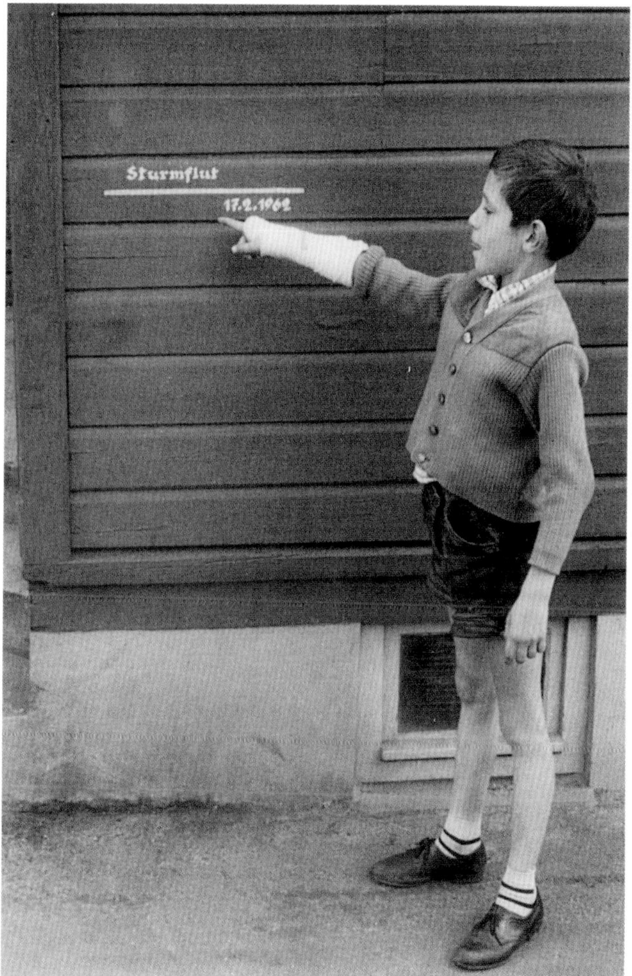

Jan zeigt, wie hoch das Wasser bei der Sturmflut war

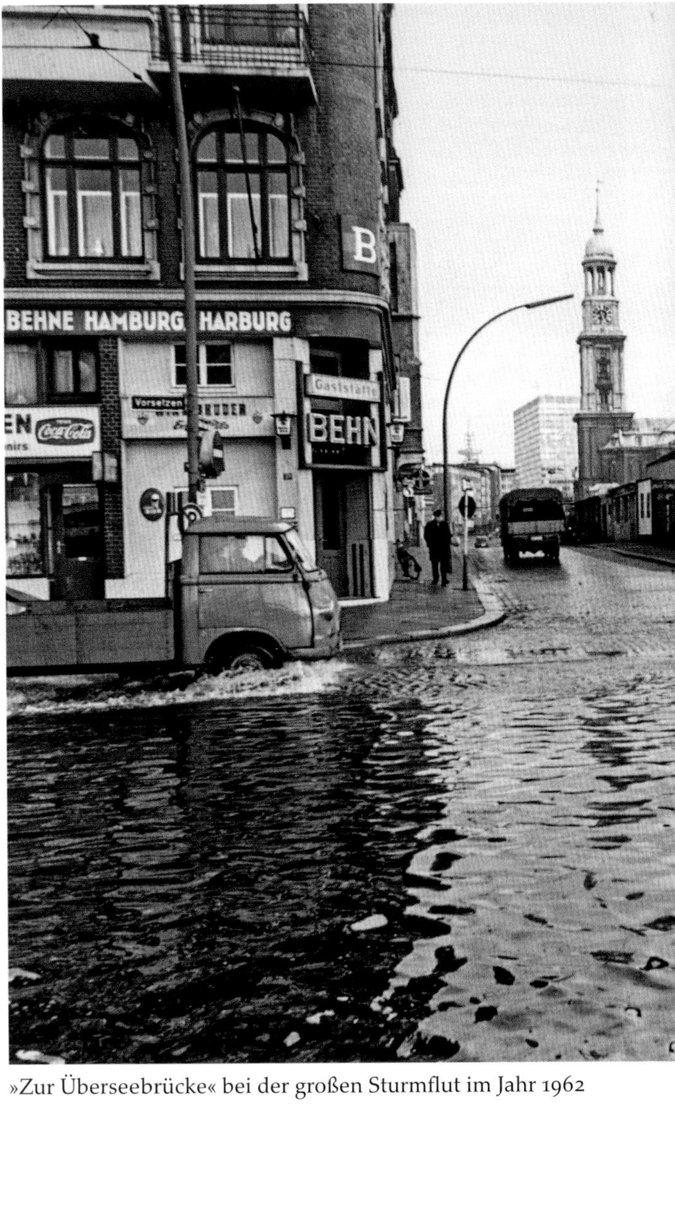


»Zur Überseebrücke« bei der großen Sturmflut im Jahr 1962

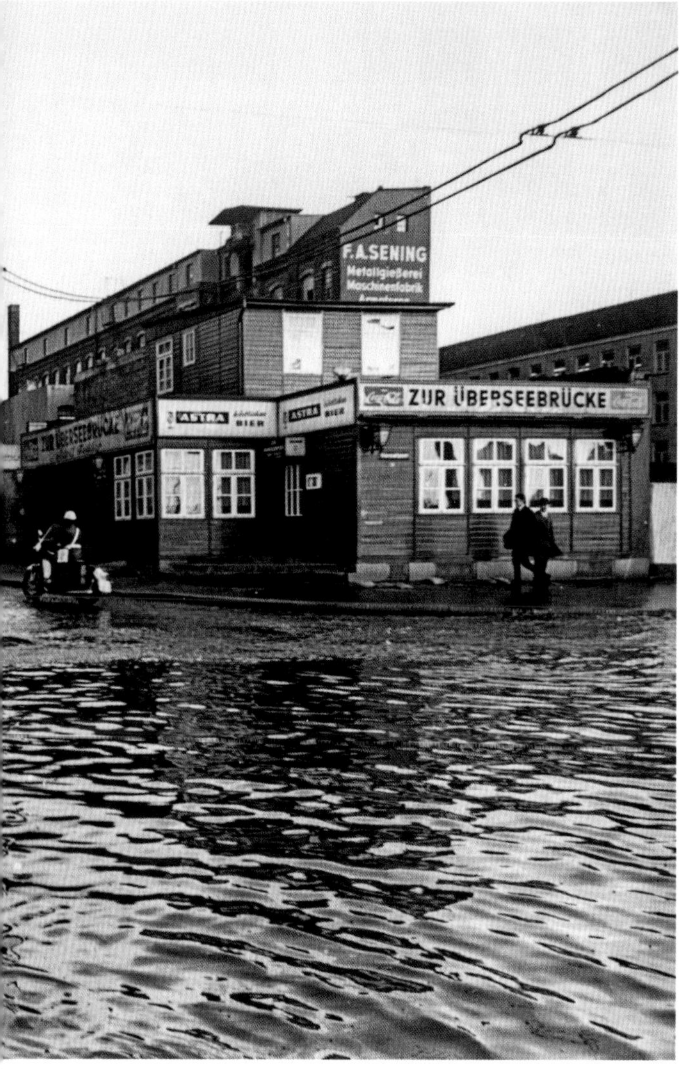
F. A. SENING
Metallgießerei
Maschinenfabrik
ZUR ÜBERSEEBRÜCKE
ASTRA
BIER
ASTRA
BIER
ZUR ÜBERSEEBRÜCKE

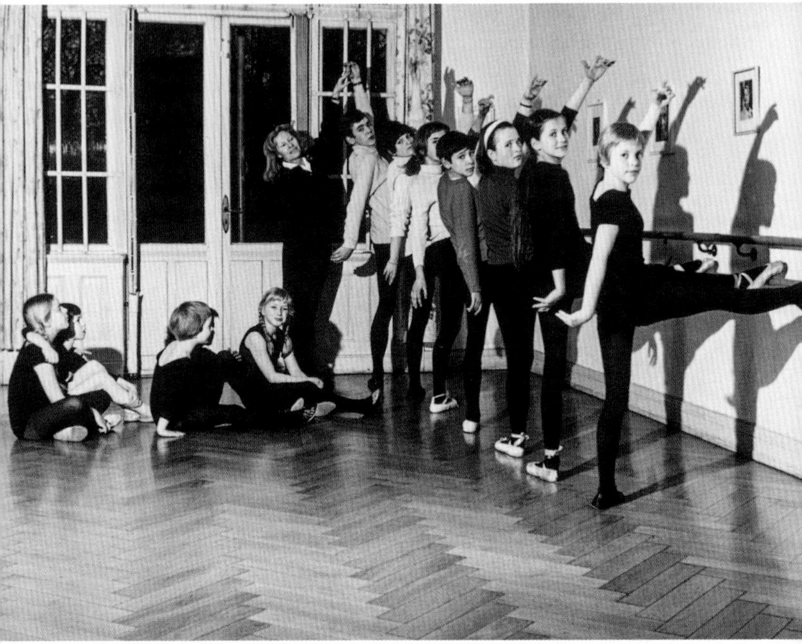

Der kleine Jan an der Stange im Ballettunterricht

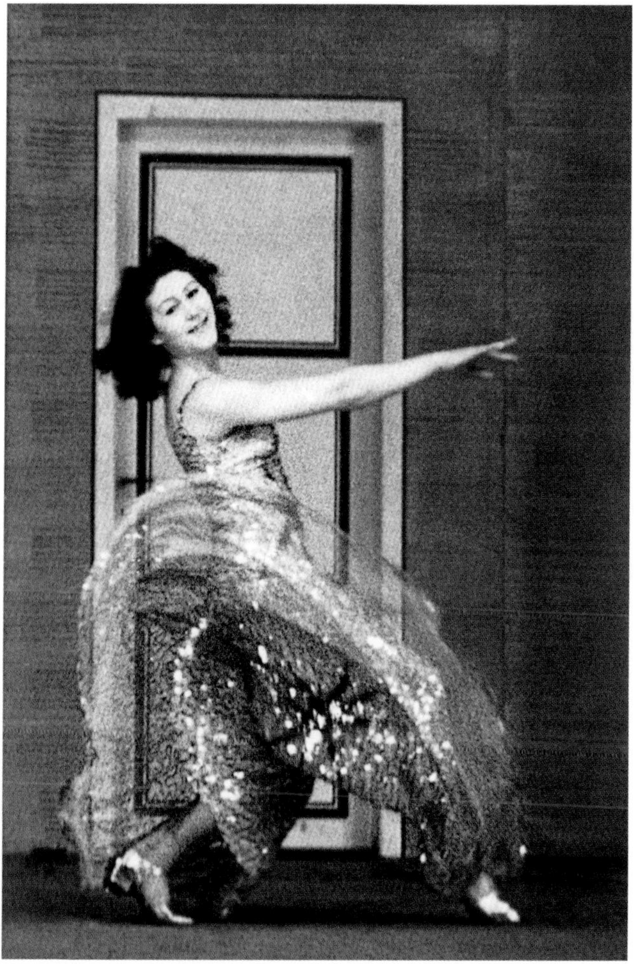

Jans Mutter als Tänzerin

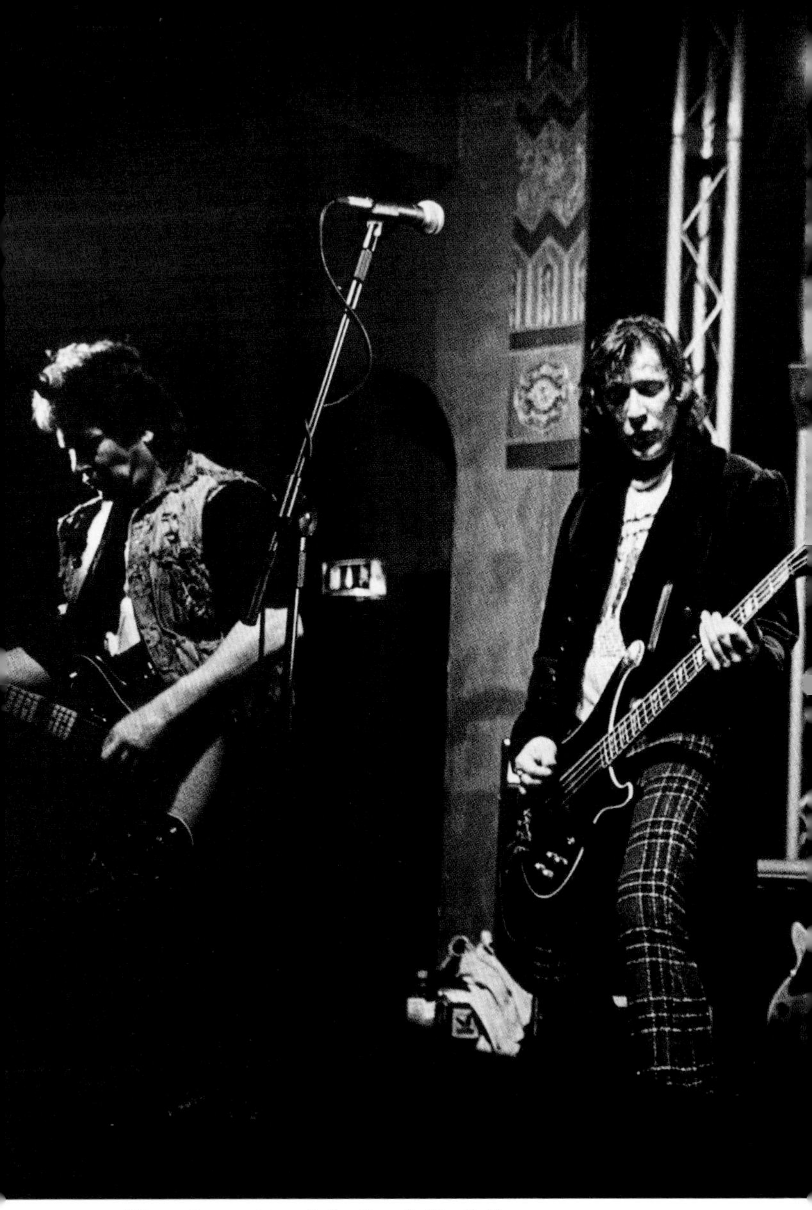

Wenn Jan rockt: mit der Band »Big Balls«

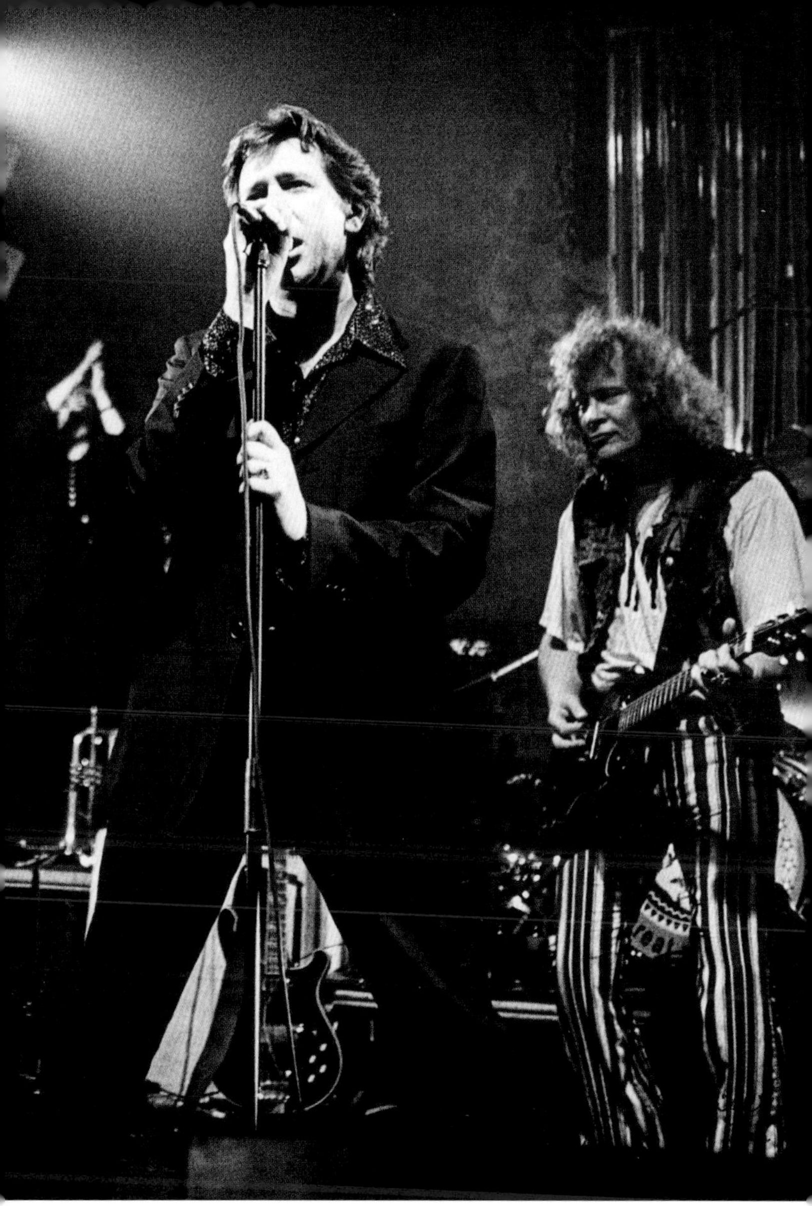

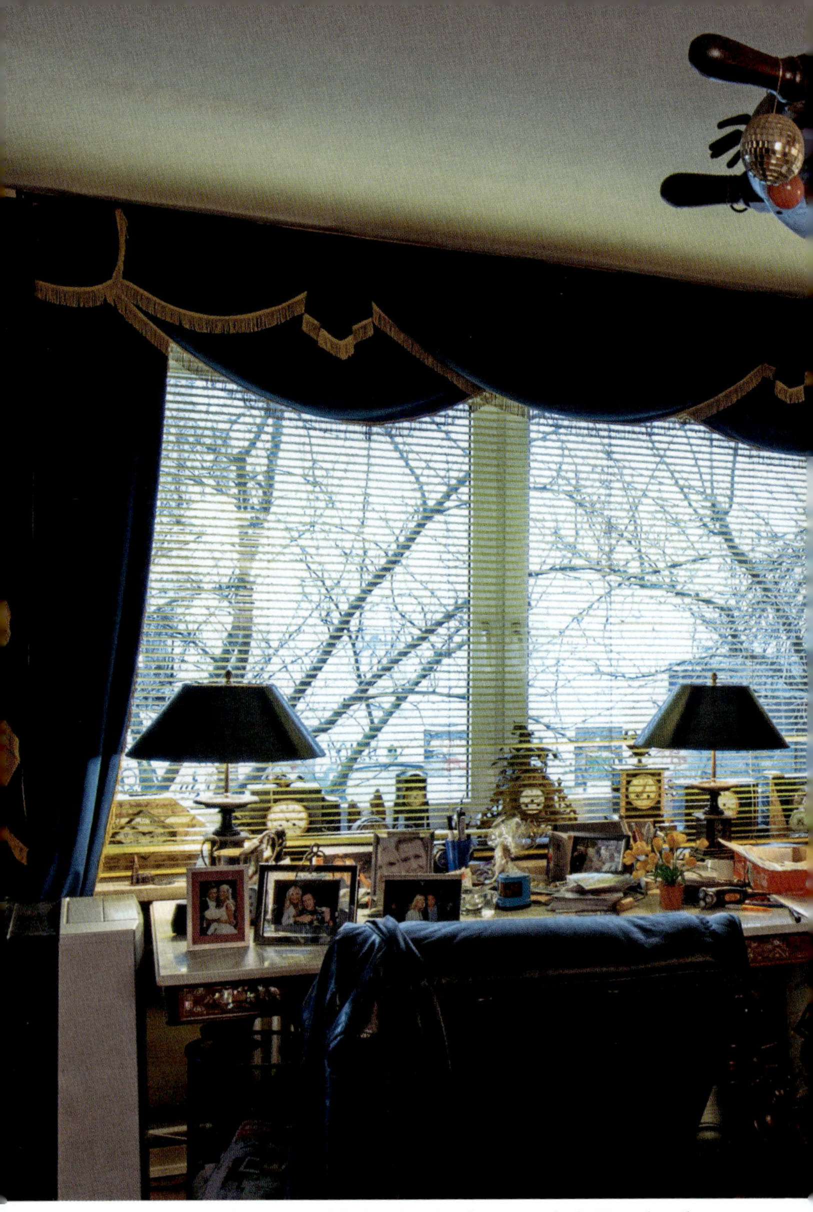

In Jans Wohnung auf St. Pauli: ein  Steuerrad als Kronleuchter im Wohnzimmer

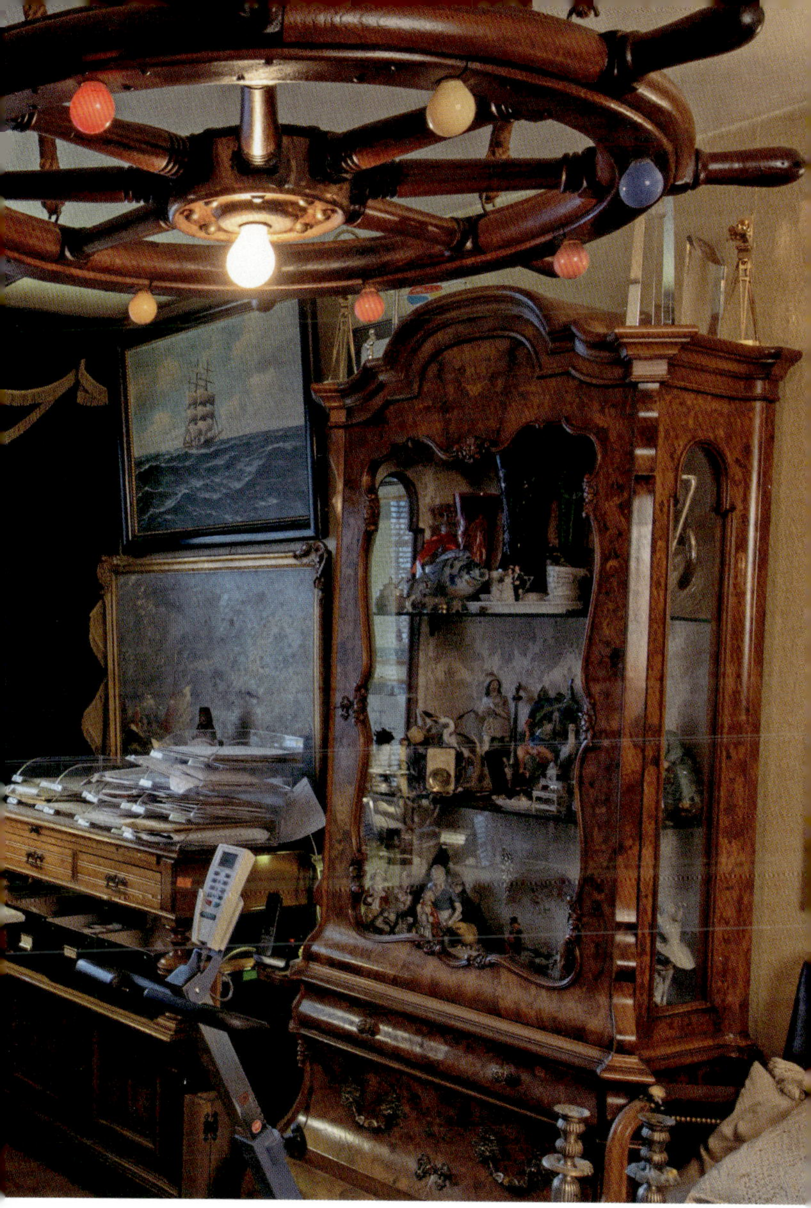

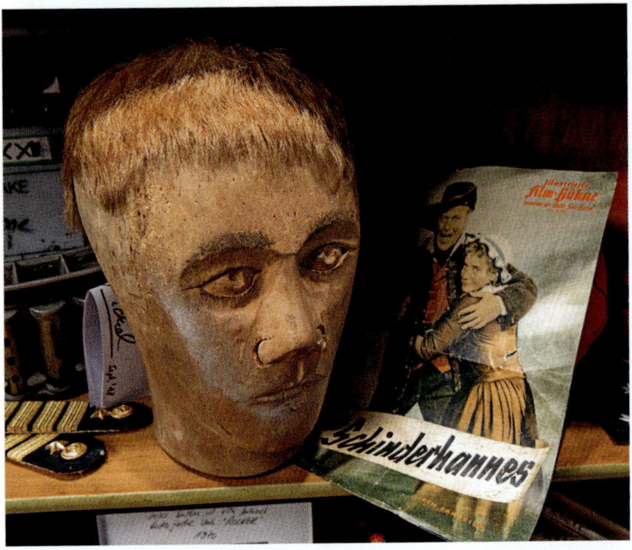


Das echte Haarteil von Curd Jürgens aus dem »Schinderhannes«

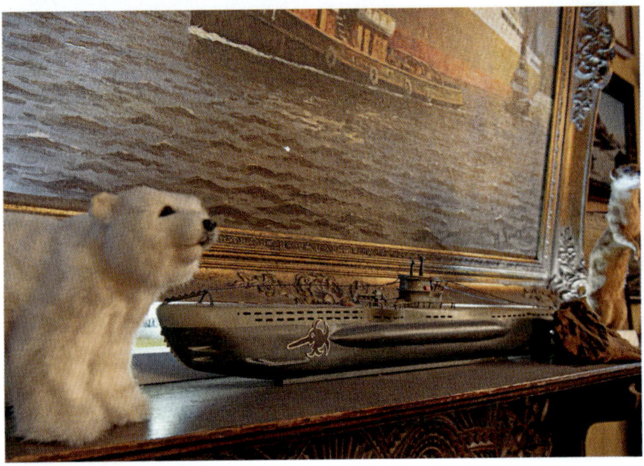

Eisbär mit U-96 Modell von »Das Boot«

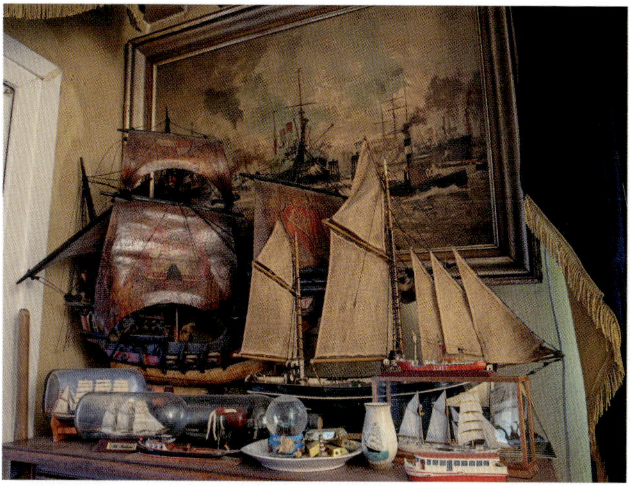

Windjammer-Parade auf der Kommode

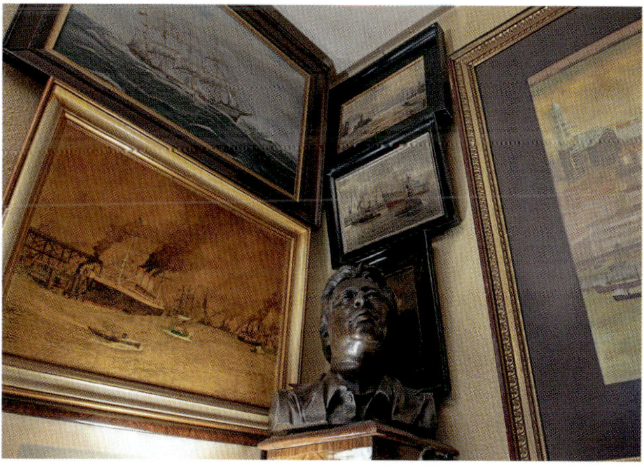

Jan-Fedder-Büste in Bronze

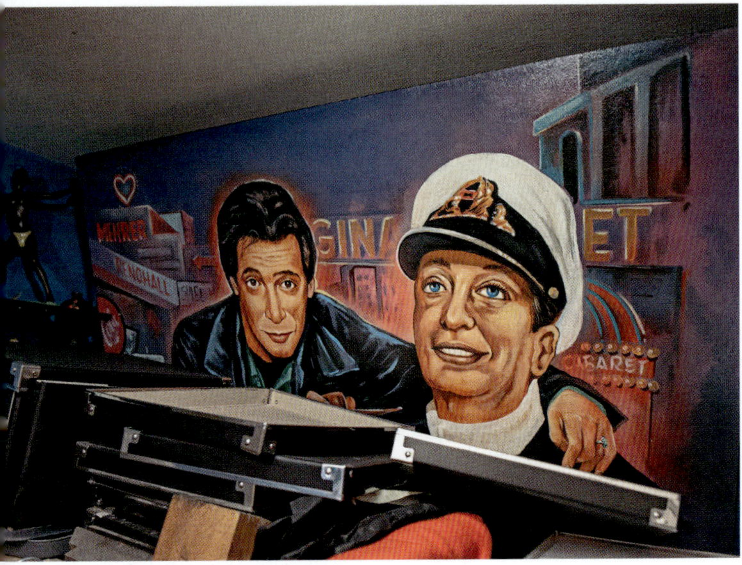

Erwin Ross, der »Rubens von St. Pauli«, malte Hans Albers und Jan – ein Dreamteam

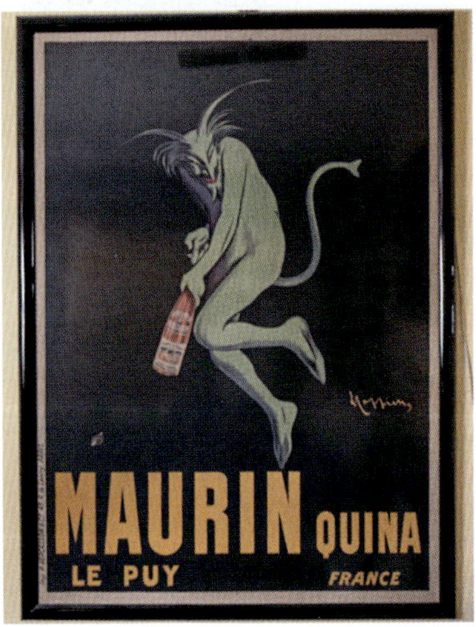


Der »Schnapsteufel« – so nannte er ihn – hing neben Jans Bett

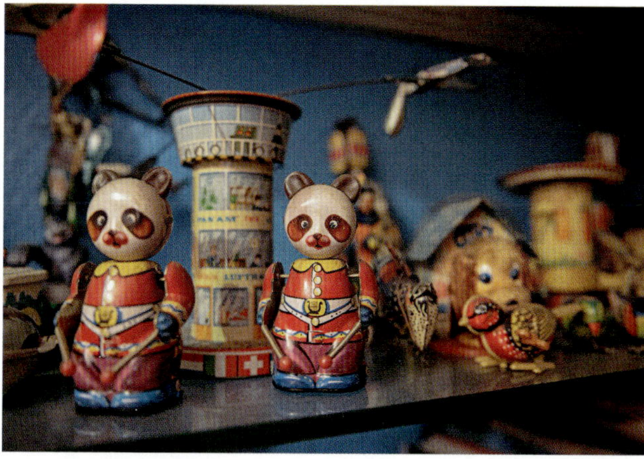

Spielzeugsammlung

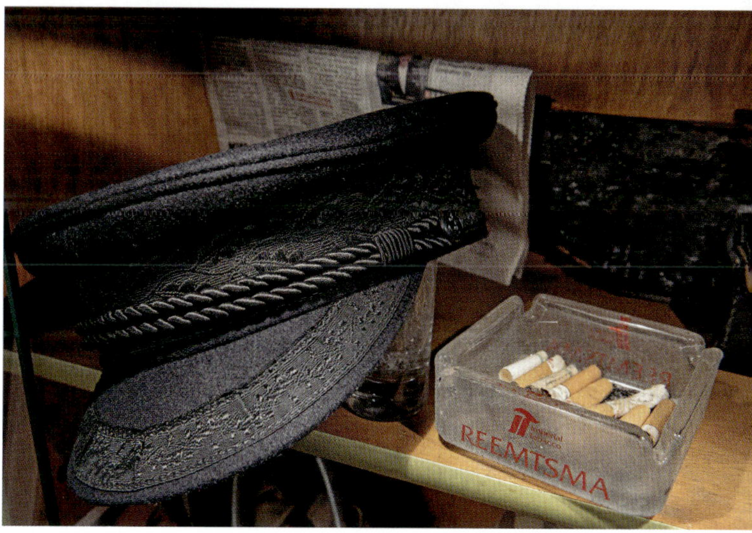


Glanzstück seiner Sammlung: die original Helmut Schmidt-Mütze samt des Aschenbechers und Kippen

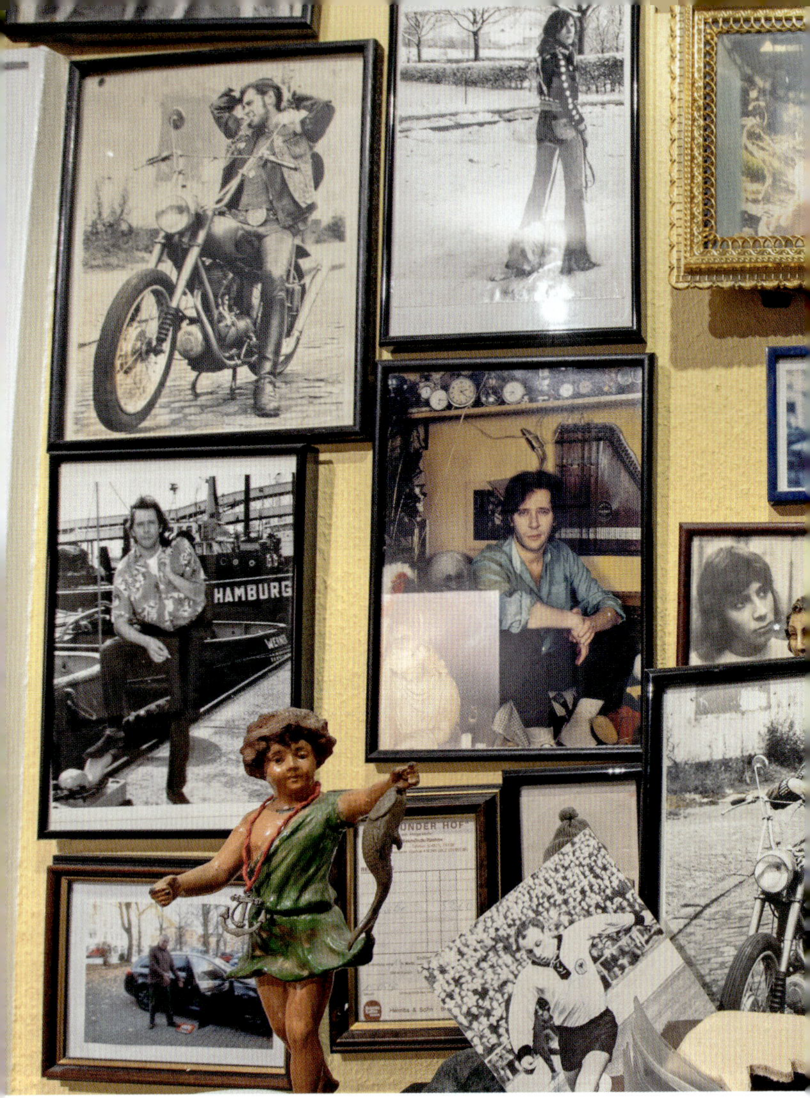


Jan Fedder damals als »Rocker«

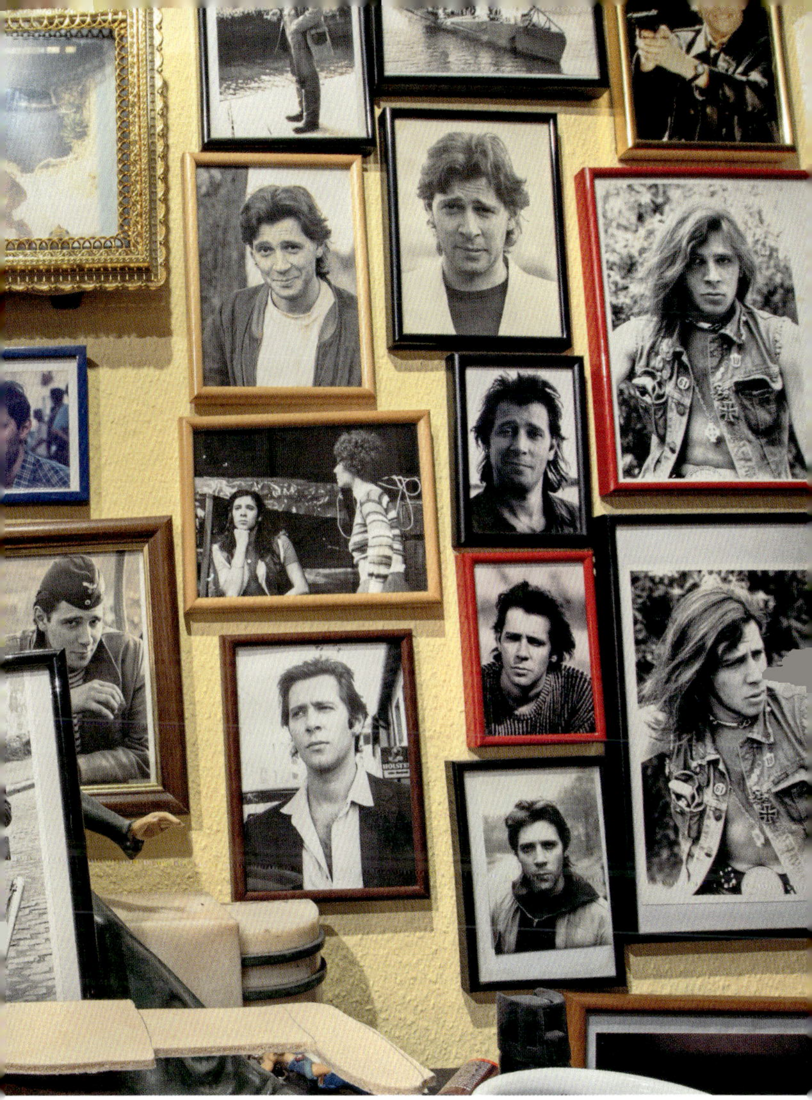

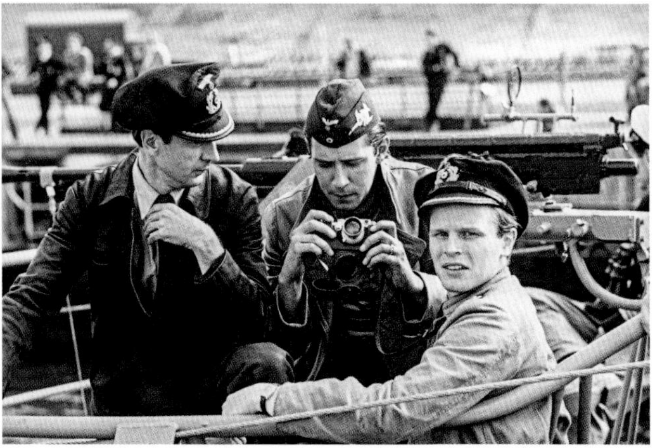

Beim Dreh zu »Das Boot« 1980/81 mit Herbert Grönemeyer alias Leutnant Werner und Klaus Wennemann, der den Leitenden Ingenieur spielte
Foto: Karl-Heinz Vogelmann

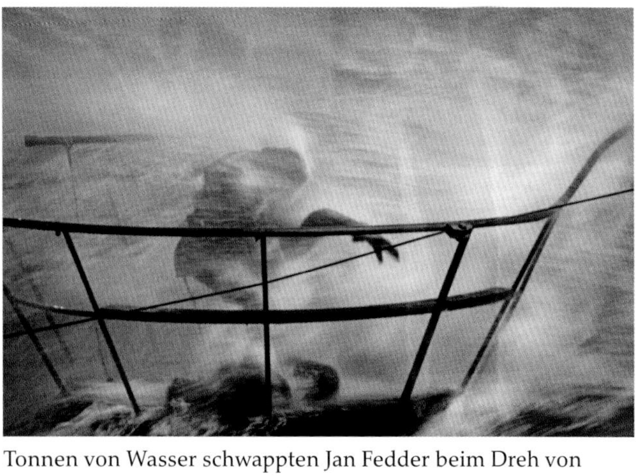

Tonnen von Wasser schwappten Jan Fedder beim Dreh von »Das Boot« entgegen

Jan als »Großstadtrevier«-Polizist
Dirk Matthies

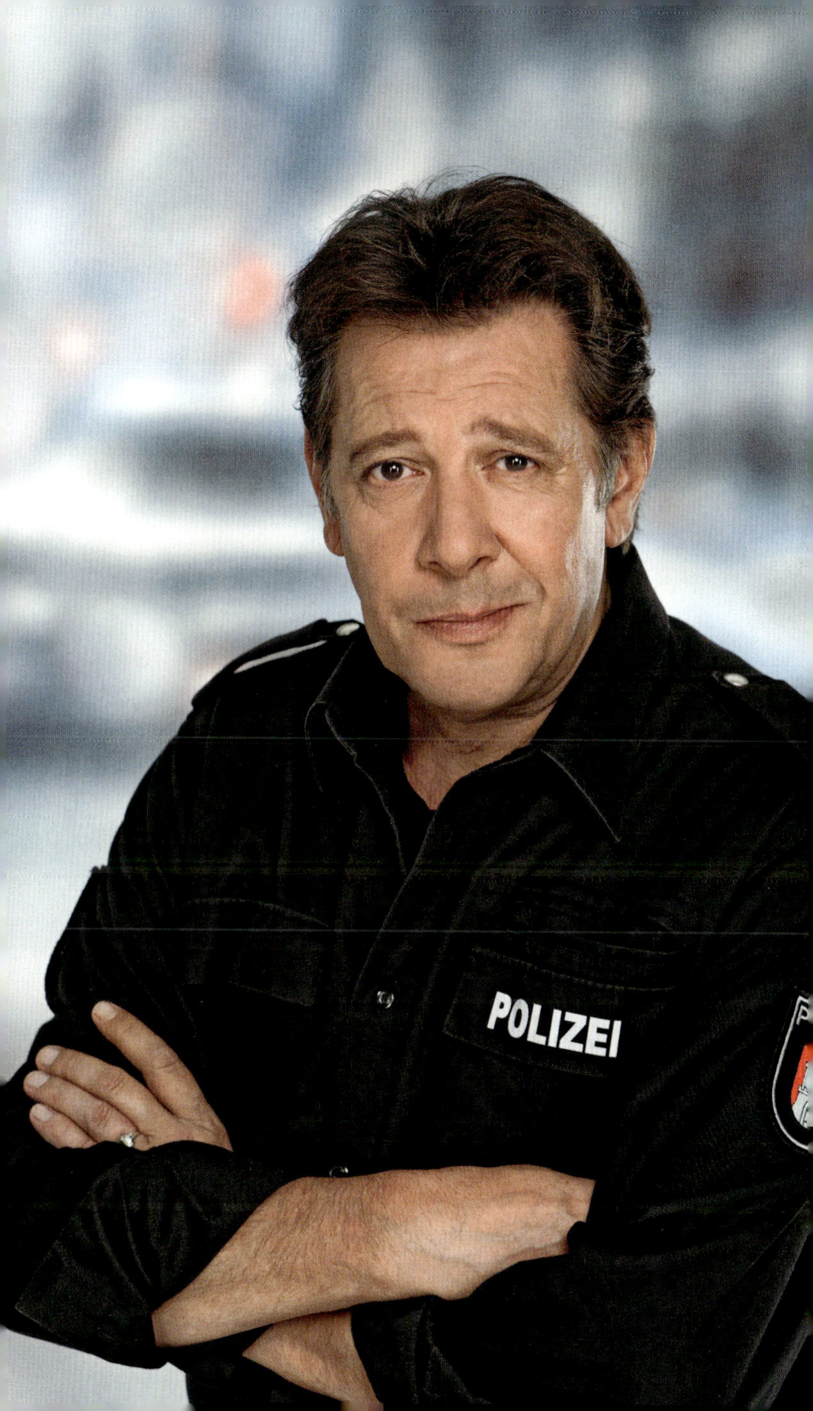
POLIZEI

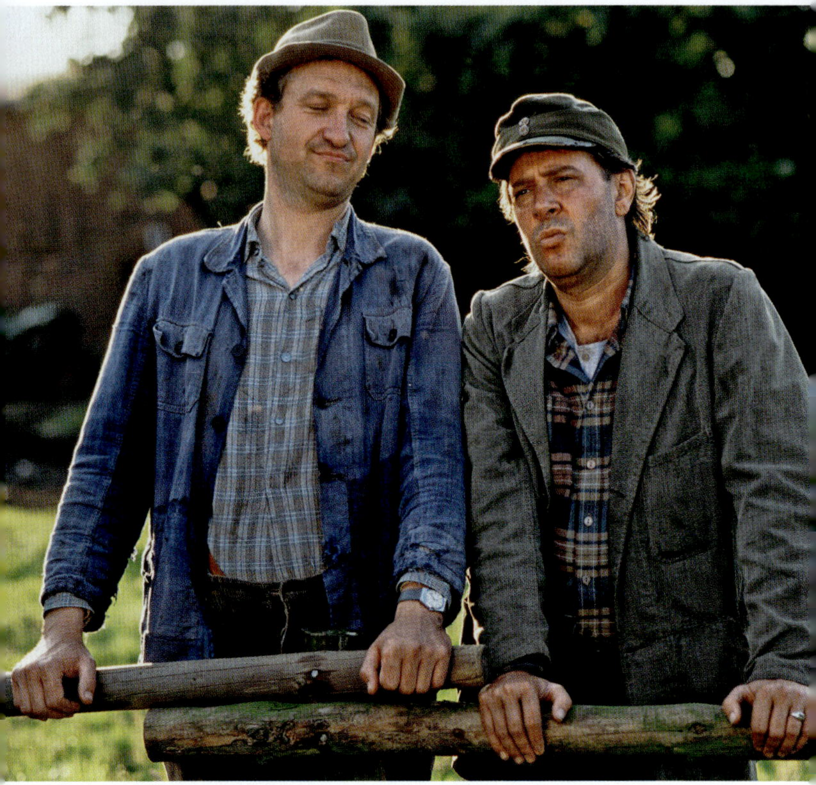

Brakelmann und Adsche forever: Jan und sein
»Neues aus Büttenwarder«-Partner Peter-Heinrich Brix

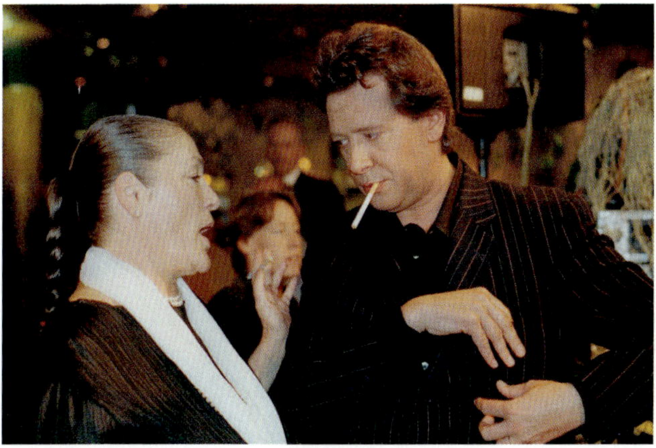

Auf St. Pauli: Jan und Domenica, damals die berühmteste Prostituierte Hamburgs

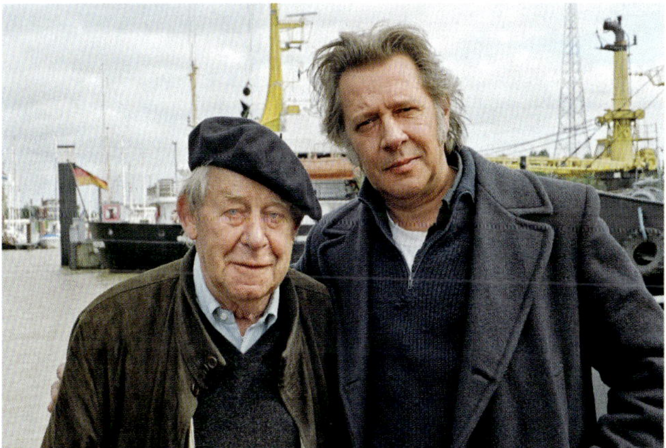

Der Dichter und sein Held: Siegfried Lenz sah in Jan Fedder die Idealbesetzung für die Verfilmung seiner Romane; hier beim »Feuerschiff«-Dreh

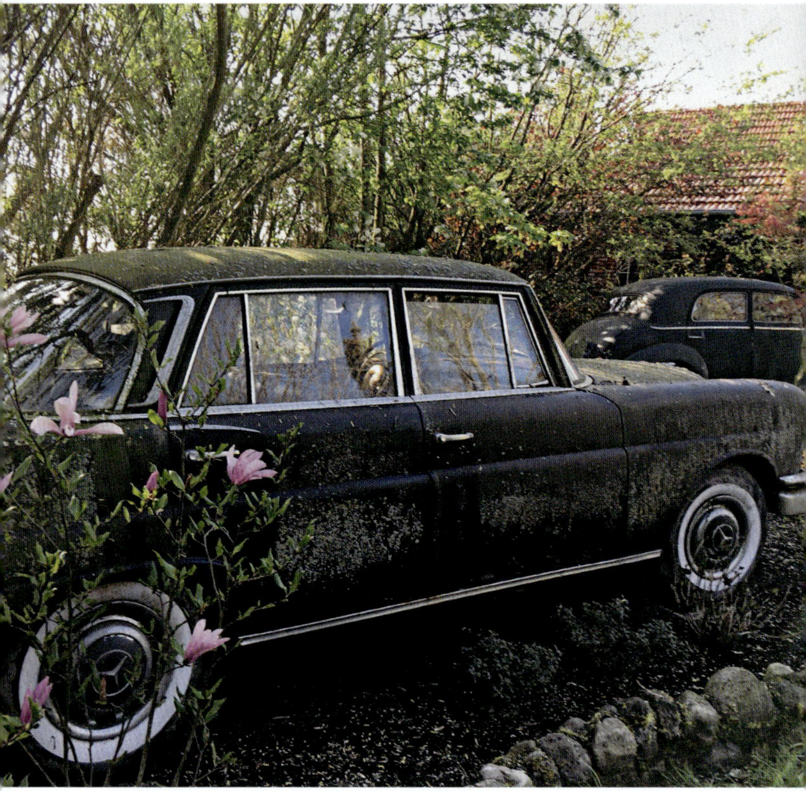

Oldtimer im Beet – Jans schlafende Schönheiten verwachsen mit der Natur

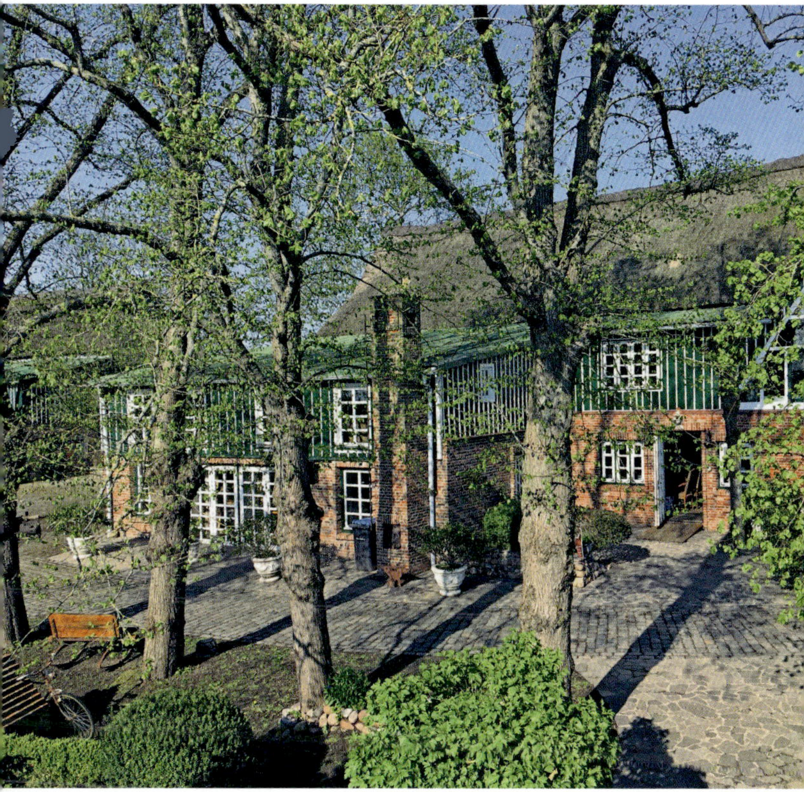

Jan Fedders Bauernhof in Schleswig-Holstein

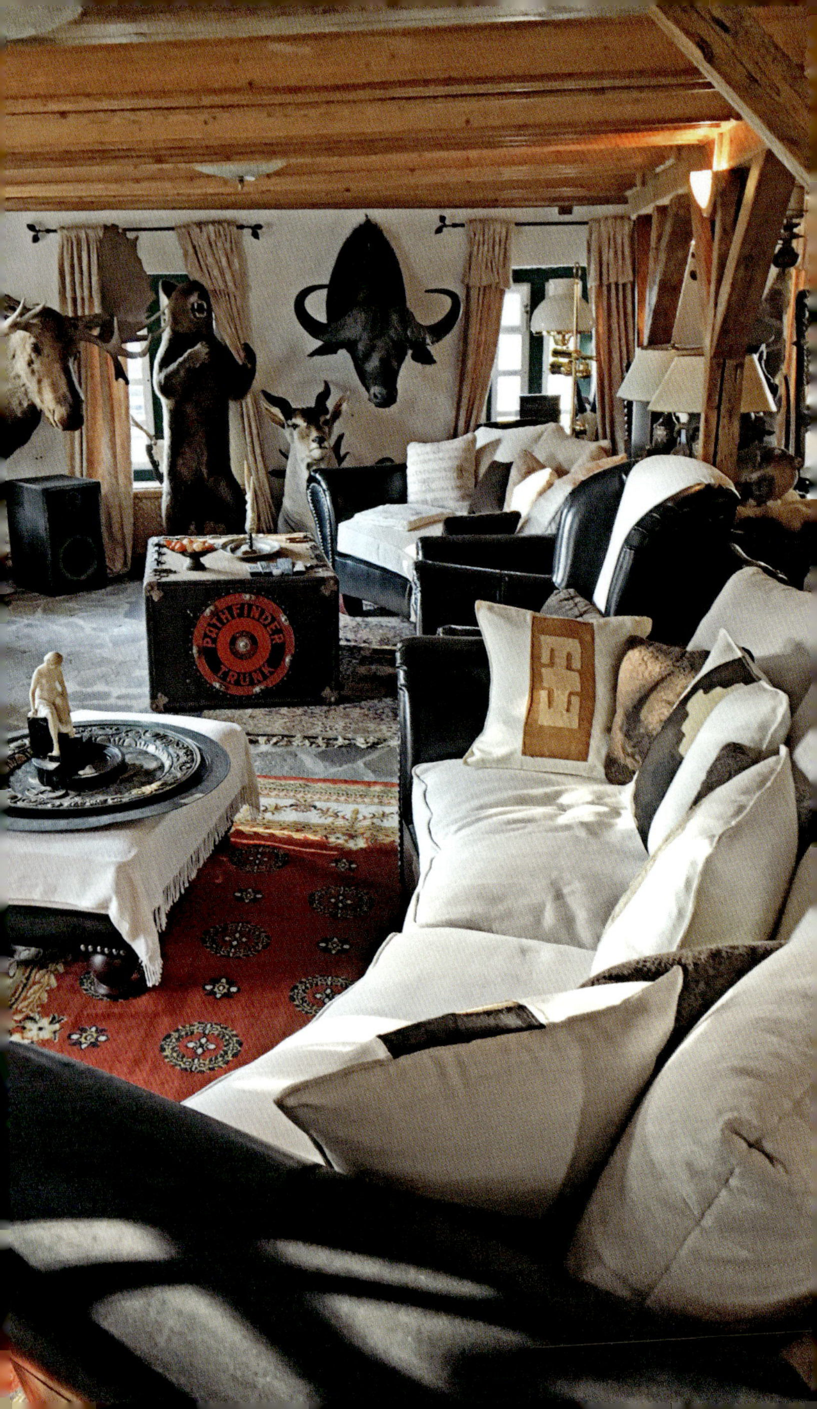
PATHFINDER
TRUNK

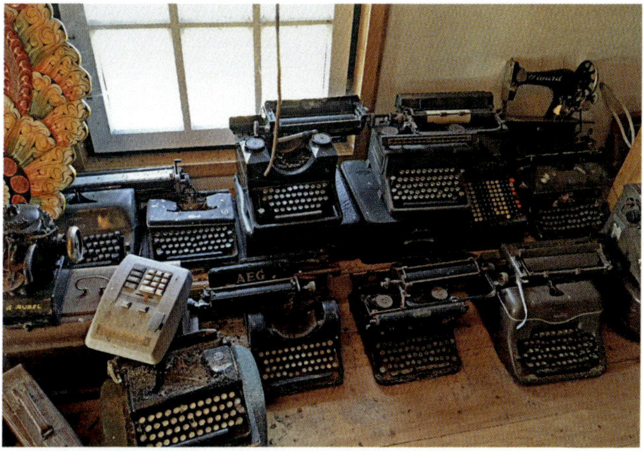


»Eine Schreibmaschine ist langweilg, ein Dutzend davon ist Kunst«, sagte Fedder

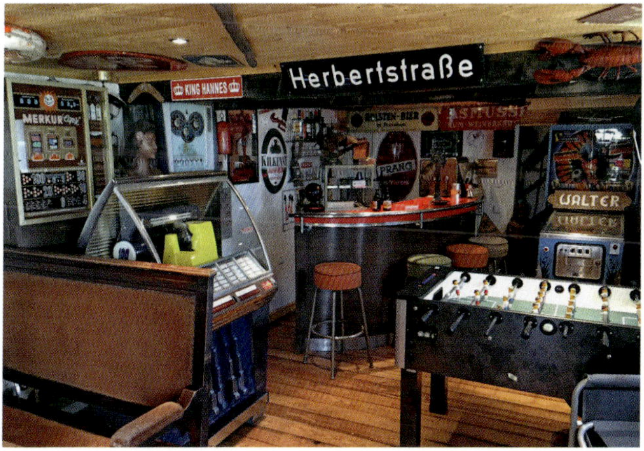


Fedders »Haifisch-Bar« mit St. Pauli-Aura – mitten auf dem Land

Die ausgestopften Tiere im Wohnzimmer
des Hofs stammen aus einer Versteigerung

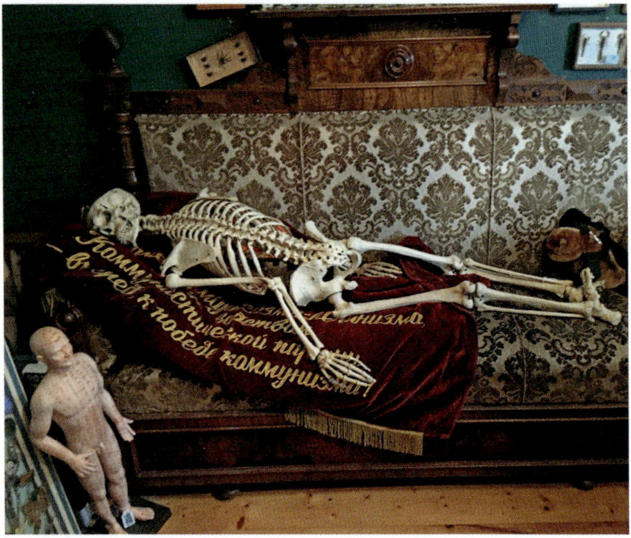

Skurril: Skelett auf dem Sofa!

Die gemütliche Wohnküche
lädt zum Klönen ein

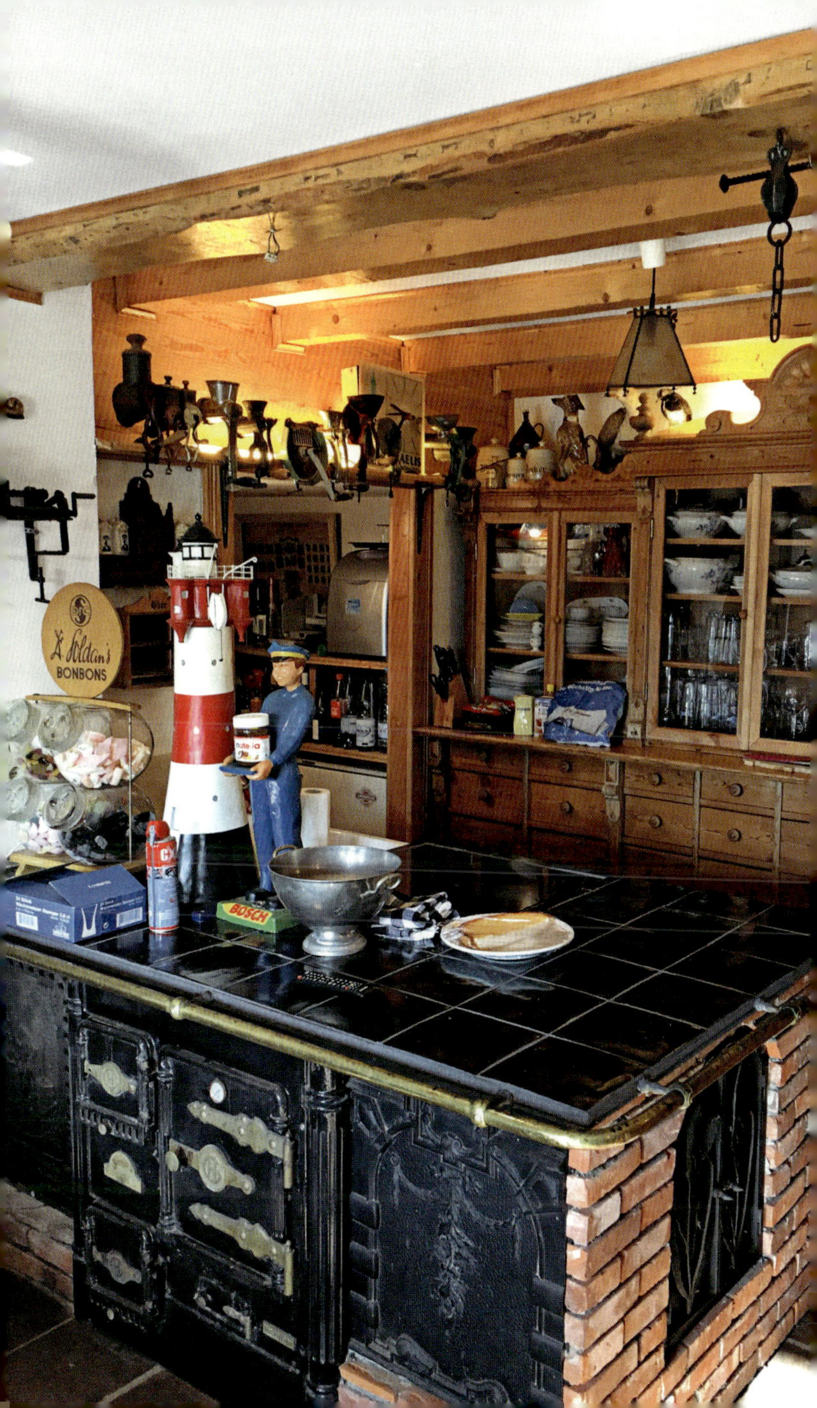
BONBONS
BOSCH

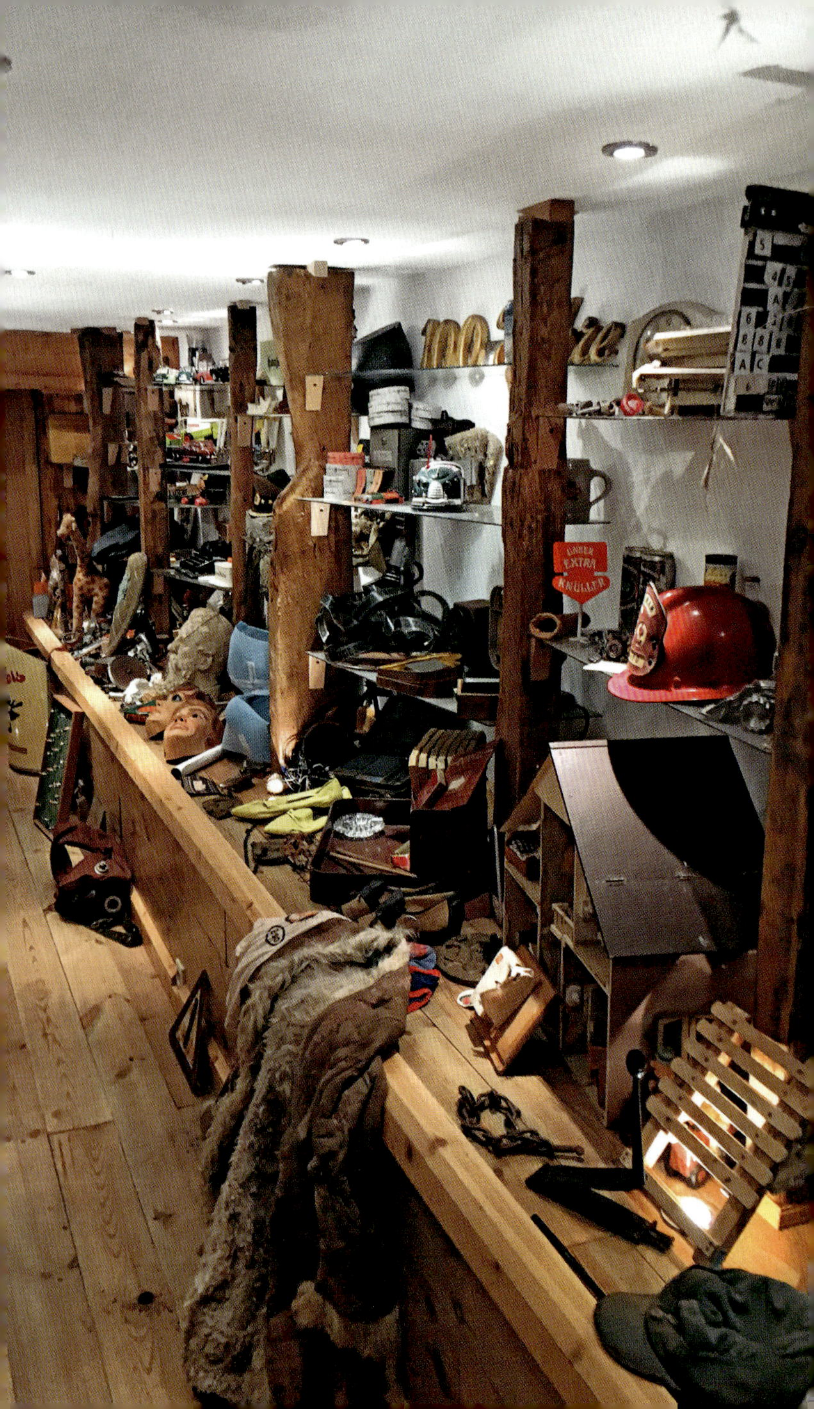
UNSER EXTRA KNÜLLER

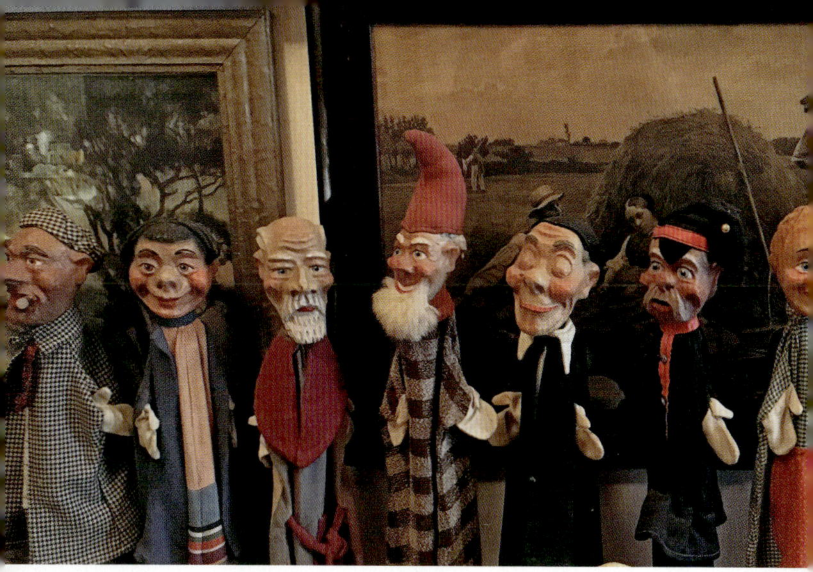

Holzgeschnitzte Kasper-Figuren im Flur

Im »Lebensraum«: Hier steht, was in Jans Leben große Bedeutung hatte

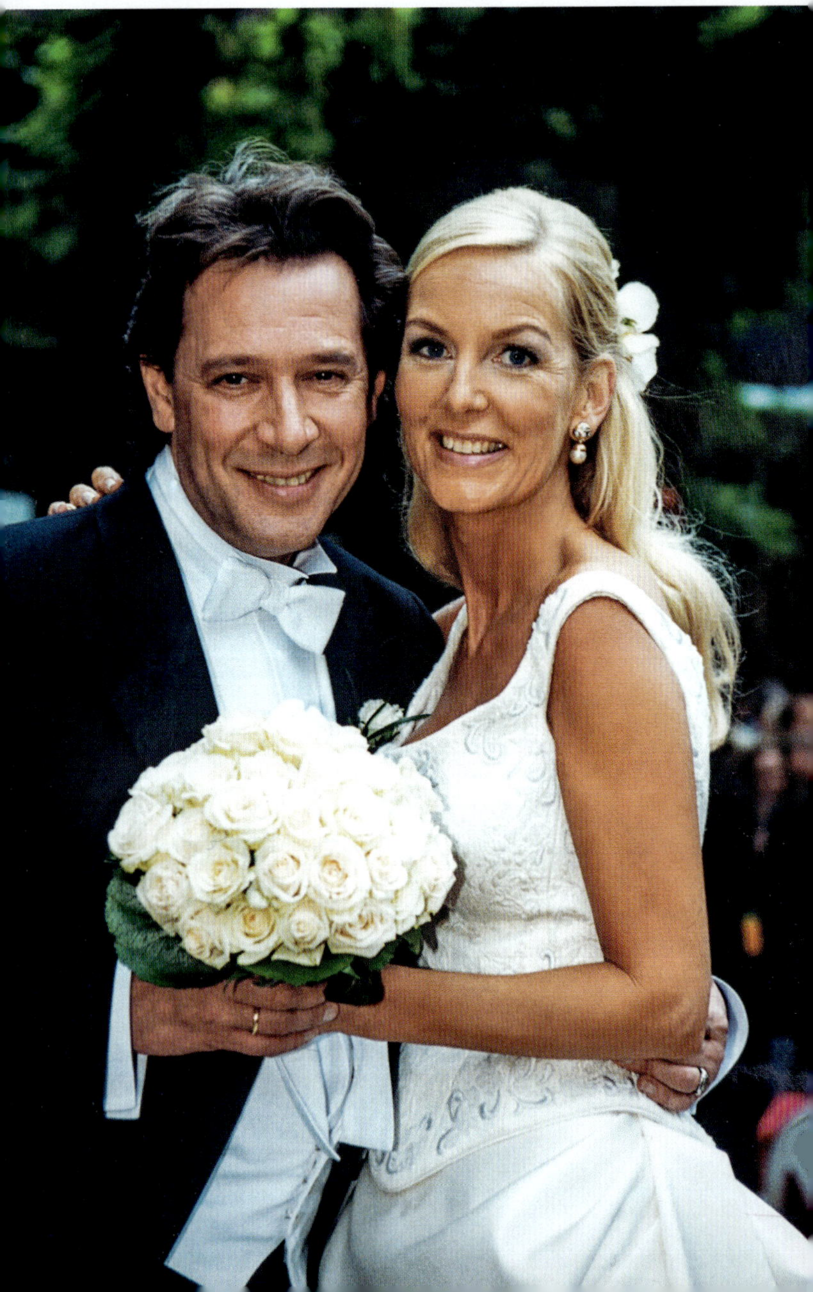

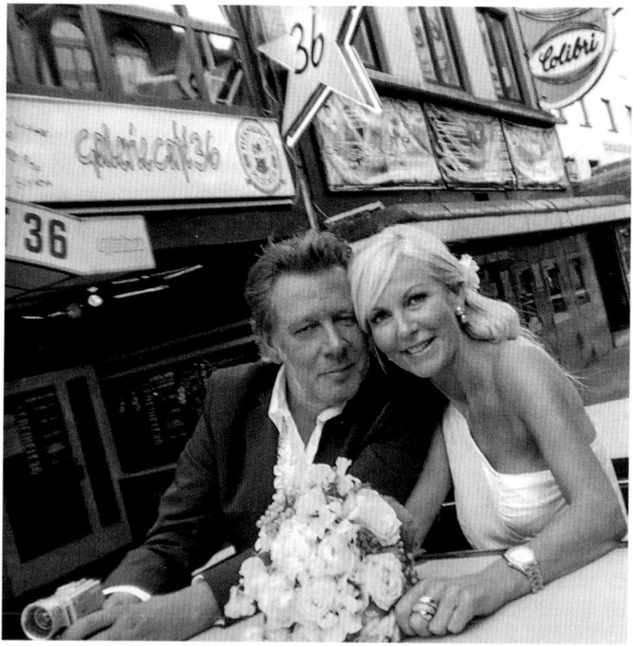


Ein zweites mal »Ja« gesagt bei der Petersilienhochzeit – mit Stretchlimo-Fahrt auf der Großen Freiheit

Hochzeit Jan und Marion Fedder
im Jahr 2000

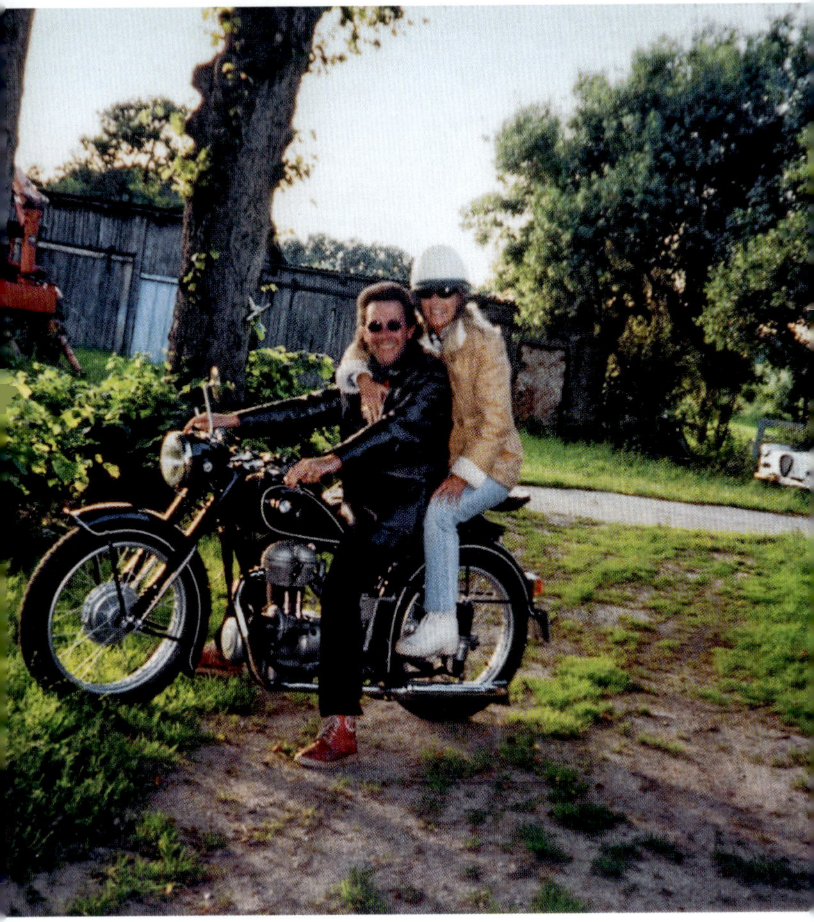

Jan und Marion auf einer alten Polizei-Maschine

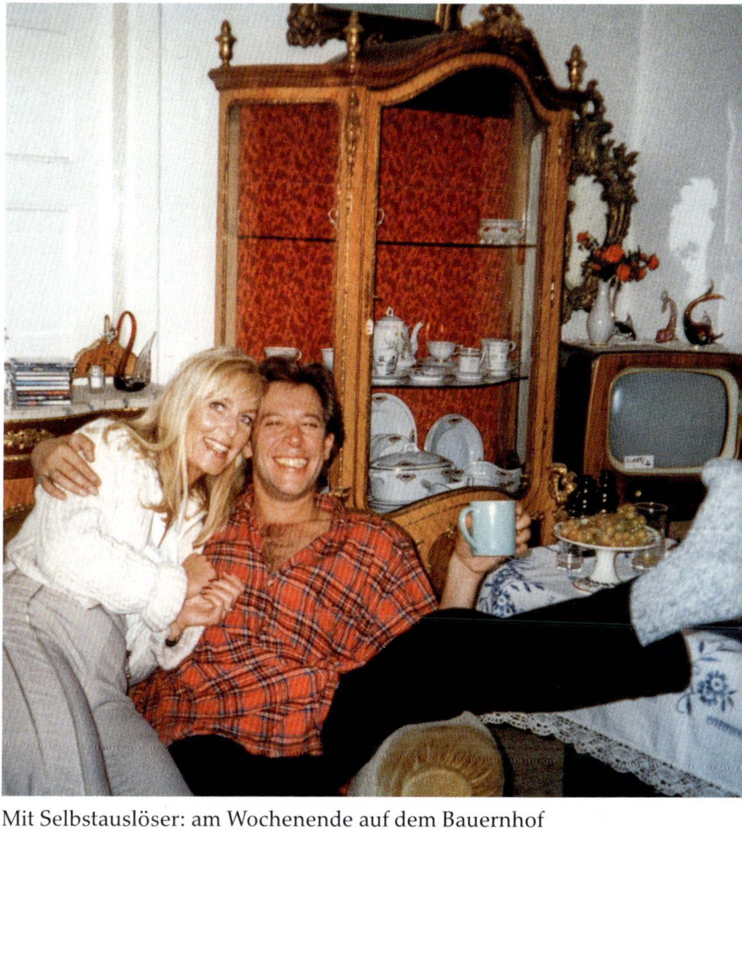

Mit Selbstauslöser: am Wochenende auf dem Bauernhof

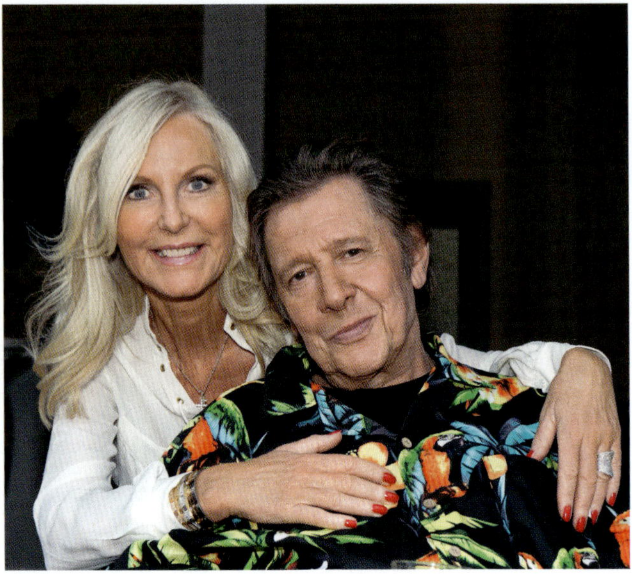

Feier zu seinem 50. Bühnenjubiläum mit Marion

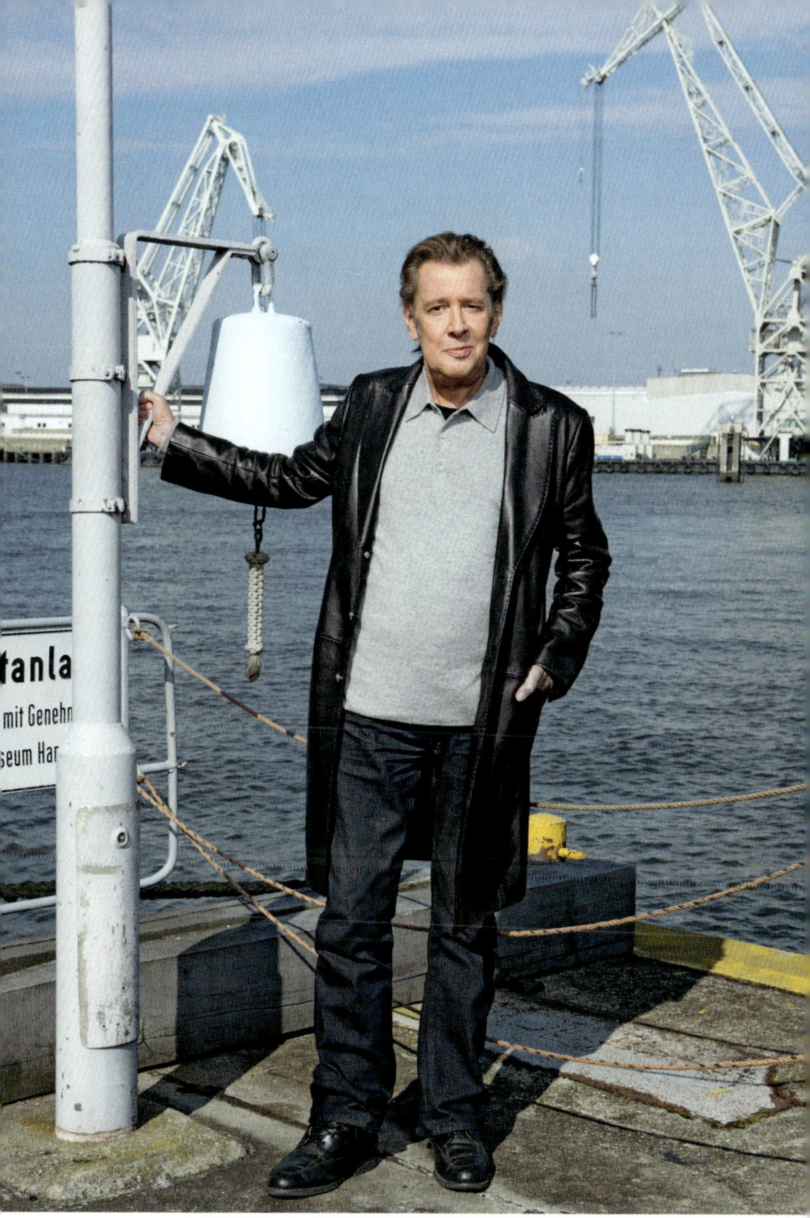


Jan trägt wie immer seinen geliebten schwarzen Ledermantel

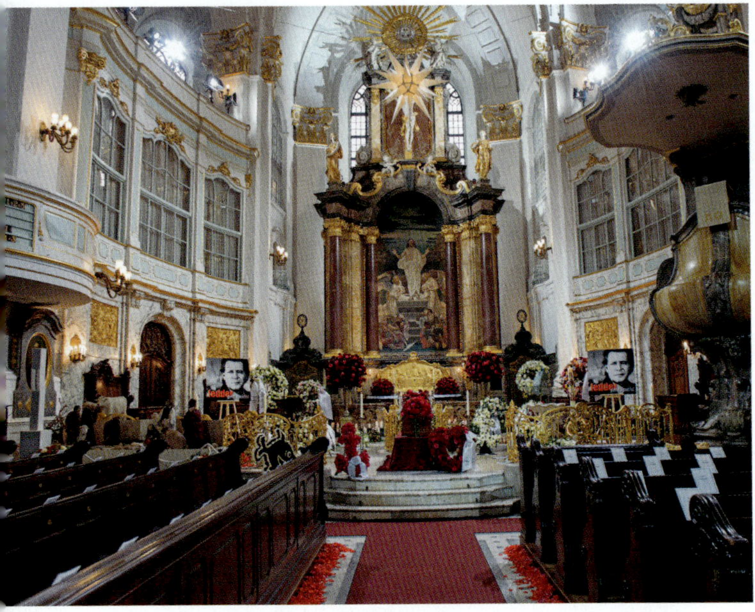


Ein Rosenmeer für Jan: Abschied im Hamburger »Michel«

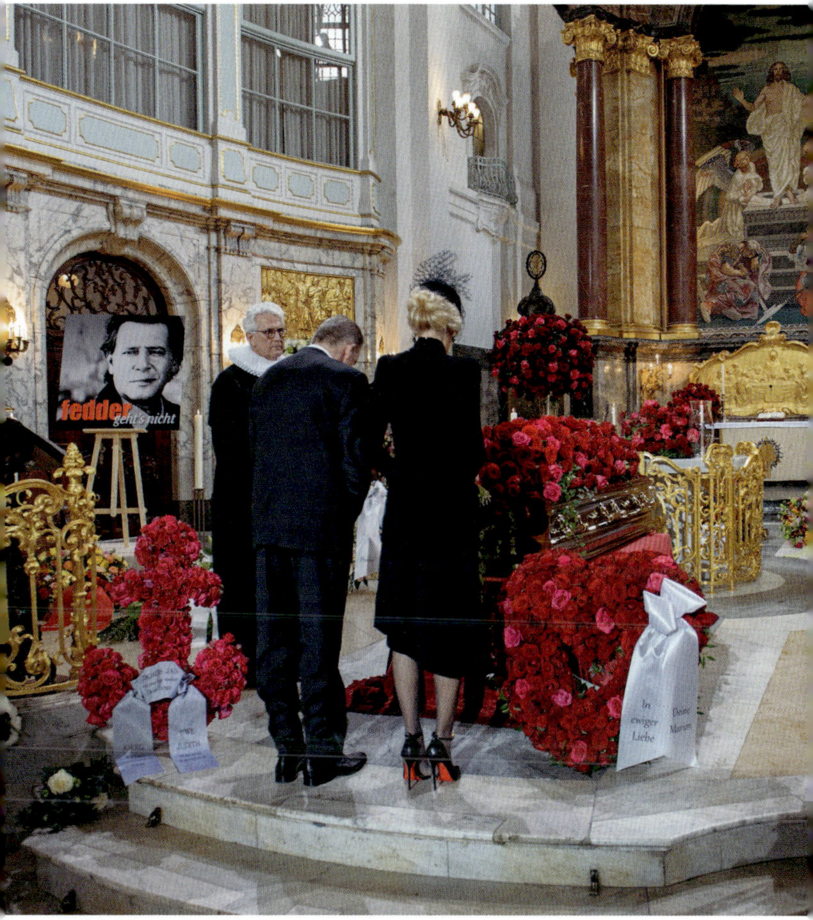


Marion Fedder und Jans bester Freund Joerg vor dem Sarg im Hamburger »Michel«

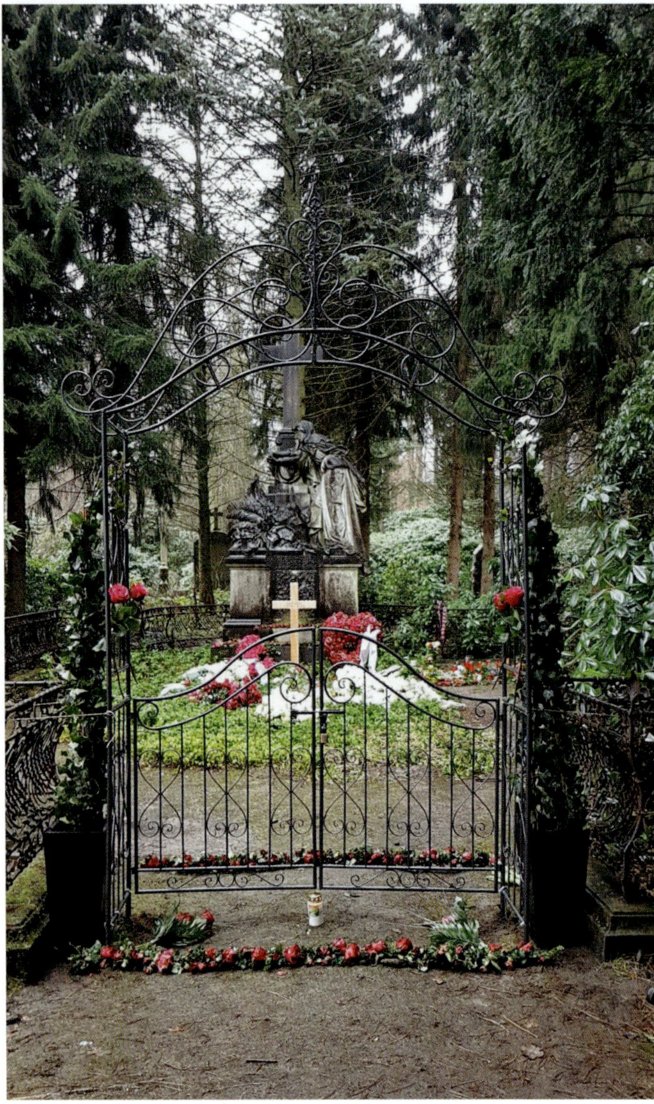

Auf dem Ohlsdorfer Friedhof hat Jan einen schönen Platz gefunden

fühlte sich dort pudelwohl, laut fluchend, lachend, mittendrin das Leben zu feiern. Die Schrottkarre hatte inzwischen ihren Geist aufgegeben. Sie mussten nach Hause trampen.

Eine ganz besondere Flasche Tsipouro (Tresterschnaps) steht noch immer bei ihm in der Schilleroper als Andenken an die wilde Zeit.

Immer wenn ich später als er ans *Großstadtrevier*-Set kam, fluchte er mit südländischem Temperament zur Begrüßung laut los: ›Ante gamisou re Malaka!‹

Und dann grinsten wir in stillem Einvernehmen. Tja, das ist Liebe.

Wir hatten vor Kurzem noch so gelacht und über alte Zeiten gealbert. Und dann kamen wir darauf, dass wir beide tatsächlich nie was miteinander hatten. Da fiel mir die Anekdote ein, dass Jürgen Roland irgendwann mal beschlossen hatte: ›Ihr seid jetzt beide Undercover unterwegs, Janni mit dir.‹ Und in der Szene kam dann eben der Typ angedackelt, der Dieb, den wir observierten, und um nicht aufzufliegen, sollten wir so tun, als ob wir ein Liebespaar sind. Und dann küssten wir uns. Und dann guckten wir uns an, und es fiel uns im selben Moment ein: ›Nö, mit der Lütten, dat geit nich‹, rief Jan. ›Das können wir schon mal vergessen, also das wird nie was mit uns beiden.‹«

# Ein Blick in die Nasenlöcher

Auf dem Grabstein von Harald Juhnke steht ein Vers des großen Theatermannes Max Reinhardt eingemeißelt: »Der wahre Schauspieler ist von der unbändigen Lust getrieben, sich unaufhörlich in andere Menschen zu verwandeln, um in den anderen am Ende sich selbst zu entdecken.« Jan Fedder glaubt von sich selbst, sein Innerstes, sein wahres Ich längst entdeckt zu haben. Vielleicht, weil er sich so oft und gut verwandelt hat in seinem Leben.

Bei ein paar seiner Verwandlungen dabei zu sein, hinter den Kulissen, auch jenen seines Ichs, ist ein Vergnügen. Es gibt da einen Fachmann, der hilft Jan seit Jahrzehnten schon bei seinen Metamorphosen. Er steht ihm zur Seite, um einen anderen aus ihm zu erschaffen, ihm optisch in eine Rolle hinein zu verhelfen. Meistens macht er aus Jan Fedder dessen Alter Ego Dirk Matthies. Inzwischen hilft er ihm auch dabei, vom latent angeschlagenen Mann wieder zum alten Star zu werden. Dieser Mann heißt Rolf und ist Jans persönlicher Maskenbildner.

Er hat als einer der wenigen uneingeschränkten Zugang zu dessen Garderobe. Wenn Rolf klopft und seinen Kopf durch den Türspalt hält, bringt er immer seine Fröhlichkeit mit herein. Und ein paar Sprüche unter Männern, versteht sich. Man nennt sich gegenseitig neckisch schon mal »mein Schatz« oder »Liebling«, wirft sich Küsschen zu, schließlich kommt man sich ja erstaunlich nahe. Denn nun klappt Rolf sein Schminkköfferchen auf und packt vor Jans Garderobenspiegel seine Werkzeuge aus. Erst mal wird Jan rasiert, denn er stammt aus der vielleicht letzten Generation von Männern, die noch keine Dreitagebärte kannten und für die es glatt aussehen muss im Gesicht. Trocken reicht. Dann cremt Rolf Jans Stirn und Wangen mit Feuchtigkeitsmilch ein, damit das Make-up nicht so tief in die Haut dringt.

Nun quetscht er ein bisschen von diesem, dann ein bisschen von jenem Make-up auf seinen Handrücken, bis er die richtige Dirk-Matthies-Mischung zusammen hat.

Ich frage Rolf im Beisein von Jan, was er als Profi und Kenner an Jans Gesicht am meisten mag? »Ganz klar seine Augen«, sagt er mit einem Strahlen. »Er hat immer tolle Augen gehabt und hat sie immer noch. Seine Blicke …«, will er noch sagen, doch dann übernimmt der Besitzer des Gesichts: »Er meint meinen Hans-Albers-Blick nach Helgoland!«, und führt den gleich mal vor. Rolf ist verzückt. »Hach! Herrlich! So bist du am besten«, haucht er, und Jan schmunzelt und rollt lustig mit seinen Augen.

Stillhalten jetzt! Die Nase kommt dran, wird vielmehr »ein bisschen geglättet«, wie Rolf es nennt. Und Jan erklärt: »Er macht die Poren ein bisschen dicht. Ich hab etwas größere Poren.« Vielleicht, weil er so viel getrunken hat. Vielleicht, weil er diese Nase so oft und unerschrocken in alle Winde gehalten hat. Man sieht das. Rechts von seinem Spiegel hängt ein vergrößertes Foto aus *Das Boot* mit Jan auf der Brücke, wie er sich gerade einem riesigen Schwall Wasser entgegenstemmt. »Hundertzwanzig Tonnen hab ich in dieser Szene in die Fresse gekriegt«, sagt Jan beim Blick auf das Bild fast etwas verärgert, aber eigentlich sehr stolz.

Rolf betupft nun Jans Tränensäcke: »Ich mach die Augenschatten unter den Lidern etwas heller.« Und dann trägt er das »Haupt-Make-up« auf. »Selbstverständlich nicht irgendeines«, ergänzt er. »Sondern für Jan das beste von Dior.« Ton 300. Etwas stärker als das von anderen, weil Jan zu einer rötlichen Gesichtsfarbe neigt. »Das kommt vom rauen Nordwind«, scherzt Rolf. »Dabei ist es hier immer so warm drin.« Zu seinen Füßen, links vom Spiegel, steht ein Elektroofen, in dem ein künstliches Feuerchen glimmt, denn Jan soll es behaglich haben in seiner Zentrale.

Nun verwendet Rolf einen Trick, den jeder Visagist draufhat: Er schminkt jene Stellen im Gesicht, die vor der Kamera schmaler wirken sollen, noch etwas dunkler, dafür jene, die er herausbringen will, die noch markanter hervortreten sollen, etwas heller. Vor allem tupft er Jans Halsfalten dunkler. Die Augenpartie gerät meistens noch mal zwei Töne heller als der Rest. »Dass er frischer aussieht. Falls er mal nicht so frisch von Natur ist«, sagt Rolf.

Ein bisschen Mascara noch für die Brauen, von denen Jan nun mal so gerne eine hochzieht, wenn ihn etwas amüsiert oder wundert. Und dann einen Blick in die Nasenlöcher, den jeder Mann über vierzig gelegentlich riskieren sollte. Erst recht, wenn man Jan Fedder heißt und ein *Boot*-Held wurde mit dem berühmten »… hass du eigentlich Haare in die Nase?«

Aber nasenhaartechnisch ist alles o.k. heute. Fehlt nur noch ein Hauch Labello auf die Lippen. Dann kommt Jans Garderobiere und gute Seele Janine rein und packt ihren Star in einen warmen Fleecepullover. Dass er schön eingemummelt ist, wenn es gleich rausgeht. Nun ist aus Jan Fedder endlich Dirk Matthies geworden und das Ritual beendet. Der Verwandelte lächelt zufrieden. Kann losgehen.

# Und dann kam Marion

» Was bringt man einer Frau wie Marion mit zu einem ersten Treffen zu Hause? Also, ich fand ein paar Flaschen Bier in meiner Plastiktüte und einen Strauß Flieder, frisch gepflückt von meinem Bauernhof gar nicht so schlecht. «

# Good. Better. Fedder

Wer Jan Fedder verstehen will – auch den verborgenen Jan –, der muss mit seiner Marion sprechen. In Ruhe. Ohne ihn. Dann wird man zu Gast sein in einer Welt, die nur ihr gehört. Und die dennoch voller Liebe ist für ihren Mann. Marion Fedder hat sich diese eigene Welt eingerichtet, denn es war notwendig. Ganz so, wie es auch Jan für sich entschieden hatte. Bei allem, was die beiden verbindet, sind ihre Wohnungen doch räumlich getrennt. Was für Jan sein Reich auf St. Pauli, ist für Marion ihres in Harvestehude mit Nähe zur Alster. Jan hat dieses getrennt-vereinte Leben immer gewollt. Und Marion hat sich im Laufe der Jahre damit angefreundet und fühlt sich nun auch wohl. Sie findet es gut so, kann ihren eigenen Einrichtungsstil leben – nichts Altes und wenig Antikes, eher elegant und modern und doch gemütlich ist es bei ihr. So merkwürdig es klingt – wenn man in beide dieser getrennten Welten hineingeschaut hat, beginnt man zu verstehen, was die beiden Menschen eint. Was sie zusammenhält. Nicht räumlich, aber dafür wunderbar unsichtbar.

Marion Fedders Wohnung ist sehr hell und lichtdurchflutet und hat eine große Terrasse. »Mein Sonnenkind braucht Licht«, sagt Jan. Er dagegen liebt es, im Schummrigen zu leben, und lässt gerne die Jalousie auch tagsüber herunter.

»Good. Better. Fedder« heißt der Slogan von Marions Firma, die sich rund um Marketing und PR dreht und den

Fedder-Kosmos in Schwung hält. Marion lebt im vierten Stock eines neuen Hauses, das gebaut ist wie ein weißes Schiff. Edles Ambiente, sehr stylish unterkühlt die Architektur, bodentiefe Panoramafenster. Lässt man den Blick von der Terrasse aus schweifen, offenbart sich eine schöne Skyline über den Dächern von Hamburg. Würde sich Jan davorstellen, es sähe aus wie eine schöne Szene aus seinen Filmen.

Aber Jan ist hier nur selten zu Gast. Auch weil Ausblicke ihn eigentlich nur dann interessieren, wenn es um die beste Kameraeinstellung geht, den schönsten Schwenk über seine Heimatstadt beim nächsten *Großstadtrevier*-Außendreh. Privat verschanzt er sich lieber. Nicht so seine Frau. »Wir haben«, so sagt sie, »die gleiche Auffassung von Freiheit. Deswegen lassen wir uns beide auch die Freiheit.«

Marion sagt: »Jan ist wirklich ein Verwandter meiner Seele. Mit dem ich ehrlich über alles reden kann. Der mich so genau kennt – wie ich ihn allerdings auch. Uns verbindet eine tiefe Liebe wie ein Band in unserem Leben. Auch wenn andere das immer gar nicht glauben wollen, weil wir sehr unterschiedlich sind.« Und dann lächelt sie.

Wie oft hat diese Frau diese Frage gehört und wie viel öfter stellte man sie hinter ihrem Rücken: Wie sie damit nur zurechtkommt, dass Jan bei aller Liebe alleine leben will? Sie hat für diese Frage nicht nur eine Antwort gefunden, sondern auch eine Überzeugung, die sie lebt: »Weil wir dieses tiefe Vertrauen zueinander haben, kann sich jeder in gewisser Weise ausleben und verwirklichen, ohne dass der andere Druck ausübt. Das habe ich nie gemacht. Und das hat Jan auch nie gemacht. Obwohl unsere Beziehung jetzt schon dreiundzwanzig Jahre geht, fühle ich mich frei, obwohl ich gebunden bin. Ich habe so eine tiefe innere Wärme, Liebe, weil dieser Mensch mich irrsinnig gut versteht und ich ihn auch. Und zudem ist Jan natürlich super lustig und humorvoll. Man kann sich mit ihm totlachen. Aber er hat auch andere, sehr ernste Seiten. Tausende von verschiedenen Seiten. Also langweilig wird es mit ihm nie.«

Von Anbeginn nicht. Als sie sich kennenlernten im Hotel Interconti bei einer Gala mit Versteigerung für einen guten Zweck. Marion war mit einer Freundin da. Und hatte diesen Mann, der sich an ihren Tisch setzte, nie zuvor gesehen. Nicht in der Realität und nicht im Fernsehen. Neben ihr war da ein Platz frei, bis dieser Mann kam und sich einfach neben sie setzte. Deshalb war das Erste, was sie ihn fragte:

»Sag mal, kann man mal ›Guten Abend‹ sagen?«

Das tat er dann auch, weiter aber nichts. Marion gab ihm zwei Minuten, »nach dem Motto: Kommt da noch was? Kam aber nichts.« Und so forderte sie ihn auf, sich gefälligst mal vorzustellen. Und das tat dieser Kerl:

»Jo, ich bin Friseur. Großstadtfriseur. Ich bin Jan …«

Und dann tauschten die beiden ein paar Sprüche aus.

»Das war ganz lustig, aber richtig toll fand ich ihn nicht. Eher etwas unhöflich und ungehobelt«, erinnert sie sich.

Sie war schon so weit, dass sie ihn wegschicken wollte. »Du hast echt schlechte Laune. Hab deswegen keine Lust, dass du neben mir sitzt. Geh doch mal an die Bar, geh doch mal was trinken.«

Das tat Jan dann auch, dachte nach und kapierte, dass er sich steigern musste, wollte er diese neue Bekanntschaft nicht gleich wieder verlieren. Also machte er etwas bessere, etwas witzigere Sprüche, der Großstadtfriseur.

Marion hatte in ihrem ganzen Leben noch kein einziges Mal das *Großstadtrevier* gesehen. Schließlich arbeitete sie damals in einer Werbeagentur – »und dort arbeitet man sehr lange. Und da guckt man kein Fernsehen um sieben«, sagt sie und lacht.

Auch, als sich Jan dann outete, hinterließ das keinen großen Eindruck bei Marion. Weil sie Schauspieler zuhauf aus ihrer Werbebranche kannte, einige von ihnen sogar buchte. Und nun noch einen kennenzulernen, »das war schon nett, aber es hat mich nicht wahnsinnig beeindruckt«, schaut sie zurück. »Als wir ein Paar wurden und zusammen in der bunten Filmwelt und den vielen Veranstaltungen unterwegs waren, fand ich das natürlich schon spannend. Aber hauptsächlich, weil ich mit Jan so viel Spaß hatte.«

Jans Welt. »Er hatte diese einfach unglaublich sympathische, humorvolle Art. Wir hatten gleich das Gefühl zusammenzugehören, denn wir haben wirklich den gleichen Humor. Und wir haben sofort über die gleichen Sachen nachgedacht und gelacht. Das war einfach der berühmte Funke, der übersprang. Es hat allerdings doch ein bisschen gedauert. Am Anfang dachte ich halt: ›Nee, das geht gar nicht!‹«

Denn eigentlich, so schien es bei den nächsten Treffen, die diesem Abend folgten, hatten die beiden kaum Gemeinsamkeiten. »Wir mochten uns gerne, und so fragten wir uns gegenseitig, wie man das nun mal so macht:

›Sag mal, gehst du gerne weg?‹

›Ja, ich habe viele Freunde. Ich gehe super gerne weg. Ich gehe in viele verschiedene Lokalitäten.‹

Jan antwortete: ›Jo, ich habe drei Freunde, und ich gehe überhaupt nicht weg.‹

Dann das Thema Essen:

Sie: ›Ich gehe in sämtliche Restaurants.‹

Er: ›Ich bin Vegetarier. Ich esse nur das, das, das und das. Und Essen finde ich eigentlich total blöd.‹

Und so ging das eigentlich immer weiter … Und irgendwann, nach zwei Stunden keiner Gemeinsamkeit, kam endlich:

›O.k., ich war schon mal auf Ibiza.‹

›Oh ja, ich auch.‹

›Toll!‹«

Diese Insel rettete die beiden.

Außerdem war da noch etwas, was die beiden von Beginn an zusammenhielt. Nämlich Marions Stärke und Gelassenheit, ihren Jan so zu lassen, wie er ist. Ihn nicht verändern zu wollen, wie es viele Menschen nun mal versuchen, wenn sie jemanden lieben, der anders ist als sie selbst. Und dabei scheitern. »Das habe ich nie versucht«, sagt sie, »ich habe gleich gewusst, das ist hoffnungslos. Der muss einfach so bleiben, wie er ist. Jedes Rumgeschleife geht nicht. Das ist ein ungeschliffener Diamant – mit allen Ecken und Kanten, perfekt so wie er ist. Das ist ja auch das, was ihn ausmacht. Wenn das so ein Glattgebügelter geworden wäre, dann wäre er nicht mehr Jan. Wenn er Leuten nach dem Mund reden würde, würde das gar nicht passen. Ich fand das immer toll. Irgendwie haben die Leute darauf gewartet, dass sie von ihm eine Breitseite bekommen. Dann dachte ich immer: Komm, lass ihn einfach.«

Und wieder lächelt Marion wissend. »Nach außen erscheint er manchmal etwas rau, hemdsärmelig und sehr direkt. So ist er ja auch. Aber trotzdem hat er eine ganz sensible Seite, macht sich wahnsinnig viel Sorgen um

Menschen, auch um Teammitglieder. Das andere ist: Man erwartet es nicht, aber er denkt wirklich über vieles lange nach und ist sehr empfindsam. Auch was ihn selbst betrifft, wenn man ihm etwas Wichtiges sagt. Das wirkt sehr lange nach in ihm. Das braucht man dann nur einmal zu sagen … ihn nicht noch mal daran erinnern. Er merkt sich alles. Ein irrsinnig gutes Gedächtnis hat er.«

Je mehr Marion über den verborgenen Jan spricht, desto strahlender scheint sie: »Dieser raue Kerl hat eine sehr liebe und weiche Seele. Diese Gegensätze machen ihn aus. Er ist eben nicht dieser Haudegen, der sich durch den Dschungel schlägt. Bei ihm ist so viel mehr dahinter.«

Marion Fedder ist das, was ihr Mann voller Bewunderung eine »klassische Hamburger Schönheit« nennt. Hochgewachsen, feingliedrig, eine höchst elegante Dame mit Haltung, die sehr aufrecht geht, steht und sitzt. Sie schaut aus ihren großen Augen mit einem feinen Lächeln auf die Dinge und Menschen. Und liebevoll auf ihren Mann in all seinen Facetten: »Er nimmt aber auch selber so irrsinnig viel wahr. Er nimmt so viel in sich auf.« Das muss man sich dann so vorstellen: »Wir beide sitzen hier und reden und gucken raus. Er aber würde in dieser Zeit wahrscheinlich schon wieder zehn andere Sachen sehen. Und über diese Dinge nachdenken. Als Schauspieler macht man das sicher so. Beobachten, zuschauen, wie Menschen gehen oder wie Menschen Kaffee trinken. Ich finde diese sensible Seite einfach schön bei ihm. Weil sie so nachhaltig und immer da ist. Sie taucht immer dann auf, wenn man mal zehn Minuten mit ihm in Ruhe zusammensitzt.«

Was ja leider selten ist. Bis vor ein paar Jahren hatten die beiden noch eine gemeinsame Wohnung in Eppendorf, in der sie sich am Wochenende trafen. »So haben wir das einfach mal laufen lassen. Am Wochenende war das auch schön und gut, aber in der Woche wäre es schwierig mit dem Zusammenleben gewesen. Etwa wenn bei Jan Nachtdrehs anstanden, das war schwierig. Ich musste auch oft beruflich reisen, und dann stört man sich manchmal auch gegenseitig.«

Auch auf dem Bauernhof lässt Marion ihn meist in Ruhe. Jan hat dort alles nach seinem Geschmack eingerichtet und entworfen – sie hat sich bewusst herausgehalten. »Ich habe das Gefühl, die ganze Arbeit und Entwicklung des Bauernhofes war wichtig für ihn. Das hat ihm Struktur gegeben. Um Sachen wieder geradezurücken. Auch um Raum für Raum einzurichten in einem anderen Stil. Das hat seine Sichtweise auf die Dinge verändert. Er hat Ordnung in sein Chaos gebracht. Das hat ihm gutgetan und was er aus seinem Bauernhof gemacht hat, ist Wahnsinn. Er hat dort wirklich eine wunderbare neue Welt entstehen lassen. So eine Art Fedder's World.«

Die Wochenenden auf dem Bauernhof haben ihr immer Spaß gemacht. »Einrichten, Restaurieren, Trecker fahren … und abends lange in der Küche sitzen und reden über Gott und die Welt.« Immerhin ist sie seit über zwanzig Jahren dabei und weiß, wie viel Arbeit und Liebe in jedem Detail steckt. So zieht sie auch gerne den Blaumann an und Gummistiefel, um mit anzupacken. Ansonsten verabreden sich die beiden, wann sie sich und wo sie sich sehen wollen. Ganz so, wie es ein frisch verliebtes Paar tut. Marion sagt, dass sie die räumliche Nähe, einen Alltag mit Jan nicht vermisst. Vielleicht nicht *mehr* vermisst, das scheint bei ihr durch. Auch wenn sogar Uwe Schröder, einer von Jans besten Freunden, bis heute sagt, dass es einer seiner größten Fehler sei, »diese wunderbare Frau nach Hause zu schicken und nicht bei sich zu behalten«.

Marion schaut nun lange aus dem Fenster auf die Alster und sagt leise: »In vielen Situationen wünscht man sich schon, dass man einen Partner dauerhaft bei sich hat. Nun ist es bei Jan aber auch so, dass er nicht mal eben zum Einkaufen oder auf den Markt gehen kann. Weil er dann hundertmal angesprochen wird. Deswegen könntest du mit ihm sowieso kein normales Leben führen. Alles das, was andere machen, mal spazieren gehen etwa, das macht er nicht. Er will auch nicht irgendwo in einem Restaurant sitzen ... zu viele Menschen, die plötzlich verstummen und zuhören.« Oder noch schlimmer, einfach das zweisame Treffen stören. Das hatte auch Marion immer gestört. Denn entweder brach jemand in ihre Unterhaltung ein, oder man wurde bei jedem Bissen beobachtet. »Also war es sowieso ein anderes Leben, eben anders als bei anderen Paaren und als anfangs gedacht.«

Weil ein Schauspieler sich immer um sich selber dreht? »Und weil er Steinbock ist. Der liebt seine Ruhe. Der will auch oft nicht angesprochen werden. Und er hat seine eigenen Zeiten, in denen er dann nicht gesprächsbereit ist. Jan ist oft mit sich selber glücklich. Ganz ehrlich. Er vermisst auch nichts. Er findet es bei sich zu Hause super, wenn er alleine ist. Er macht alles mit sich selber aus. Manchmal teilt er etwas mit dir, aber erst dann, wenn er selber schon vier Tage allein darüber nachgedacht hat. Er ist sehr in sich gekehrt. Er braucht seine eigenen Räume, um sein eigenes Ich zu schützen. Deswegen braucht er seine eigene Wohnung.«

Aber Jan wäre nicht Jan, wenn er nicht etwas entgegenzusetzen hätte und wieder mal anders erscheint als erwartet. »Jan ist ein echter Romantiker. Er denkt sich wunderschöne Sachen für mich aus. Der Heiratsantrag zum Beispiel: Damals ›Ja‹ zu sagen, war die beste Entscheidung meines Lebens. Die Hochzeit im Jahr 2000 war unglaublich schön – so eine Hochzeit wünscht sich wohl jede Frau. Dann feierten wir zum zweiten Mal Vermählung nach zwölfeinhalb Jahren – Petersilien-Hochzeit. Alles noch mal genau so: Stretch-Limousine, Michel – aber diesmal der kleine Altar –, über den Kiez und nur mit den engsten Freunden. Er überrascht mich oft, wenn er mich anruft. Manchmal textet er spontan ein Lied und singt es mir am Telefon vor – zu komisch. Manchmal meldet er sich mit völlig anderem Namen und erfindet eine Geschichte …«

Wie sehen dann die Momente aus, wenn sie zusammen sind? »Wenn wir uns jetzt treffen, sprechen wir natürlich lange. Lachen uns tot über Sachen. Gucken uns manchmal Filme an. Planen etwas zusammen. Für den Bauernhof zum Beispiel. Oder man redet über alte Zeiten, was man alles für Dinge zusammen erlebt hat, das waren ja eine ganze Menge. Auch wenn der Radius nun natürlich sehr klein geworden ist.« Die vergangenen Jahre haben viel Kraft gekostet.

»Ich wollte immer das Richtige tun und das Richtige für ihn finden. Jan braucht seinen geliebten Beruf, der ist sein Lebenselixier. Ich glaube, Jan ist ein Vollblutschauspieler, der muss einfach auf die Bühne, um all das rauszuspielen, was er in sich trägt. Das liebt er so. Das ist das, was er möchte. Das gibt ihm Kraft und Lebenswillen, wenn er sich auf eine Rolle freut oder auf einen Drehtag. Dann weiß er auch, dass er seine Kollegen wiedersieht, denn auch das ist für ihn sehr wichtig.« Und so glaubt Marion schon, dass Jan seinen Beruf noch eine ganze Zeit leben kann. Wenn auch eingeschränkt durch den Rollstuhl.

Es ist immer ein Spagat: »Im Job alles richtig machen und erfolgreich sein. Und nach außen in der Öffentlichkeit wird von mir als ›Frau Fedder‹ erwartet, dass ich einen glücklichen und zufriedenen Eindruck mache, obwohl mir danach manchmal gar nicht ist. Ich weiß, dass alle um mich herum bestimmte Illustrierte lesen und wissen, was passiert ist und was dahintersteckt. Du wirst ewig mit diesen Fragen konfrontiert, und das kostet Kraft. Aber dann denke ich auch: Ich will es ja, ich will helfen, ich will das Beste. Und dann bekomme ich es auch irgendwie wieder hin.«

Marion sagt: »Ich weiß genau, wie sich diese vielen mitleidigen Blicke anfühlen, wenn es wieder mal Schlagzeilen gab und die Leute mich auf der Straße angucken oder ständig fragen: ›Wie geht es denn Ihrem Mann?‹« Von denen keiner sie je mal gefragt hat, wie es *ihr* eigentlich geht.

»Ich weiß, dass Jan alle Aufmerksamkeit verdient hat, und das gibt meiner Seele ein warmes, sicheres Gefühl. Das ist einfach so. Ich möchte ihm helfen, weil ich ihn liebe, weil er einfach zu mir gehört. Da willst du für jemanden das Beste. Dann bin ich auch beruhigt und fühle mich gut. Und trotzdem muss ich natürlich sehen, dass ich den anderen Teil meines Herzens auch mit irgendwas auffülle. Jan ist andersrum auch sehr großzügig, was mein Leben betrifft. Er gönnt mir mein eigenes Leben mit meinen Freunden und meiner Familie und möchte mich nicht einschränken. Er sagt immer: ›Lebe dein Leben – ich habe es auch getan!‹«

In Zeiten, die grauer sind als der Hamburger Himmel bei »Schietwetter«, kann sie auch auf Jans Freunde Joerg und Uwe zählen. »Das sind die absoluten Stützen. Unglaublich hilfsbereit und immer da – bessere Freunde könnte Jan nicht haben!«

»Wir wissen, wie toll, wie lieb, wie sensibel, wie einfühlsam, wie klasse Jan ist, wie unser Herz aufgeht, wenn er *DER JAN* ist, der ganz normale Jan ...«, sagt Marion mit aller Liebe in der Stimme. Aber es gibt auch Phasen, wo man sich ernsthaft Sorgen um ihn macht. Verschiedene Krankheitsphasen und sein Hang, am Abgrund zu surfen. Manchmal verwechselt er das Hier und Jetzt mit früheren Zeiten, als er noch der unkaputtbare Haudegen war und immer als Letzter aus der Kneipe ging.

Von ihrer Terrasse aus kann Marion bis zum Michel sehen. Unter einem dieser Dächer, auf die sie schaut, lebt ihr Jan. Und an diesem Nachmittag können wir auch über das reden, was am schwersten fällt. Dass Jan eines Tages nicht mehr leben könnte. Die beiden sprechen darüber manchmal. Nicht oft und nicht ausführlich, aber es ist beiden bewusst, dass das passieren kann. »Er denkt schon darüber nach. Und hat dafür auch schon Ideen. Manchmal spricht man ihn auch absichtlich darauf an, um ihm das mal vor Augen zu führen. Es ist also kein Tabuthema.«

Er hofft, dass Marion dann dafür sorgt, dass eine Straße in Hamburg oder ein Platz auf dem Kiez nach ihm benannt wird. »Das werd ich tun«, sagt sie und lächelt. Sie weiß damals noch nicht, dass ihr Mann bald sterben wird. Und dass die Hamburger Rathauspolitiker keine drei Tage nach seinem Tod schon nach einem »Jan-Fedder-Platz« auf St. Pauli suchen. Ins Visier nehmen sie dafür jene Stelle zwischen Davidwache und Spielbudenplatz.

Zum Schluss bleibt noch die Frage, ob ihr Mann denn irgendwann auch mal geschauspielert habe in ihrem Privatleben? »Nein, nie«, antwortet Marion, »nicht, wenn wir zusammen sind. Dann ist er nur mein Jan.«

# Der schönste Moment

»Der schönste Moment meines Lebens war sicherlich die Hochzeit mit Marion. Die ja eine der aufwendigsten des Jahres in Hamburg war. Der Michel war voll. Pastor Dinse hat uns damals getraut, und Marion hat mir eine Überraschung gemacht. Sie hatte von einem russischen Organisten ›Child in time‹ von Deep Purple spielen lassen. Der hat sie aber wohl nicht ganz verstanden und hat statt der verabredeten fünf Minuten die zwölf Minuten voll ausgeorgelt. Herrlich ... alle waren leicht verwirrt in der Kirche, aber ich fand's super.

Ich habe alle Oldtimer rausgeholt, und wir wurden von der Polizei eskortiert, mit weißen Mäusen voraus. Dahinter zwei Busse, diese englischen Doppeldeckerbusse, für den Rest der Meute. Und so fuhren wir vom Michel los, erst mal um die Binnenalster und dann noch um die Außenalster. Einmal vorne rum und wieder zurück. Alles ohne rote Ampeln.

Dann ging es ins Erotic Art Museum. Da haben wir dann die Hochzeit gefeiert. Alles rot. Rot und gold. Joerg und ich hatten ein halbes Jahr an der Logistik gearbeitet. Und dann kam das Programm. Ich sang mit meinen Band-Jungs von Big Balls. Dann hielt ich noch eine extra Rede auf Marion.

Sehr schön in meinem Leben war aber auch der Moment, als wir uns nach hundert Tagen verlobten. Dafür hatte ich die Suite vom Interconti gemietet. Mit hundert Baccara-Rosen … Und den Saal im Interconti hab ich für uns alleine gebucht. Es war genau der, wo wir uns kennengelernt hatten. Und ich hatte ihn genau so herrichten lassen, wie es damals war; auch die gleichen Getränke bestellt. Und dann haben wir uns an den Tisch gesetzt, ich habe mich hingekniet und ihr diesen Ring gezeigt und gesagt: ›Den kannst du nehmen jetzt, wie du willst. Entweder als Freundschafts- oder als Verlobungsring.‹ Marion sagte: ›Verlobung‹ – und mir fiel ein Stein vom Herzen.

Ich weiß aber auch, wie schnell die Stimmung umschlagen kann. Noch am selben Tag, als ich mich mit Marion verlobte, habe ich meine Mutter angerufen und ihr gesagt: ›Gisela, ich wollte dir nur sagen, ich sitze hier gerade im Interconti in der Präsidentensuite auf dem Balkon und gucke auf die Alster, habe einen Gin Tonic in der Hand und das Leben ist schön. Und ich wollte dir nur mitteilen: Ich habe mich gerade verlobt.‹ – Meine Mutter: ›Warum sitzt du denn im Interconti? Ist was mit der Wohnung? Ist die Wohnung abgebrannt?‹ Ich sage: ›Ich sitze hier in der Präsidentensuite mit Marion zusammen, weil ich mich mit ihr verlobt habe.‹ – Meine Mutter: ›Ja. Ach, das ist ja schön. Ich bin nächste Woche im Sauerland und habe da wieder meine Turntagung.‹ «

# Zwei Volkshelden: Fedder und Albers

Als hätte er all die vielen Typen, die vielen Charaktere, die vielen Menschen nicht allesamt bloß spielen, sondern bei sich behalten wollen, hat Jan Fedder ein paar von ihren Wesenszügen in seinem Gesicht gespeichert. Meist bleiben sie unsichtbar, aber er kann sie mit einem Mundzucken, mit einem Naserümpfen, einem Augenzwinkern jederzeit wieder hervorholen.

Er tut das manchmal mit der Akribie eines Kripobeamten, der im Datensatz von Vorbestraften nach einem Verdächtigen fahndet. Und manchmal mit der Lust und List eines Zampano, der Gegenstände aus seinem Hut zaubert oder das ein oder andere Kaninchen. Und dann wäre da noch zu erwähnen, mit welchem Stolz und auch welcher Selbstverliebtheit er all diese Gesichtsausdrücke vorzeigen kann. Ganz so, wie es ein Künstler mit seinen Werken bei Vernissagen tut. Dann ist Jan anzusehen, wie viel Freude er daran hat, ein paar Hundert Ichs in seinem Antlitz zu beherbergen, statt einem Dutzend vielleicht, wie wir normale Menschen.

»Ich habe schneller gelebt«, sagt er. »Durch das Großwerden auf St. Pauli habe ich in die Gesichter hineinsehen können. Ich kann auch heute in einem Gesicht erkennen, ob ein Mensch gut ist oder nicht.«

Seine Kollegen seien doch bloß »Gesichtsvermieter«, urteilte Hans Albers einmal in seiner Fedder durchaus ähnlichen und so geliebt großkotzigen Art über seine Konkurrenz, die er, der blonde Riese, stets als zwergenhaft wahrnahm.

Es heißt, manche Männergesichter altern »besser«, zumindest »interessanter«. Und es gibt ein paar gute Beispiele in Fedders Branche für diese These. Sein Kollege Dieter Hallervorden etwa sah in seinen jüngeren Jahren ziemlich komisch aus, was seine Karriere damals beschleunigte. Heute wirkt dieser Mann, der damals sang, dass er sich »mit dem Gesicht nur verstecken« könne, wie ein würdiger alter Seemann.

Genauso verschönerte sich das Gesicht eines Mario Adorf, je älter er wurde. Feiner wurde es, eleganter, es verlor an Wucht und Fülle und auch an jugendlicher Grobheit.

Fedder ist dagegen nicht so verwöhnt von der Zeit und auch nicht von der Natur. Denn alles, was die beiden, Zeit und Natur, ihm geschenkt, aber auch angetan haben, das steht ihm auch zwischen Mund und Stirn geschrieben. Fedders Gesicht hat nichts vergessen. Nicht die ganzen Freuden. Nicht die ganzen Leiden. »Alles geben die Götter, die unendlichen, ihren Lieblingen ganz. Alle Freuden, die unendlichen. Alle Leiden, die unendlichen. Alle Schmerzen, die unendlichen, ganz«, schrieb einst Goethe. Und Jan ist ein Gotteslíebling. Kein Gesichtsvermieter.

Selbst Albers hätte ihn nicht so genannt. Er starb, als Jan fünf Jahre alt war. So viel von ihm, so viel Ähnliches, war damals schon im Jungen Jan angelegt, dass er in ihm wahrscheinlich einen Sohn gesehen hätte; war Hans Albers doch wie Fedder von Herzen gerne das, was so viele andere Mimen nicht sein wollen: Volksschauspieler. Und das nicht bloß von der eigentlichen Definition des Wortes her, das einen Volksschauspieler als einen Darsteller bezeichnet, der in Mundart spielt.

Nein, Volksschauspieler, das bedeutete Albers – und bedeutet Fedder – so viel mehr. Erst einmal leugnet dieser Begriff nicht, woher die beiden stammen, nämlich mitten aus dem Volk. Sogar aus dem sogenannten »einfachen«. Dann beschwört diese Bezeichnung, wie verbunden die beiden stets geblieben sind mit dem »Volk«. Und vor allem, wie sie geliebt und getragen wurden und werden von ihm.

Hans Albers, das war Hamburg, ganz und gar. Jan Fedder, das ist Hamburg, ganz und gar.

Albers, das war der Junge aus der Langen Reihe in St. Georg. Schlachtersohn. Fedder, das ist der Junge von der Überseebrücke. Kneipenbesitzersohn.

Albers wurde seiner alten Liebe untreu und zog erst nach Berlin, dann an den Starnberger See. Und wenn er in Hamburg war, logierte er in seiner eigenen Suite im Hotel Atlantic. Ganz so wie heute Udo Lindenberg.

Fedder hat selbstverständlich seine Stadt, die in Hamburg immer so viel mehr ist als eine Stadt, nie verlassen.

Albers war ein Frühreifer. Ein Rumtreiber, der seine ersten Abenteuer erst im nahen Hafen, dann auf dem Kiez suchte und fand. Ganz wie Fedder.

Albers war ein Gemütsmensch, der stets sein Gefühl, sein Innenleben und seine Seele entscheiden ließ, bevor er sich seines Verstandes bediente, oder, schlimmer noch, seiner Vernunft. Ganz wie Fedder.

Albers war cool, als es dieses Wort noch gar nicht gab und es allenfalls eine niedrige Temperatur beschrieb. Und er war cool mit einem derart heißen Herzen, dass auch niemand darauf gekommen wäre, ihn so zu nennen. Höchstens schneidig war er, kühn und dann und wann sogar tollkühn. Ganz wie Fedder.

Albers war aber auch ein Großkotz. Er hielt sich selbst für den Größten. Aber war er das nicht auch? Und hatte er nicht stets eine tüchtige Prise Humor und immer ein Augenzwinkern parat, sodass ihm alle den Großkotz nicht nur verziehen. Sondern ihn liebten. Zumindest anerkennend schmunzelten über ihn. Ganz so, wie beim Gelegenheits-Großmaul Fedder.

Einen Unterschied gibt es dann aber doch – in einer ihrer Gemeinsamkeiten: Albers sang gerne und gut und war damit sehr erfolgreich. Seine Lieder haben sogar seine meisten Filme überlebt und klingen bis heute aus den Lokalen auf dem Kiez. Fedder singt auch gerne und hat zwei Alben aufgenommen: *Aus Bock* und *Fedder geht's nicht*. Aber seine Fans wollten lieber den Schauspieler, nicht den Sänger. Und so bleibt auch er selbst, der zwar gerne singt, aber kein Rockstar wurde, in einer Hinsicht Fan: Er wünscht sich, eines Tages zu seinem Geburtstag, bitte schön, dass seine Lieblingsband Deep Purple ihm ein Ständchen bringt.

Albers hatte lebenslang so seine Schwierigkeiten, sich Texte zu merken. Erst wollte er das nicht recht, weil er das zu spießig fand; in späteren Jahren konnte er es nicht mehr, weil er oft zu betrunken war beim Drehen oder weil ihm der Alkohol ein gutes Stück seines Gedächtnisses auf Dauer vernebelt hatte. Fedder fand Textlernen auch immer überflüssig und etwas für Anfänger. Aber er kann sich bis heute seine Dialoge aus dem Stand heraus merken. Er liest sie erst am Set und dann auch nur einmal, vielleicht auch zweimal, kurz bevor seine Szene kommt. Und der Text sitzt. Nicht immer so wie einst gedacht und aufgeschrieben, dafür aber immer ordentlich eingefeddert. Als hätte ihn nicht jemand für ihn entworfen, sondern als wäre er ihm gerade so eingefallen. Fedder gelingt es immer, sich Drehbücher zu eigen zu machen. Sie kurz in sich aufzusaugen, um sie dann instinktiv umgeschrieben, scheinbar mühelos, mit seinen Worten und seiner Art zu artikulieren.

Albers atmete alles an Leben in sich hinein, was er nur atmen konnte. Und schluckte gleichzeitig so viel Cognac hinunter, als bräuchte er auch den zum Leben wie die Luft in seinen Lungen.

Albers war ein von seinem Schöpfer verwöhnter Mensch. Mit nur einem bisschen Selbstironie, dafür mit umso mehr Selbstliebe, pflegte er an seinen besten Tagen über sich zu sagen: »So wahr ich der liebe Gott bin!«

Ein Jammer, dass dieser Gottgemochte sich derart selbst zerstörte. Ebenso wie man das Wort »cool« nicht kannte, benutzte auch kein Mensch damals das heute so geläufige Gleichnis von der Kerze, die an beiden Enden brennt. Hans Albers verbrannte aber genau so wie jene Kerze. Mit achtundsechzig Jahren. Jan Fedder brannte ebenfalls lange Zeit seines Lebens lichterloh. Wie Albers tat er das nicht bloß aus Lebensdurst und Sucht und Grenzgängerei. Sondern er spürte: Wenn ich den Menschen wirklich etwas geben, wenn ich mich in meinem Beruf verschenken und mein Publikum mit meinem Spiel erwärmen will, dann muss ich bereit sein, weniger zu werden. Ganz so, wie es der Kerze passiert.

Deswegen, ja auch deswegen, leuchtet ein Hans Albers bis heute wie kaum ein Star nach ihm. Und deswegen strahlt Jan Fedder bis heute so hell und warm.

Albers galt als Frauenheld. War privat aber eher treu. Hing an seiner Lebensgefährtin Hansi Burg. Wie Jan Fedder, der seine Marion bis heute liebt und verehrt.

Albers war am besten, wenn sich, mitten in das ewig Kraftstrotzende hinein, in das dauernd Optimistische, Dröhnende und Krachende, die ersten Zweifel und Risse und leisen Töne mischten. Wenn den einst ewig Strahlenden langsam eine Wehmut einholte und umhüllte, etwa im Film *Und über uns der Himmel* oder in *Große Freiheit Nr. 7*.

Jan Fedder gelingt diese Mischung im gleichen Alter wie Albers. So um die fünfzig herum reifte er in diese Vielschichtigkeit hinein. Seitdem ist da etwas Gebrochenes in seinem Spiel, das vielleicht auch seinen Ursprung fand in dem, was er seit dieser Zeit an Krankheit und Leid erleben musste. Er lässt diese Brüche und seine Verletzbarkeit durchscheinen in seinem tapferen Spielen und bewahrt uns so unseren Volkshelden. Niemals wirkt er dabei dünnhäutig oder gar wehleidig. Seine Unerschütterlichkeit und sein »Weiter so!« haben kaum Schaden genommen. Mag der Mensch Jan Fedder im Rollstuhl sitzen, seine Persönlichkeit und seine Ausstrahlung sind aufrecht geblieben. Und ihr Besitzer geht in Gedanken weiter voran. Er selbst muss dabei sitzen bleiben. Aber uns erhebt er.

Albers, das war St. Pauli. *Große Freiheit Nr. 7* war der größte Film seines Lebens und ist bis heute ein Kunstwerk. Fedders ewiges Werk war gleich sein erstes richtig großes, sein Durchbruch: *Das Boot*. Ebenfalls bis heute zeitlos und eine Ikone.

Begegnet sind sich die beiden natürlich nie. Der *Volksheldin* Hamburgs aber, der stand Jan nahe. Heidi Kabel verehrte er. Und auch sie erkannte früh, dass dieser Jan ein Stadtpatron ist wie sie. Jan sagte einmal über sie und zwei andere legendäre Hanseatinnen: »Im Himmel warten drei Hamburger Damen auf mich! Loki Schmidt, Heidi Kabel und meine Mutter, die ja Gymnastiklehrerin beim St.-Pauli-Turnverein war. Die drei da oben – drei hanseatische Grazien. Loki richtet einen Wolkengarten ein, meine Mutter gibt Gymnastikkurse, und Heidi Kabel macht einen plattdeutschen Chor.«

Als Heidi Kabel schon ein bisschen »tüddelig« war und hoch oben über der Elbe in einer Nobel-Seniorenresidenz wohnte, besuchte er sie dort. Und war ebenfalls an ihrer Seite, als sie ihren letzten Preis bekam. Den Bambi fürs Lebenswerk. Da führte er sie auf die Bühne. Und als ihre Rede etwas zu fahrig und durcheinander geriet, das Publikum schon zu murmeln begann und Heidi anfing zu weinen, da rettete Jan seine Kollegin aus der Situation, trat ritterlich an ihre Seite und wandte sich ihr mit einem lieben Blick und einem Augenzwinkern zu. Als Heidi Kabel das bemerkte, unterbrach sie ihre Rede und fragte Jan auf Platt: »Sull ik noch wat seggen?« Und er antwortete: »Jo, segg Danke.« Und dann sagte Heidi Danke, und Jan verschwand mit ihr im gleißenden Licht der Scheinwerfer.

Natürlich war er wenig später auch bei ihrer Trauerfeier im Michel. Und ebenfalls natürlich spielten sie dort das Lied »An der Eck«; das vom Jungen mit dem Tüdelband, von dem es auch eine Strophe für Mädchen gibt, wie für Heidi ersonnen.

# Der spielt doch nur sich selber

Wie oft und wie tief hat Jan sein Publikum bewegt in seinen Rollen? Immer wohl dann am innigsten, wenn er sich nicht nur verwandelte, sondern wenn die Leute glaubten, ein Stück vom wahren, vom echten, vom privaten Fedder hinter seinem Spiel zu erkennen. Oder zumindest durchscheinen zu sehen. Er sagt: »Das mit der Schauspielerei mache ich nur im Nebenberuf. Hauptberuflich bin ich Mensch.«

Ein *Coolman at its best,* wie er einer ist, dosiert, ja, verknappt seine Mimik gern und gekonnt. Obwohl in ihm als Schauspieler immer auch ein Extravaganter, vielleicht sogar ein Exhibitionist steckt, ist Fedder Meister der Minimalmimik.

Manchmal muss ich bei ihm an die anderen Könner seines Fachs denken. Jene seiner Schauspielkollegen, die scheinbar gar keine Bewegung in ihren Gesichtern trugen. Horst Tappert etwa, dessen Derrick immer kurz vorm Denkmal versteinerte. Pierre Brice, der immer nur gen Horizont blicken musste, um ein Held zu sein. Oder Humphrey Bogart. Dessen Gesichtsvariationen etwa bei null bis minus eins lagen. Vielleicht nennen manche Fedder auch deswegen den »Brackwasser-Bogart«.

Doch seine Visage *wirkt* bloß mitunter wie aus Marmor. In Wahrheit ist dieser Coolman nur eines von hundert Angeboten in seinem mimischen Repertoire. Das wird deutlich, wenn jemand in seiner Nähe abrupt sein Handy zieht für ein Selfie mit ihm, oder wenn sich eine Kamera auf ihn richtet. Dann setzen sich gleich ein paar seiner Muskeln zwischen Mund und Augenbrauen in Bewegung und rüsten ihren Besitzer für den besten, den fotogensten Blick.

Was menschlich gesehen immer wieder wohltuend und sehr nahbar wirkt, ist, dass dieser Gebärdenjongleur privat auf fast jedes Spiel verzichtet. Er schaut einen dann einfach an und lässt seine Gesichtszüge mitunter sogar hängen wie ein Hund seine Lefzen. Und er redet dann auch einfach so, wie ihm die Worte einst vom Wind, vom Wetter und von den Modergerüchen des Hafens zugeweht wurden. Unverstellt. Gern mal schnodderig. Niemals würde er, wie so viele seiner Kollegen, wohlartikuliert zu einem sprechen oder gar gekünstelt.

Typisch für ihn, dass er in solchen Fällen seine fedderisch lang gedehnten Flüche bringt, die wahlweise nach Südfrucht oder Brotaufstrich klingen. »Das is Baanooaanee!«, scheppert er dann los. »Baanooaanee!«, wiederholt er. Oft folgt dann noch ein Klecks »Maarmeelooaadee!« oder ein: »Mann, Alder, dann gibt's richtig auf die Maaameladee!«

Und auch die großen Gesten seiner Kollegen unterlässt er, dieses stets Expressive, Ausholende, im besten Fall alles und jeden Umfassende und Umarmende. Mr. Coolman guckt einen dann so an, als wäre er ein ganz normaler Mann. Und er macht das so gut, dass man oft darüber lächeln muss.

Es ist zum Schmunzeln, wie dieser Kerl nicht nur gesichtsmäßig abrüstet, wenn man alleine mit ihm ist. Wie gerne er einem in seinem schwarzen T-Shirt und dem grauen Hoodie begegnet. Dazu am liebsten die kurze Sporthose, auch im Winter.

Übrigens: Wenn der Schnee schmilzt, setzt sich sein Markenzeichen wieder mal in Bewegung. Immer dann, wenn er sagt, wie er sich darauf freut, bald wieder loszufahren. Wenn er beschreibt, wie er die letzten Kilometer im Wagen alle Fenster auf Durchzug öffnet, um all das zu riechen, wonach er sich so sehnt. Das grüne Gras. Die feuchte Erde. Sogar die Gülle. Dann wird sein Markenzeichen einmal mehr zum unverwechselbaren Kennzeichen. Die Rede ist noch einmal von Fedders Nasenflügeln. Sie weiten sich bei jedem kräftigen Atemzug und beginnen vor Vorfreude zu beben, wenn er auf seinen Hof fährt. Und zwar genau so, wie es der von Fedder verehrte Joachim Ringelnatz reimte, in seinem Gedicht »Morgenwonne«:

*Aus meiner tiefsten Seele zieht*
*Mit Nasenflügelbeben*
*Ein ungeheurer Appetit*
*Nach Frühstück und nach Leben.*

Und natürlich weiß der Besitzer dieser beiden bebenden Flügel um ihre Wirkung. Er weiß genau, dass sie in beide Richtungen weisen können. In die Ringelnatz'sche Freude und Erwartung, aber auch in die traurige und melancholische.

Manchmal allerdings verwischen all diese Grenzen bei diesem Menschen, der immer an seine Grenzen ging in seinem Leben. Denn so bedingungslos, wie er sich in jede seiner Rollen nicht bloß hineinfühlt, sondern sich in sie stürzt, so rigoros, ja rücksichtslos zu sich selbst lebt Jan auch privat.

Und so kommt es nicht von ungefähr, dass der öffentliche Fedder und der private Jan mit der Zeit mehr und mehr Ähnlichkeit angenommen haben. Dass sich die beiden Bilder, die wir von diesem einen Menschen haben, nicht nur überlappen, sondern dass sie sich wie zwei Schattenrisse übereinandergelegt haben und verschmolzen sind. Auch das ist wahrscheinlich ein unverwechselbares Kennzeichen eines Volksschauspielers. Die Trennschärfe zwischen der privaten und der professionellen Person wird immer unschärfer. Bis man meint, beide gingen Hand in Hand.

Wie konnte es bei Jan Fedder so weit kommen? Ganz besonders liegt es wieder einmal an Hamburg. Dass Jan Fedder den Hamburger niemals zu spielen brauchte, ist klar. Aber dass er auch bei den Dreharbeiten darauf achtet, dass seine Stadt stets möglichst schön eingefangen wird, wissen nur wenige. Achten Sie beim nächsten Film mit ihm mal darauf, wie oft er scheinbar rein zufällig im Schlagschatten des Michel durch eine Szene geht. Wie oft sich im Hintergrund die Köhlbrandbrücke durchs Bild schlängelt. Wie gern der Hauptdarsteller im Glitzerlicht der Alster agiert. Wie oft ihm der bunte Schein aus zehntausend Reeperbahnlichtern ins Gesicht fällt. Das alles überlässt Fedder nicht seinen Regisseuren. Darauf achtet er selber. Aus Liebe zu Hamburg, ja. Aber auch, weil es der eigenen Denkmalbildung dient.

Ein Volksschauspiel-Gigant wie Willy Millowitsch etwa hätte und hat es genau so gemacht und die Kamera gern auf sich und dann gleich auf die in den Himmel strebenden Türme des Kölner Doms schwenken lassen. Auch

Ottfried Fischer kam immer dann am besten rüber, wenn seine beeindruckende Statur die nächste kleine Barockkapelle Niederbayerns überragte. Und natürlich wusste ein Götz George, obwohl er kein Kind des Reviers war, dass es seiner eigenen Legende wohl bekommt, wenn er möglichst oft vor Schloten, Zechen und Hochöfen in Szene gesetzt wird.

Dass sein Publikum aber das Gefühl hat, der Typ da im TV sei genauso wie im wahren Leben, das liegt an Jan Fedders wertvollster Gabe, die stets unterschätzt, ja, ihm sogar abgesprochen wird. »Der spielt doch nur sich selber«, sagen viele seiner Kritiker von ihm, aber auch manche Bewunderer – und vergessen dabei, dass dieses Sich-Selbst-Spielen eine schauspielerische Höchstleistung bedeutet. Probieren Sie es mal selber aus! Versuchen Sie bei der nächsten Familienfeier, sich selbst zu spielen. Es ist verdammt schwer. Wer vermag schon den Blick derart genau auf sich selbst zu richten, sich selbst zu imitieren, ohne dabei komisch oder eitel oder dämlich oder alles auf einmal zu wirken. Fedder kann das wie kaum ein Zweiter. Vielleicht, weil er diese ihm angeborene Lässigkeit selbst im heißesten Scheinwerferlicht bewahrt, im hektischsten Trubel des Filmsets. Und weil er beschenkt ist von künstlerischem Talent und Können.

Das sagt sich immer so leicht und wird oft geschrieben: Dass dieser oder jene Schauspieler besonders gut spiele. Mitunter liegen solche Dinge ja auch im Auge des Zuschauers und sicher auch an seiner Sympathie oder Antipathie dem Schauspieler gegenüber. Ich glaube dennoch, dass es für einen wie Fedder objektive Maßstäbe gibt, um sein Können unter Beweis zu stellen. Natürlich habe ich mir all seine Filme angesehen; besonders seine »großen«. Die Samstagabendkracher zu Beginn und Mitte der Nullerjahre und dann – am liebsten – seine Siegfried-Lenz-Verfilmungen. Auch hier habe ich manche Szenen daraus immer wieder zurückgespult. Und bei manchen seiner Posen auf Pause gedrückt.

Optisch bannen wollte ich vor allem jene Einstellungen, in denen er es in Sekundenbruchteilen vermag, zwei, drei Gefühle auf einmal in einen Halbsatz, eine Bewegung, eine Reaktion zu legen. Manchmal zaubert er diese Emotionsetappen hintereinander, manchmal aber vermischt er sie und lässt das eine Gefühl hinter dem anderen hervorlugen.

Da wäre etwa eine Szene aus der Lenz-Adaption *Der Mann im Strom.* In diesem Film spielt Fedder einen gealterten Taucher, der, um endlich wieder einen Job zu bekommen, sich jünger ausgibt und dafür seine Papiere fälscht. In einer der berührendsten Stellen dieses Meisterwerks gelingt es Fedder alias Taucher Hinrichs, seinen neuen Chef von sich zu überzeugen; vielmehr, ihn auch zu überlisten mit seinen gefälschten Ausweisen. In dem Moment, in dem der Chef mit den Papieren in der Hand zu ihm kommt, liegt *so* viel Anspannung und Angst in Hinrichs Blick. Gleichzeitig spielt Fedder in diesem Augenblick aber auch, wie dieser einfache Arbeiter nun *selbst* beginnt, etwas vorzuspielen. Ein Spiel im Spiel also, ein doppeltes Spiel, von Fedder erzeugt. Er lässt ihn in seiner Sorge und Aufregung all seinen Mut zusammennehmen. All sein Ringen um Fassung steht da auf einmal auch in seinem Gesicht. Und der Zuschauer fragt sich in dieser Szene, welches der widerstreitenden Gefühle jetzt wohl obsiegen wird bei Hinrichs. Der Schauspieler Fedder schafft es, mal das eine, mal das andere Gefühl in seinem Gesicht durchscheinen zu lassen, fast wie zwei Folien, durch die Licht fällt.

Dann entscheidet sich die Szene, als Hinrichs' Chef ihm zum neuen Job gratuliert und ihm die Hand reicht. Und Fedder spielt erneut in einem Wimpernschlag, wie sich die ganze Angst und Anspannung in seinen Zügen entlädt. Wie auch das doppelt gespielte Selbstbewusstsein von ihm abfällt und in ein Glücksgefühl mündet.

Wie Fedder diese Sollbruchstelle im Film durchlebt und wie sie sich niederschlägt in seinem Gesicht! Und in seiner ganzen Gestalt!

Eine zweite Szene, die ähnlich reich an Nuancen ist, stammt aus dem Film *Meine Tochter und der Millionär* aus dem Jahr 2009. In ihm ist Fedder ein Müllmann, dessen Tochter sich in einen Millionärssohn verliebt. Weil die Tochter ihre Herkunft vor ihren Schwiegereltern in spe anfangs aus Scham geheim halten will, ihnen aber dennoch ihren Vater vorstellen möchte, bittet sie ihn, sich beim Kennenlernen als etwas Besseres auszugeben, als er ist. Das versucht der Vater also und erscheint in der Villa der künftigen Schwiegereltern in Anzug und Krawatte. Und antwortet dann auf die Frage des Hausherrn, was er denn so beruflich mache, dass er »Ähem, Müllma…, pardon, also, äh, in Entsorgung« mache.

Auch in dieser Szene muss der von Fedder gespielte Charakter selber spielen, etwas vorspielen, wieder also ein doppeltes Spiel zum Besten geben. Wie Fedder in diesen Sekunden zunächst den wahren Müllmann herausrutschen lässt, ihn aber gleich wieder einfängt, um dann die

Lüge vom Entsorgungsunternehmer zu spielen, gleicht erneut einem Parforceritt. Vor allem, wie er in dieser holprigen Szene plötzlich Luft holt, seinen Rücken durchdrückt und seinen ganzen Stolz in sein gerade noch verunsichertes Gesicht legt! Wie er sein Gegenüber mit einem aus der Luft gegriffenen Selbstbewusstsein beeindruckt! Und wie er dann, als er bemerkt, wie gut dieser Zug, dieser Trick funktioniert, sich innerlich selbst auf die Schulter haut und die ganze Verlegenheit von gerade eben abschüttelt – all das lässt staunen.

Es nützt nichts, Fedder selbst zu fragen, wie er diese beiden Szenen denn nun so hinbekommen hat. Wie er sie gar angelegt oder sich erarbeitet hat. Alles vergebens. »Das ist halt so, weil der liebe Gott mir diese Gabe geschenkt hat«, sagt er dann und zuckt mit den Schultern. Da macht einer wenig Gewese um seine Kunst. Auch hier muss ich wieder in mich hineinlächeln und an die alte goldene Rede denken: Die wirklich Großen müssen nichts groß erklären. Sondern legen noch ein Quäntchen Demut oder Coolness in ihre ohnehin schon wenigen Worte. Tatkräftig aber wortkarg kommen die Wunder der wahren Helden am schönsten rüber. Oder haben Sie schon mal einen Winnetou gesehen, der alles Böse besiegt hat und anschließend seinem Blutsbruder erklärt, wie er das um Himmels willen alles nur geschafft hat?

Jan ist der letzte große Volksschauspieler. Aber er ist noch mehr. Er ist ein Heimatschauspieler.

Wie hört sich Heimat an? Wenn er über sie spricht, legt der Mann eine Wärme in seine Worte, die so um sich greift und die so knistert, als würde man ein Lagerfeuer aus harzigen Holzscheiten anzünden.

Jan Fedder erfüllt die Menschen mit seinem Wesen und seinem Spiel. Er schaut sich nicht bloß ein paar ihrer Ecken und Kanten und Schrullen ab und ahmt die dann nach. Nein, wenn Jan Fedder einen Menschen spielt, dann *ist* er dieser Mensch. Immer ganz und gar.

# Best of Büttenwarder

Es gibt mindestens vier Ausgaben von Jan Fedder. Eine, die den Bullen aus dem *Großstadtrevier* so spielt, als sei Jan wirklich ein draufgängerischer Beamter. Es gibt den Charakterdarsteller in den Siegfried-Lenz-Verfilmungen. Es gibt den High-Class-Allrounder, der sowohl Müllmann als auch Hafenpastor sein kann. Tja, und dann gibt es noch … Brakelmann! Den Bauern aus *Neues aus Büttenwarder.* So heilig ist er den an sich protestantischen Norddeutschen geworden, dass der NDR die neue Staffel zu den Weihnachtstagen serviert wie ein Geschenk an seine Zuschauer. Kaum ein anderes NDR-Format erreicht eine derartige Einschaltquote wie die Weihnachts-*Büttenwarder*-Folgen.

Für Jan ist *Büttenwarder* seit achtzehn Jahren sein Sommerprogramm. Wenn das Korn schön hoch steht, die Dorflinden in grüner Pracht rauschen und Schleswig-Holstein aussieht wie frisch gewaschen und an manchen Stellen wie aus Astrid Lindgrens Bullerbü, dann dreht Jan *Büttenwarder.* Es ist seine schönste Ausrede, warum er nicht in den Urlaub fahren kann, in dem er sich eh nur langweilen würde. »Nein, bei *Büttenwarder* kann ich mich austoben, wie ich will. Und das ist natürlich für einen Schauspieler der Himmel auf Erden. Wenn du alles geben kannst wie ein Beknackter. Dem Affen Zucker.«

Dieser Jan alias Kurt Brakelmann spielt einen Bauern, der mehr von sich hält, als er wirklich ist. Jemanden, der sich größer wähnt, als er wahrgenommen wird. Und dem gar nicht auffällt, dass er immer wieder scheitert an sich selber. Das ist das Komische an dieser Figur in dieser Agrar-Satire.

Aber Brakelmann ist natürlich nicht nur komisch, sondern auch so norddeutsch liebenswert. Ein bisschen verwegen, ein bisschen verschroben, ein bisschen bauernschlau und dösbaddelig, aber trotz allem ein Held. Und eine Figur, die man lieb haben muss. Halt jemand, wie ihn nur ein Fedder spielen kann. »In mir arbeitet das immer«, ist einer seiner legendären Sätze – und dass man stets auch an den »Nennwert« denken müsse.

Lange ging es gut in den goldenen Jahren der Serie, als Jan noch gesund und die Idylle von *Büttenwarder* fast wirklich war. Als sein Brakelmann in der Serie wie am Filmset der Chef war und alle Kollegen um ihn herum Jan alias Brakelmann die Ehre erwiesen. Doch dann wurde Jan krank und fiel oft aus, und so manche Rolle, die zuvor eine Nebenrolle war, bekam mehr Raum von den Drehbuchautoren und Regisseuren.

Zeit und Lust hätte Jan immer auf *Büttenwarder* gehabt, aber er fällt nun mal aus, wenn es seine Gesundheit nicht zulässt. »Es ist halt so, dass ich jetzt nicht mehr so oft dabei bin, und die haben jetzt auch andere«, sagt er dazu und klingt durchaus betreten. »Die versuchen das ja jetzt auch mit Axel Milberg. Lass sie das versuchen. Das wird alles schon der liebe Gott regeln. Und das Publikum. Das hat sich ja auch schon gemeldet.«

In der Tat ist der Unmut mancher eingefleischter *Büttenwarder*-Fans zu vernehmen. Zwar nicht unbedingt gegen die neuen oder die neu ausgebauten Rollen. Sondern meist nur, weil sie halt ihren geliebten Brakelmann vermissen. »Ich höre das überall. *Büttenwarder* ohne Fedder? Dann gucken wir das nicht mehr. Da glaube ich auch dran. Die Macher müssen sich dann selber die Frage stellen, ob das alles richtig war, was sie da gemacht haben. Der Milberg kann nicht mal richtig Plattdeutsch. Er ist zwar in Kiel groß geworden, aber er ist ein Intellektueller. Kein Bauer.«

Sein Partner in *Büttenwarder,* sein »Adsche« alias Peter Heinrich Brix, der aber schon. Jan sagt: »Er ist nicht nur Schauspieler, sondern war ursprünglich ja ein echter Bauer. Sein Hof existiert noch. Mit achthundert Schweinen, glaube ich, verpachtet. Er hat einen Teil vom Haus abgetrennt mit einem schönen Garten, wo er seinen Teil hat, und daneben ist gleich die Scheune mit seinen Autos. Und die Schweine sind im Extrastall. Aber ich habe ja auch einen Bauernhof, schon seit fünfundzwanzig Jahren. Wir beide wissen, was die echten Bauern im Norden so denken, und wir fühlen, wie die sind. Ich habe mich oft mit Bauern unterhalten, und Peter kannte ja sowieso alle.« Deswegen verstanden beide nicht, dass der Deutsche Bauernverband die Serie einmal stoppen lassen wollte mit dem Argument, *Büttenwarder* sei unrealistisch. »Solche Bauern gibt es nicht«, hieß es von Verbandsseite. Da muss Jan sehr breit grinsen: »Und *ob* es solche Bauern gibt. Sogar noch viel originellere als Adsche und Brakelmann!«

Und dann holt er richtig aus und lacht schallend: »Es gibt sogar Mondscheinbauern. Bei mir auf der Ecke. Zwei Brüder, die nie geheiratet haben. Die nur bei Vollmond ernten! Weißt du? Den ganzen Tag sind die am Schlafen, und nachts sind die am Ernten und am Machen und Tun. Und da sagt der Deutsche Bauernverband: So was wie uns gibt es nicht? Ich habe viele kuriosere Höfe gesehen als unseren …«

Vielleicht liegt es am durchaus zwiespältigen Humorverständnis mancher Norddeutscher, dass *Büttenwarder* auch Feinde hat. Dass einige echte Bauern diese besonders liebevolle Karikatur nicht erkennen oder wertschätzen mögen.

»Also«, sagt Jan, »*Büttenwarder*, das ist Kult. Viel mehr Kult als das *Großstadtrevier*. Bei jeder zweiten Landhochzeit spielt eine Live-Spielgruppe einen *Büttenwarder*-Sketch. Und in den Kneipen und bei den Skatrunden, auf dem heimischen Sofa – überall imitieren uns die Leute: Brakelmann hätte jetzt aber das und das gesagt.«

Zudem ist *Büttenwarder* telegene Heimatpflege. Und die Macher setzen alles daran, den Drehort in seiner originalen Idylle zu erhalten. Als der reale Besitzer von Brakelmanns Hof vor Kurzem starb, erbte dessen Neffe den Besitz. Und da entpuppte sich der Verstorbene als millionenschwer! »Und wenn du das Klo gesehen hast, das glaubst du nicht! Meine Filmleute mussten drei Tage da drinnen sauber machen. Und haben es dann genau so belassen, wie es bis heute ist. Das Sofa, der Tisch, auch der Herd mit dem Dreck und alles. Das ist alles original. Du stolperst ständig über die Teppichreste. Über dieses Linoleum, das sich aufgerollt hat.«

Umso schwerer tut sich das Original Fedder inmitten dieser Originalkulissen mit den Neuerungen in der Serie. Etwa, dass der neue Damenfriseur aus Berlin kommt und nicht aus dem Norden. Und dass es einen neuen Bürgermeister gibt. »Das sind nicht mehr diese Fünf vom Anfang: mit Kuno und Shorty und dem Bürgermeister und uns beiden. Jetzt kommt noch Axel dazu und der Friseur. Jetzt ist das nicht mehr dieses alte *Büttenwarder,* das auf Peter und mir aufgebaut war. Dass wir in diesen Rollen immer irgendwelche Sachen ausprobieren, die Geld bringen sollen und damit auf die Nase fallen. Und so geht das nun zwar alles weiter, aber anders. Aber vielleicht muss ich das auch einsehen. Ich bin halt so ein Nostalgiker. Ich sehe im Fernsehen am liebsten, wenn so uralte Berichte kommen im Dritten, schwarzweiß. Noch der alte Hamburger Hafen. Das sehe ich zu gern. Das ist meine Kindheit.«

Und dann denkt Jan noch einmal zurück an den Beginn der Serie und wie seine Marion erst einmal gar nicht begeistert war von diesem Brakelmann. »Frauen wollen ja, dass du den Helden spielst, und das war ich im *Großstadtrevier.* Und dann bin ich auf einmal so ein Dussel, der da rumläuft wie der letzte Heiopei. Das fand sie am Anfang nicht lustig.«

Damals ermunterte Marion ihn, den Brakelmann anders zu spielen, kerniger und ernster. »Da sagte ich Marion: ›Nee. Das geht nicht. Das spiele ich so.‹ Und so ist *Büttenwarder* entstanden. Auch aus dem tiefen Verständnis des Bäuerlichen, was Peter und ich beide besitzen.«

Jan erzählt vom Vater seines realen Hofnachbarn in Schleswig-Holstein. »Der hat nur zweimal im Leben das Dorf verlassen und war zweimal in Hamburg. Das waren seine Reisen. Und die anderen Nachbarn waren noch nie auf Mallorca, waren noch nie auf Teneriffa, die waren noch nie in Spanien, die waren auch noch nicht in England, die waren noch gar nichts. Die jetzige Generation, die macht es. Auch deswegen gibt's ja dieses riesige Bauernhofsterben. Keines von den Kindern bei uns will den Hof von den Eltern übernehmen. Keines!«

Manchmal kommen ein paar von den Nachbarn vorbei, wenn Jan auf seinem Hof ist am Wochenende. Geredet wird dann nicht allzu viel. »Marion war letztens mal mit dabei, die ist fast verrückt geworden. Ich sitze dann da mit meinem Nachbarbauern auf der Terrasse, und dann gucken wir so aufs Feld und sagen eine Minute – eine Minute ist lange – nichts. Und nach einer Minute kommt dann: ›Joa.‹ Und dann kommt wieder vom anderen: ›Joa.‹ Und das musst du können.«

»Nach zwei, drei Minuten sagst du irgendwann: ›Puh. Willst du noch een?‹ – ›Joa, een können wir noch.‹ – ›Kalt oder nich so kalt?‹ – ›Nich so kalt. Geh holn.‹ Und dann sitzen wir hier. ›Danke.‹ – ›Bitte.‹ Dann sagst du wieder zwei Minuten nichts. Das ist da einfach so. Dass man da lange sitzt im Norden und nichts sagt, und man guckt so in die Natur, und man versteht sich trotzdem.«

Oft unterhält sich Jan auch mit den Komparsen am Filmset. »Alles Leute, die da wohnen, die echt sind, und die auch untereinander Platt schnacken. Und die erzählen mir von ihren Problemen. Dass der Milchpreis zu niedrig ist, dass das alles nichts mehr bringt. Und das ist ja auch oft so. Der Milchpreis ist so in' Keller gegangen, dass die fast nicht mehr überleben können. Ich wundere mich manchmal, wie sie es schaffen. Wie sie es immer wieder schaffen. Die kaufen sich trotzdem einen neuen Stall, in den die Tiere selbst zum Melken gehen und alles automatisch läuft. Die verschulden sich wie beknackt, so ein Stall kostet hundertfünfzigtausend Euro! So, und jetzt kommt ein heißer Sommer, und es gibt kein Gras. Wo sollen die jetzt da Silofutter herkriegen? Die müssen alle zukaufen. Wo soll das aber herkommen, wenn es in ganz Deutschland gar keins gibt? Und dann geht dir natürlich genau bei der Ernte der Trecker in den Arsch oder der Mähdrescher. Ich bewundere das schon, Bauer zu sein.«

Lieben so viele Norddeutsche *Neues aus Büttenwarder*, weil sie sich mit einem Lächeln und Augenzwinkern wiedererkennen? »Ja, die sagen: So ist das. Und wir spielen das ja auch, so wie es ist. Und das erkennen die an. Aber ein bisschen liegt es auch daran, dass wir das Plattdeutsche pflegen. Schon vor zwanzig, dreißig Jahren haben manche Bauern Hochdeutsch gesprochen mit ihren Kindern, weil die sonst in der Schule aufgefallen wären mit dem Plattdeutsch. Dadurch wären sie ja als Bauernkinder erkenntlich gewesen. Und auf einmal fiel es dem Kultusministerium wieder ein – vor zehn, fünfzehn Jahren –, Plattdeutsch wieder als Sprachfach zu nehmen. Jetzt war das aber so, dass sie keine Lehrer mehr gefunden haben, die Plattdeutsch konnten. Inzwischen hat sich das alles wieder verbessert.«

Weil es ungefähr fünfhundert verschiedene Platts in Norddeutschland gibt, haben die Macher von *Büttenwarder* zwei Ex-Dramaturgen vom Ohnsorg-Theater eingestellt, die aus allem Mischmasch ein Plattdeutsch zusammengeschrieben haben, von dem sie glauben, dass es alle Norddeutschen gut verstehen und annehmen. Genau das benutzen die Darsteller nun in manchen Dialogen der Originalfolgen und vor allem in den extra auf Plattdeutsch synchronisierten Spezialfolgen der Serie. Und so kommt es, dass Jans Hamburger Platt mit dem Kappelner Platt von Peter Heinrich Brix harmoniert. Diese Mischform klingt dann in etwa so: »Sach mal, bis du nich ganz dicht oder wääs?«

# Jan über seine Hamburger

»Früher bin ich ja noch gern auf St. Pauli unterwegs gewesen. Gern in Richtung Ritze. Da waren meine Bekannten und Freunde, da war es gemütlich. So richtig voran kam ich damals aber nicht auf der Meile, weil die meisten Leute mich erkannten und mich umarmen wollten. Gab aber auch einige, die schon angesoffen waren und sich profilieren wollten. Die sagten: ›Na, Fedder, du Arsch! Was willst du denn hier?‹ Das kannst du nicht ändern, und das wird auch immer so sein. Ich bin aber heute nicht mehr so viel in der Öffentlichkeit. Heute ist das ja auch alles anstrengend, wenn man rausgeht, mit dem Sabbeln und mit dem Immer-wieder-Sabbeln.

Ich weiß aber, dass ich auch eine absolute Verantwortung trage als norddeutscher Volksschauspieler. Sogar bundesweit. Die höchsten Einschaltquoten im *Großstadtrevier* haben wir in Süddeutschland. Von den ganzen Leuten, die dahin gezogen sind. Die gucken uns aus lauter Sehnsucht. Ich sage auch immer beim *Großstadtrevier*-Dreh: ›Wir spielen nicht die Hauptrolle. Sondern die Hauptrolle spielt *immer* die Freie und Hansestadt Hamburg.‹

Meine Lieblingsorte in Hamburg, das sind der alte Elbtunnel, das Chilehaus und alle alten Bauten. Ich bin schwerstens enttäuscht über die architektonische Entwicklung Hamburgs. Weil sich da Architekten austoben … Selbst da, wo unsere Kneipe stand. Das Haus von Gruner +

Jahr unten am Baumwall ist fürchterlich. Das alte wunderschöne Hamburg, das liebe ich über alles. Auch Barmbek, diese alten rot geklinkerten Häuserzeilen. Ich wohne ja auch in einem rot geklinkerten Mietshaus.

Und am liebsten treffe ich Menschen, die so alt wie diese Häuser sind, halt echte alte Hamburger. Als ich 2019 im Altonaer Krankenhaus war wegen irgendeinem Bruch wieder mal – da kommt einer rein, ein alter Hamburger. Also jetzt jünger als ich. Die sind ja alle jünger als ich. Erst mal ging die Tür auf, er guckt, Tür geht wieder zu. Das war morgens um acht, neun. Um elf ging die Tür wieder auf, kommt derselbe rein. Ich frag ihn: ›Wat sollte das denn?‹ Sagt er: ›Ich wollte dich vorhin nicht stören beim Schlafen.‹ Ich sage: ›Das ist ja lieb. Wat hast'n vor?‹ – ›Bin Haustechniker hier. Muss hier die Lüftungsklappe …‹ Und dann war der da am Schrauben und hat die Lüftung sauber gemacht von der Klimaanlage. Ich sage: ›Jo, und was hast du vorher gemacht?‹ – ›Jo, ich war auf der Tanke. Ich war Tanker, und dann ist das verkauft worden, und ich wollte Hamburg nicht verlassen. Da kannst du mir anbieten auf der Welt, was du willst, aber ich werde Hamburg nie verlassen.‹ Deswegen hat er extra umgeschult, um nicht fortziehen zu müssen. Ich sage: ›Guck mal, ich auch nicht. Wir hauen doch nicht ab. Wir lassen doch unser Hamburg nicht alleine.‹ – ›Nee, lassen wir auch nicht.‹ Und dann ging er raus so langsam – sagt er: ›Jan, es war mir eine ganz große Ehre, dich einmal persönlich kennenzulernen.‹

Im selben Krankenhaus hatte ich eine, die Essen austeilte, die sagte: ›Sie sehen aus wie Jan Fedder!‹ Ich sage: ›Ja, manchmal sagen das einige.‹ – ›Oder sind Sie Jan Fedder?‹ Da fiel ihr alles aus dem Gesicht. Und sie schob dann den

Essenswagen wieder raus und sagte: ›Herr Fedder, es war mir eine meiner größten Ehren, Sie bedienen zu dürfen.‹ So sind die Leute zu mir. Also die meisten.

Ansonsten fehlen solche Typen. Einfach Typen. Fressen. Gesichter. Stimmen. Ich habe immer das Gefühl, die Jungen haben alle den gleichen Friseur, die haben alle den gleichen Sprachduktus, die haben alle die gleiche Höhe, und die haben alle die gleiche Bildung. Es gibt keine Exzentriker mehr. Es gibt keine Leute, die brechen. Und wenn, dann ist es G-20. Übrigens: Alle sind abgehauen beim G-20, alle! Alle meine Freunde waren weg. Haben Hamburg verlassen. Nur einer sitzt im Rollstuhl auf St. Pauli, mitten im Krisengebiet – aber volles Programm! –, und kommt nicht weg! Einmal – ich weiß nicht, am zweiten Tag oder am dritten – kamen die Wasserwerfer. Und plötzlich stehen zweihundert, dreihundert Demonstranten unter meinem Balkon. Da habe ich gedacht: ›Oh Gott, wenn die dich jetzt erkennen, dann hast du aber die Arschkarte! Ich bin ja für die praktisch der Bulle.‹ Es gab mal T-Shirts mit dem Aufdruck: ›All Cops are Bastards‹ – und meinem Gesicht. Ich hätte gern so eins gekauft. Aber es gibt keins mehr.

Eine echte Type, das war auch mein Vorbild Helmut Schmidt. Aber ich mochte auch Ole von Beust als Bürgermeister. Ich hab ihn mal eingeladen zu meinem Geburtstag. Und er kam wirklich. Ist dafür extra früh vom Presseball abgehauen. Meine Mutter ist fast in Ohnmacht gefallen. Und die anderen auch. Der ist schön eine Stunde dageblieben, hat drei oder vier Bier getrunken. Mit dem kann man sich ganz gut unterhalten. Wäre der etwas länger im Amt geblieben, wäre ich bestimmt Ehrenbürger geworden. Mit Olaf Scholz bin ich auch wenigstens halb und halb warm geworden, aber jetzt gar nicht mehr. Aber Ehrenbürger möchte ich immer noch werden! Und zwar vor Udo Lindenberg. Bei aller Liebe zu Udo: der ist Gronauer. Ich bin ein Hamburger Jung! «

# Auf dem Dach

» Früher zu Silvester, als ich so um die zwanzig war, bin ich auf den Boden gegangen von der Schilleroper, wo wir damals schon wohnten. Dort ganz nach oben, mit ner Jolle Asti – so ein Billig-Italienersekt – und mit einem Joint. Dann bin ich durch die Luke rauf aufs Dach. Um mich herum knallte und leuchtete alles. Und ich habe ein schönes Lied gesungen. Und dann habe ich geweint. So habe ich immer das neue Jahr begrüßt.

Ich hab mich aufs Dach gesetzt und innerlich so ein großes Buch aufgeschlagen: ›Jan Fedder‹ stand da drauf – so in rotem Samt. Was hat der alles schon erlebt? Was durfte der schon für Abenteuer erleben? Und habe mir mein eigenes Leben praktisch vorgelesen, imaginär. Und habe dann gesagt: ›Warum willst du irgendwie sagen, dir geht es dreckig? Dir geht es schlecht? Es geht dir nicht schlecht! Bei dem, was du alles schon erlebt hast.‹ «

# Sein Zuhause auf St. Pauli

Jans Rückzugsort ist seine Wohnung auf St. Pauli, seine Burg. Ihn dort zu besuchen und das, was man dort sieht und erlebt, aufzuschreiben – auch das ist eine Premiere wie schon der Besuch auf seinem Hof. Schließlich handelt es sich um seine beiden Herzkammern.

Es scheint so, als hätte Fedder für fast alles, was er an Erinnerungen, Gefühlen und Erlebnissen in seinem Gemüt beherbergt, einen Gegenstand gesucht im Leben, um sich immer an ihn erinnern zu können – und dann hat er diesen auch gefunden. Und ihm einen Platz zugewiesen in seinen beiden Reichen. Als Künstler und Lebenskünstler weiß er, dass jedes Leben nur aus Augenblicken besteht. Aus Momenten, die vergehen. Aus Illusionen auch. Denn als Schauspieler ist er Illusionist.

Vielleicht hat er in seinen vier Wänden gerade deswegen diese Gegenwelten aufgebaut. Weil er die vielen Tausend Momente, die er ja mit erschaffen hat, doch irgendwie festhalten will. Weil er etwas Unmögliches ermöglichen will: den Augenblick, den schönen, verweilen zu lassen. Weil er der Vergänglichkeit seine ganz eigene Ewigkeit entgegenstellen will.

Fedder umgibt sich mit Andenken. Dazu neigen viele Menschen.

Doch Fedder lässt ganze Armeen von Andenken aufmarschieren in seinen Regalen. Lauter Souvenirs seiner

Lebensreise. Jedes einzelne mag Fedder nicht nur gern, er liebt es. Er hängt an diesen Dingen.

Dieser Mann lebt auch in seiner Wohnung allein. So hat er das immer gewollt. Aber umgeben, ja umstellt und umzingelt ist er dort von Zeugen seines Lebens. Man darf nicht zu hastig durch die Räume gehen, denn überall steht etwas, das man umreißen könnte. Vielmehr bewegt sich der Gast wie durch einen Porzellanladen.

Keine Spur von all diesem liebevoll ausstaffierten Innenleben verliert sich nach draußen. Dass in diesem Mietshaus einer der größten Filmstars Deutschlands wohnt, merkt kein Mensch. Hier ist dieser Star ein Volksschauspieler im ultimativ geerdeten Sinne.

Und dann läutet man bei ihm. Es dauert ein wenig, bis er mit seinem Rollstuhl zum Türdrücker gerollt ist und seine Stimme durch die Sprechanlage knistern lässt: »Naa?«, fragt sie erst mal ganz tief und brummend, um dann loszuschmettern: »Jo, komm man hoch!« Fedder ruft so kernig in die Anlage, dass seine Stimme durch das Erdgeschoss des Mietshauses hallt.

Oben angekommen, empfängt er einen in seinem Flur – der eigentlich kein Flur ist, sondern sein mit Hunderten von Fotos tapezierter Werdegang. Und das im doppelten Wortsinn. Eine Art Schnelldurchlauf seines Lebens. Es heißt ja, dass der Mensch, wenn er stirbt, noch einmal sein Leben wie einen Film sieht, der vor seinem inneren Auge abläuft. Jan muss für diesen Film nicht sterben. Er muss nur in seinem Flur die Wände hinaufschauen. Von der Fußbodenleiste bis zur Decke hat er versucht, alle wichtigen Stationen seiner Karriere festzuhalten. Es sind Augenblicke aus seiner Zeit am Klecks-Theater und in Esslingen.

Natürlich auch wundervolle Blicke hinter die Kulissen der Dreharbeiten zum *Boot.* Und dann schon bald seine Lebensschritte in der Polizeiuniform des *Großstadtrevier.* Und alle hat er sorgfältig eingerahmt. Ausgerechnet er, der Rahmensprenger, der das Maßlose und Grenzenlose so liebt. Und dann hat er diese eingerahmten Momente auch noch festgenagelt. Schon wieder ausgerechnet er! Dieser Typ, der sich nie festnageln ließ und lässt.

Der Boden ist aus meeresblauem Teppich; wie könnte es anders sein. Er durchströmt die ganze Wohnung mit seinem Blau. Der Flur ist fensterlos und von kleinen Scheinwerfern selbstverständlich ins rechte Licht gerückt. Wie überhaupt die ganze Fedder-Wohnung von zahlreichen Lämpchen in warme Lichter getaucht wird. Wie in einer guten Kneipe leuchtet es überall leicht schummrig und funzelnd und stets indirekt. Das Ganze gipfelt in einem alten Steuerrad, das im Wohnzimmer als Kronleuchter dient und das Jan mit grünen, blauen, gelben und roten Glühbirnen ausstaffiert hat.

Von der ersten Tür links vom Flur geht es in sein Kinder- und Jugendzimmer. Hier hinein zog er als kleiner Junge, der über der Hafenkneipe aus Holz geboren worden war und dem seine Eltern etwas Besseres bieten wollten. Und wie es sich gehört für ein Kinderzimmer hat Fedder seine liebsten Gegenstände von damals darin verwahrt und liebevoll in Szene gesetzt. Da reihen sich die Blechautos schön poliert neben den Pferdchen und Indianern und Cowboys. Da steht ein Puppenhaus neben seiner ersten Bühne, die er als Kind aus Pappe gefertigt hatte. Der Peter Pan namens Jan hat sich sein Nimmerland für immer erhalten.

Da ist aber auch ein Teil seiner Very-best-of-Sammlung mit Stücken, auf die er besonders stolz ist. Deswegen liegen die auch in einer beleuchteten Glasvitrine: Allen vorweg ist da die Mütze von Helmut Schmidt, die er dem Altkanzler abgeluchst hat.

Daneben steht jener von Schmidt benutzte Aschenbecher – samt Inhalt –, den Fedder reliquienartig in eine kleine Plastiktüte geschweißt hat. Dann folgt eine Mütze von Siegfried Lenz und dann ein Boxhandschuh, den ihm Henry Maske geschenkt hatte, und eine Boxershorts von Tim Mälzer. »Weil jeder etwas wirklich Besonderes von sich geben muss«, lächelt Fedder. Oder halt etwas Verrücktes. Deswegen liegt auch eine Unterhose des kurios-abscheulichen Diktators Idi Amin neben einem Anschreiben von Queen Elisabeth in einer diskreten Ecke der Sammlung, selbstverständlich nicht zu nah an der heiligen Schmidt-Mütze. Ebenfalls mit gebührendem Abstand hat das Haarteil vom großen Curd Jürgens aus dem *Schinderhannes* seinen Ehrenplatz gefunden.

Gegenüber hat Erwin Ross, der »Rubens der Reeperbahn«, die beiden Helden St. Paulis in Öl im Großformat gemalt: Hans Albers, imaginär Arm in Arm mit Jan Fedder. Vor sämtlichen Showbars auf dem Kiez hängen die skurril gemalten Bilder von Erwin Ross. Jan kaufte ihm damals die restlichen Bilder ab, als Ross in Geldnot war.

Nebenan ist das Schlafzimmer. In seinen Träumen geht Jan auf fantastische Reisen. Er liebt es zu träumen. »Wenn ich schlafe, verlasse ich Welten. Es ist so wunderschön, was ich in meinen Träumen erlebe«, sagt er. Denn in ihnen fühlt er sich schwerelos.

Im Wohnzimmer verbergen Jalousien die Fenster, wie

in allen anderen Räumen. Nur ein kleines bisschen lässt der Bewohner das Tageslicht durch die Lamellen zu sich in seine Abgeschiedenheit. Er sagt, das sei wegen der Paparazzi, die in der Tat häufig vor seiner Wohnung entweder in Büschen oder ihren Autos auf den Schuss lauern. Es versetzt Jan in Unruhe, wenn er in seiner eigenen Wohnung, die ihn doch schützen und ihm das Gefühl von Geborgenheit geben soll, nicht zu nah an die Fenster kommen kann, ohne ins Visier genommen zu werden. Deswegen lässt er lieber das Licht seiner vielen Dutzend Stehlämpchen auch tagsüber brennen und den Tag draußen vor den Lamellen.

Es scheint wie eine bittere Ironie seines Lebens. Dass ausgerechnet ein Mann, der das Rampenlicht so liebt und ausfüllt mit seinem Spiel, in seinem Zuhause von Blitzlichtern bedroht wird. Dass einem, der in der Öffentlichkeit so geliebt wird, kein Zufluchtsort gewährt wird vor ein paar berufsverfehlten Reportern.

Doch was auch geschieht. Er wird schon immer wieder auftauchen. Und klagen würde Fedder nie über diese Belästigung. Seine Klage ist stumm. Es sind die verhangenen Fenster, die klagen.

Dahinter hat der Bewohner nichts anderes als jenen Ort in sein Wohnzimmer geholt, aus dem er stammt. Er hat das Wohnzimmer geflutet mit Hafenimpressionen. Mit Ölschinken von den Pötten, auf denen sein Großvater gefahren ist oder denen er als Kind noch fernwehsüchtig hinterhergeschaut hat. Über allen beugt sich eine kleine Messinglampe, die ein warmes Licht auf die Gemälde wirft, das bei den dicken Pinselstrichen kleine Schatten auf den Leinwänden hinterlässt.

Ein großer Flachbildfernseher ragt unter einem der

Ozeanriesen aus Öl hervor. Neben den erwähnten alten Dokus schaut Fedder am liebsten Magazin- und Nachrichtensendungen. Wenig deutsche Filme. Er ist einer dieser Übriggebliebenen, die man niemals von 20 bis 20.15 Uhr anrufen sollte, weil ihm die *Tagesschau* bis heute heilig geblieben ist. Auch ein bisschen, weil sie ja nicht nur hier, in seiner Stadt produziert wird, sondern ein Teil Hamburgs ist wie er selbst.

Das Bad ist besetzt von Selbstironie und Witz. Rund um die Kacheln Bierwerbung auf Fünfziger-Jahre-Blechschildern, ein paar Kneipensprüche und als Höhepunkt nicht bloß *eine* Klorolle, nein, es sind siebenundzwanzig. Allesamt mit hübsch honiggelbem Klopapier bestückt. Denn Kunst, so erklärt es der Meister, entsteht aus Wiederholung einer Sache. Eine Klorolle allein ist profan, siebenundzwanzig über- und nebeneinander könnten was für die nächste documenta sein.

Die Küche ist solch eine, wie man sie bei einem ledigen Hafenarbeiter, nicht aber bei einem Promi erwartet hätte. Winzig, ordentlich und gefüllt mit Gewürzen, Dosen und Tütengerichten. Neben Ravioli isst Fedder am liebsten Kartoffeln mit Nudeln und darüber braune Maggi-Soße.

Auf der Küchenfensterbank steht ein Kreuz aus Stahl, mit lauter LED-Dioden. Drückt Jan auf einen Knopf, beginnt es zu funkeln. Ganz so wie eines dieser Motive, die zu Weihnachten hektisch aus den Fenstern blinken. »Neulich hab ich es mal einen Tag lang leuchten lassen und mich davorgesetzt und gebetet«, sagt er jetzt. Wieso? War was Besonderes passiert? »Och nee, da dachte ich bloß: ›Gestern war so ein schöner Tag, da wird es wieder mal Zeit, dich zu bedanken.‹«

Es kommt nicht von ungefähr, dass er ein Kreuz in der Küche stehen hat. Denn Gott ist bei ihm eine Art Lebensmittel. Wie selbstverständlich gehört er dazu zu seinem Leben. Gleich neben Salz und Pfeffer und Miracoli.

Es hat lange gedauert, bis Jan darüber sprechen wollte, wie er sich seinen Herrn so vorstellt. »Das ist für mich immer noch dieser alte Mann mit Rauschebart im Himmel, ganz so, wie er in meinen alten Bilderbüchern vorkam«, sagt er zum Ende unserer Gespräche. »Und er ist ein gütiger älterer Herr. Vielleicht habe ich mir diesen Kinderglauben bewahrt, weil ich so früh anfing; mit fünf im Kinderchor im Michel.«

Würde er jetzt, ganz so wie früher, auf das Dach des Mietshauses steigen, er könnte den Michel sehen. Muss er aber nicht. Dass er in der Nähe ist, nahe bei ihm, das reicht ihm.

# Traumschiff

»Ich hab Wolfgang Rademann, den Macher des *Traumschiffs*, geliebt. Er wollte mich ja auch als Kapitän. Als Nachfolger von Siegfried Rauch. Und weil ich abgesagt habe, hat Sascha Hehn die Rolle gekriegt. Das hab ich bisher immer für mich behalten.

Ein Freund rief mich damals an und sagte: ›Radi ist in der Stadt und würde dich gerne mal sprechen.‹ Ich sage: ›Ja, ist gut. Kein Problem. Treffen wir uns morgen im Hotel Atlantic.‹ Schön im Raucherraum, da wo Udo auch immer sitzt. War herrlich ruhig. Schön alleine. Und dann sagte Radi: ›Pass auf, es ist Folgendes. Sigi wird ja jetzt immer älter. Und ich brauche einen neuen Kapitän.‹ Und Sigi Rauch war ja noch der Traumschiffkapitän. Lebte ja noch. Spielte auch noch. Jetzt hatte ich aber schon die ersten Lenz-Filme gedreht. Meine ersten Charakterfilme. Und dachte mit Grausen zurück, dass die Hosen scheiße sitzen, dass die Dialoge von ner Klippschule sind … Ich war ja vorher dreimal auf dem *Traumschiff* dabei, hab ich auch super gerne gemacht. Top Typen dabei. Top Schauspieler. Früher jedenfalls.

Und dann habe ich noch eine letzte Folge gesehen, mit Marion auf Ibiza. Ich zu ihr: ›Marion, ich muss dir jetzt was sagen.‹ – ›Ja, was ist?‹ Ich sage: ›Wir beide haben jetzt eben gerade das *Traumschiff* gesehen, und du weißt ja, wie gerne ich da mitgemacht habe, und da sind auch so prima

Kollegen, und die Mannschaft ist super, und das ist alles toll. Aber es wird keine Reise mit dem Traumschiff mehr geben.‹ Ich hatte ja einen Freischein an Bord. Ich durfte da alles, hatte meine Bar für mich und meinen Stammplatz. Besser ging es gar nicht ... Und trotzdem habe ich dann zu Radi gesagt: ›Ich kann das nicht mehr. Ich kann das nicht mehr spielen.‹ Weil ich doch mit den Lenz-Geschichten die Latte höher gelegt hatte. Ich war doch jetzt ein Charakter.

Rademann war nicht richtig böse, aber enttäuscht schon. ›Du warst meine Idealbesetzung‹, sagte er. ›Und du hast noch nicht mal die Mütze aufprobiert ...‹ Er hat immer erst den Schauspielern die Kapitänsmütze aufgesetzt, um zu sehen, ob sie ein Mützengesicht haben. Wollte ich eh nicht ... ich trag ja auch nie eine beim *Großstadtrevier.* «

# Gekrönt von Siegfried Lenz

Es gibt einen Traum, den fast alle Volksschauspieler träumen. Oft lebenslang und oft vergeblich. Nur wenigen gelingt es, diesen Traum einmal zu leben. Sie träumen davon, eine echte Charakterrolle zu spielen, ganz so, wie sie das meistens schon wollten, als sie begannen an irgendeinem Stadttheater.

Harald Juhnke wollte das unbedingt, und er erfüllte sich diese Sehnsucht gegen Ende seines Lebens, als er den *Trinker* von Fallada meisterhaft verkörperte. Heinz Rühmann gelang dieser Sprung, als er erst im Theater die hoch ambitionierte Rolle in *Der Hausmeister* von Harold Pinter spielte und als letzten Film seines Lebens in Wim Wenders *In weiter Ferne, so nah!* brillierte. Und sogar Willy Millowitsch fühlte sich angekommen und glücklich, als er im Greisenalter der ernste Kommissar Klefisch sein durfte.

Jan träumte von diesem Aufstieg gar nicht mal, er passierte ihm einfach. Was ja ein noch größeres Geschenk – und vor allem –, noch cooler ist. Weil er so stark spielte in seinen volkstümlichen Rollen, wurden die Herren aus der öffentlich-rechtlichen Kunstabteilung von selbst auf ihn aufmerksam und engagierten ihn fürs ernste Fach. Sie wollten ihn, um die Romane eines der bedeutendsten Literaten der Bundesrepublik zu verfilmen. Jene von Siegfried Lenz, Träger des Friedenspreises des Deutschen Buchhandels, der *Deutschstunde* schrieb, eines der wichtigsten

Bücher der Nachkriegszeit. Und so wurde aus dem Kerl, der alles Mögliche spielen konnte, auf einmal ein literarisch gewichtiger Charakter-Star.

Typisch für ihn, dass er diesen Triumph nicht öffentlich auskostete. Sogar bei einer dieser herrlichen Selbstbeweihräucherungs-Shows verblüffte er die versammelte Branche, als er 2006 den Deutschen Fernsehpreis für seinen Lenz-Film *Der Mann im Strom* bekam. Ihm wurde damit höchst offiziell bescheinigt, dass er die Liga gewechselt hatte. Dass er vom Mittelfeld der Bundesliga aufgestiegen war in die Champions-League-Ränge. Und was antwortet der Ausgezeichnete da, als er im Smoking auf die Bühne tritt zur Dankesrede? »Mach einfach mal vier Wochen ein anderes Gesicht, und dann Alter, das ist kein Scheiß, kriegst du dafür den Deutschen Fernsehpreis.«

Jeder andere von Jans Kollegen wäre bei seiner Dankesrede entweder von sich selber ergriffen gewesen oder hätte sich bei seiner Mutter bedankt oder hätte sich etwas Kunstsinniges ausgedacht, passend zum Lenz-Thema. Fedder aber bringt einen selbstironischen Schüttelreim.

Dabei weiß er natürlich, dass dieses »andere Gesicht«, das er in den Lenz-Filmen dargeboten hatte, seine große Kunst ist. Aber das behält ein Hamburger nun mal für sich. Und ein Jan macht daraus auch noch einen Spruch.

Siegfried Lenz hatte geliebt, wie Jan seine literarischen Helden auf den Bildschirm brachte. Wie er ihnen Leben schenkte und Gestalt verlieh. Was höchst selten ist bei Schriftstellern, die Verfilmungen ihrer Bücher sehen. Fast alle hadern oder verfluchen sie. Nicht so Lenz. Er bescheinigte Fedder nicht nur, dass er einen wie ihn immer vor Augen gehabt hatte, als er seine Helden entwarf. Einen wie ihn, der ihnen so viel Charakter einhaucht. Gegen Ende seines Lebens sagte er über »seinen« Jan sogar, dass er ihn immer im Sinn haben werde bei allem, was er künftig noch schriebe.

Und so hat Jan gleich noch ein paar Lenz-Filme gedreht: *Das Feuerschiff, Die Auflehnung* und *Arnes Nachlass.* Vor allem Ersteres und *Der Mann im Strom* sollte man gesehen haben. Wie sich Fedder als Jan Hinrichs in *Der Mann im Strom* als alternder Bergungstaucher für jünger ausgibt, um eine letzte Chance zu ergattern, das wird sonderbar leise, nach innen gekehrt und dennoch gewaltig gespielt von Fedder und geht so tief ins Gemüt.

Genau damit trifft er den Nerv von Lenz' Stoffen. Der berühmte Autor und Kritiker Hans Hellmut Kirst schrieb einmal über *Der Mann im Strom:* »Es ist ein Roman ohne Pathos, ohne Aufschrei. Diese völlig effektlos wirkende Kunst des Erzählens, dieses betont distanzierte Untertreiben jeglicher Dramatik, diese souveräne Stille, das alles verleiht dem Buch eine geradezu unheimliche, leise Kraft.« Wer sonst außer Jan hätte diese Rolle also genauso souverän still und leise kraftvoll spielen können?

Ähnlich tat er das im *Feuerschiff:* Da personifiziert er als Kapitän Freytag jene legendäre Zuverlässigkeit und jenen Mythos dieses Berufes. Sein Schiff ist der schwimmende Leuchtturm für die ein- und auslaufenden Schiffe. Es ist am Meeresgrund fest verankert, und seine unveränderliche Position ist das Symbol schlechthin für die Sicherheit auf See. Und nun wird dieses Schiff gekapert von flüchtenden Gangstern (angeführt von Axel Milberg, der den Ganoven-Boss Caspary spielt), die vom Kapitän verlangen, seine Position zu verlassen. Der weigert sich, und alles droht aus dem Lot zu geraten. Denn die Mannschaft ist sich immer mehr uneins darüber, wie man dieser Gewalt begegnen soll. Der Kapitän aber bleibt ruhig – was ihm als Feigheit vorgeworfen wird. Dabei bleibt er in Wahrheit unverbrüchlich und standhaft.

Besonnen, bedächtig erfüllt Jan diese Rolle. Wieder spielt er ohne falsches Pathos. Ganz so, wie es Lenz wollte. Er ist ganz und gar der Mensch Freytag, nicht der Superheld, und wirkt gerade deswegen überzeugend in dieser Parabel über Widerstand und Verantwortung. Wie verwittert und verknittert Fedders Gesichtszüge diesem Filmcharakter Profil geben, ist von einer Größe, die er vielleicht selbst in keiner anderen Rolle je übertraf. Vielleicht hat er im *Feuerschiff* die Rolle seines Lebens gegeben. Deswegen ist er auch auf dem Titelbild dieses Buchs in dieser Rolle zu sehen.

Die Treffen und die Nähe zu Siegfried Lenz, das ist schnell spürbar, waren für Jan Ausnahmebegegnungen. So eilfertig er über andere Menschen erzählt und mit Anekdoten über sie aufwartet, so vorsichtig erzählt er über seine Erlebnisse mit dem Schriftsteller.

Eines Tages während unserer langen Gespräche bringe ich deswegen meinen Laptop mit, um ihm ein Video zu zeigen: Helmut Schmidts Trauerrede auf seinen Freund Siegfried Lenz in Jans geliebtem Hamburger Michel. Lenz und Schmidt hatten einander versprochen, dass der jeweils Überlebende dem anderen die letzten Worte zurufen soll.

Nun sitzen wir also vorm Laptop, und Jan versinkt in den Worten Helmut Schmidts über Siegfried Lenz. Zwei Männer, die Jan so bewundert wie kaum einen dritten.

Schmidt sagte damals im Michel: »Mit dem Tod von Siegfried Lenz ist für mich eine Freundschaft an ihr Ende gegangen, die gut ein halbes Jahrhundert gedauert und mich immer wieder bereichert hat. … Für Loki und für mich war Siegfried Lenz der Ombudsmann des menschlichen Anstands. Bei alledem war Sigi immer ein großartiger Geschichtenerzähler.« Und dann schwenkt die Kamera im Michel in die Reihen der Besucher und auch auf Jan Fedder im schwarzen Anzug und schwarzen Hemd. Schmidt spricht: »Über die Fülle seiner genialen Einfälle, auf denen seine Romane beruhen, habe ich gestaunt. Er hat seinen Lesern ein Mosaik unserer Epoche präsentiert. Er hat damit zum geistigen Aufbau Deutschlands beigetragen. Zugleich hat er mit seiner Imagination und seiner Präzision den Deutschen einen bedeutenden literarischen Schatz hinterlassen.«

»Ja, er spricht mir aus der Seele«, sagt Jan nun. »Alles, was Schmidt da sagt, ist völlig richtig. Siegfried Lenz war für mich so etwas wie der deutsche Dalai Lama. Weil er eine unglaubliche Aura um sich hatte.«

Was ihn so inspiriert hat an Lenz' Romanen? »Bei Sigi liest du nur den Anfang von irgendeinem Buch, in dem er zwanzig Seiten lang die Stimmung erklärt. Wie es roch. Wie es aussah. ›Zerborstene Metallteile ragten in die Luft. Das Wasser roch faulig, und aufgeschwemmte Gedärme schwammen noch herum …‹ Alleine da auf diesen zwanzig Seiten ist überhaupt noch nichts passiert. Er beschreibt nur, wie das da aussieht. Die Szenerie«, sagt er und schaut aus dem Fenster hinaus in den Wintertag. »Ich lese das Buch nur einmal, manchmal sogar nicht mal zu Ende, aber bei Sigi weiß ich immer, worum es ihm geht. Und dann kommt der Bauch. Und der Bauch bestimmt bei mir, wie ich es dann mache und spiele. Und da spiele ich dieses ganze geborstene Metall und das ölige brackige Wasser gleich mit …«

Nur zu gerne hätte er ein Andenken von ihm erworben. Noch heute fuchst es ihn, dass Lenz' Witwe fast den kompletten Nachlass in irgendeiner Schule in Dänemark versteigern ließ, ohne dass Jan davon erfahren hatte. »Ich hätte ein Vermögen bezahlt für sein Pfeifenset! Das ist für fünfzehn Euro weggegangen! Fünfzehn Euro! Seine vier Pfeifen im Set! Und seine Füllfederhalter, mit denen er geschrieben hat, sind für acht Euro verramscht worden! Diese ganze Versteigerung hat eintausendfünfhundert Euro gebracht! Nicht zu fassen! Das allein schon hätte ich für das Pfeifenset bezahlt …«

Dabei hatte er bei seinem letzten Treffen mit Lenz noch zu ihm gesagt: »›Sigi, für mein Museum brauche ich irgendwas von dir.‹ Und er antwortete: ›Ja, in meinem Haus in Hamburg habe ich so viele alte Sachen … Den einen Tisch kannst du haben, die Anrichte. Also alles, was auf dem Flur steht oder auch vieles aus dem Wohnzimmer, das kriegst du von mir.‹ Habe ich dann natürlich nie mehr gesehen. Konnte ja schlecht zur Witwe hingehen und sagen: ›Wir haben damals abgemacht, dass ich irgendwas von Sigi kriege.‹ Darum wäre ich ja lieber auf diese Versteigerung gegangen. Das habe ich aber erst zu spät gelesen. Und dann habe ich das auch noch im Fernsehen ansehen müssen. Da waren Typen auf der Versteigerung, solche peinlichen Leute, die würd ich nie zu mir einladen. Und die kaufen die Sachen von meinem Sigi! Für einen Pissgroschen! Der war doch so was wie ein Großvater für mich. Solch ein gütiger Mensch. Mit ihm konnte ich über alles reden. Das war unbeschreiblich.«

Und dann erinnert er sich noch einmal, wie er ihm das erste Mal begegnete, in der Handelskammer in Hamburg: »Schönen guten Tag, Herr Lenz. Mein Name ist Jan Fedder. Und ich werde jetzt demnächst Ihre Bücher verfilmen … Ich wollte Sie fragen, ob Sie damit einverstanden wären. Und dann würde ich liebend gerne mit Ihnen einen Gin Tonic trinken, das ist nämlich mein Getränk …« Und da antwortete er: »Jawohl, das machen wir.«

Und dann tranken die beiden zusammen und rauchten auch kräftig. Lenz seine Pfeife, Jan seine Zigaretten. »Und dabei haben wir uns nicht nur kennengelernt – so haben wir uns *lieben* gelernt. Das kann man gar nicht erklären. Und das habe ich auch sonst nur mit meinen Freunden Joerg und Uwe erlebt … Mit Sigi brauchte ich kaum zu reden, das war einfach da.«

Was hätte Fedder wohl noch alles an Charakterrollen à la Lenz drehen können, wenn sein Körper ihn getragen, ja weiter ausgehalten hätte? Die drei Filme, in denen er als Hafenpastor auf St. Pauli so segensreich spielt, waren natürlich auch ein Segen für ihn selbst als Künstler. Wer schafft das schon im Leben? Glaubwürdig einen Geistlichen zu spielen, wenn der wunderbare Geruch der Rinnsteine lebenslang an einem hängt? Dann sein kultiger Kurzauftritt in Fatih Akins *Soul Kitchen.* Auch seine gratwandernde Paraderolle in *Stille,* dem Drama von Xaver Schwarzenberger, in dem er einen Moderator spielt, der sich in die Berge zurückzieht, hätte er wohl ohne die Lenz-Filme nicht bekommen.

Es schmeckt bitter, dass kurze Zeit später nicht die nächste gewichtige, sondern die härteste Rolle seines

Lebens auf ihn wartete. Die des Überlebenskünstlers. Für diese brauchte er wieder mal seine harte Schale und seinen weichen Kern. Der Spruch sagt sich so leicht und so oft von vielen, dass er längst ausgelutscht klingt. Gäbe es da nicht Jan Fedder, dessen ganzes Leben auf diesem Gegensatz fußt. Seit Götz George tot ist, stehen nicht mehr viele Schauspieler als personifizierter Widerspruch vor der Kamera. Wer trägt schon einen solchen Lebensgegensatz in sich, dass es manchmal scheint, als gäbe es zwei Ausgaben des ein und selben Mannes?

Denn so sehr Fedder ein zutiefst sentimentaler und zarter Mensch ist, desto meisterhafter gelang es ihm schon immer, diese Seite zu tarnen. Das Norddeutsche hilft ihm dabei. Gilt es doch als Kennzeichen der Waterkant-Menschen, dass sie ihre Gefühle nun wahrlich nicht nach außen stülpen. Dass sie sich eher einen Finger brechen, als zu viel Emotion zu zeigen. Als wäre der Gemütszustand eine Geheimsache.

Und genau hier liegt der größte Widerspruch in Jan verborgen. Denn als norddeutscher Volksschauspieler muss er natürlich das Verschlossene nicht bloß beherrschen, er muss es in sich tragen als festen Kern. Gerade auch in den Lenz-Filmen. Aber gleichzeitig muss er auch, wenn er denn die Menschen erreichen und bewegen will, lauter Gefühle durch die harte Schale hindurchscheinen lassen. Nicht zu viele, das wäre nicht norddeutsch. Aber auch nicht zu wenige, denn sonst würde er verstockt wirken oder gar kalt wie eine Flunder vom Fischmarkt. Jan Fedders Erfolg lässt sich genau in seiner Meisterschaft erklären, diese Gegensätze in sich nicht nur abzuwägen und zu beheimaten, sondern sie auf Bedarf, wenn das Rotlicht der Kamera aufleuchtet, zum Glänzen zu bringen.

Bei diesem Kerl hat man dauernd das Gefühl, dass bei all seiner gern zur Schau getragenen Coolness eine Glut in ihm glimmt. Eine Glut, die sich manchmal knisternd Bahn bricht, vorzugsweise durch seine Stimme. Und wenn er ins Plaudern kommt, kann er mit seinen Worten eine Turnhalle im Dezember auf Zimmertemperatur erwärmen. Nicht nur, weil er so warm erzählt, sondern auch gern mal, wenn er in Fahrt und in Klönschnack-Modus ist.

Jan ist ein Hart-Zarter. Und der tiefere Grund dafür wurzelt wieder einmal in seiner Herkunft. Seine ersten Schritte machte er auf dem Baumwall. Aber dort, wo diese Straße aufhörte, jene feine hanseatische Chaussee zu sein. Und auch auf dem berühmten Vorsetzen. Aber nicht dort oben, wo *Die Zeit* so vornehm zu Hause ist, sondern unten, wo der Vorsetzen damals noch buckelig und schlaglochreich am Brackwasser entlangführte. Die ersten Gehversuche machte das Kind Jan in den Pfützen von St. Pauli, in denen das Öl der Pötte und so manch anderes Zeugs schwamm.

# Der Straßenköter

Jan hat sich von unten nach oben hochgearbeitet – er ist ein Straßenköter, wie er selber manchmal sagt. Und dieses Durchbeißen auf charmante Art hat er bis heute perfektioniert.

Wer damit Bekanntschaft machen will, sollte ihm kurz mal krumm kommen. Oder ihn bloß mit irgendetwas nerven. Vielleicht ihn anrufen vor dem späten Mittag. Dann tönt der Rinnsteinbursche barsch und beständig aus ihm heraus. »Aaalter, das ist doch scheiße, was du da machst!«, ist einer seiner typischsten Aussprüche, wenn ihm sein Gegenüber grad nicht passt. Genau das sagte er zuletzt zu Reinhold Beckmann, einem Mann, der es eigentlich sehr gut mit ihm meint und schöne Interviews mit ihm führte. Aber dann hatte Jan ihn vor Kurzem Gitarre spielen und dazu sogar singen hören in einem Video, und das Ganze auch noch auf dem Geburtstag von Beckmanns Journalistenkollegen Matthias Matussek. Jenem ehemaligen *Spiegel*-Mann, der heute leider nur noch durch seine gestrigen Kommentare aufzufallen scheint. Als Jan davon also erfuhr, musste es wieder mal raus aus ihm, und er knallte Beckmann seinen Scheiß-Satz vor den Latz.

Das zog derartige Kreise im feinen Hamburg und seiner lästerfreudigen Medienbranche, dass ihm sogar Außenstehende diesen Satz verübelten. Bei einem NDR-Empfang wurde Jan von zwei Ex-Intendanten angesprochen, ob das denn wirklich wahr sei, was sie über ihn gehört hätten und ob er das tatsächlich gesagt habe zum verehrten Kollegen Beckmann. »Jooo«, antwortete da Jan, »das stimmt. Ich hab ihm gesagt, was ich denke. Dass ich es scheiße finde, was er für Musik macht und vor allem wo.«

Fedder ist vielleicht das sensibelste Großmaul, das man in dieser Branche noch richtig rumblaffen hören kann. Einer, der keinem Kampf mit Worten aus dem Wege geht.

»Der Straßenköter kommt bei mir gerne mal als Erstes raus. Danach ist dann erst der besinnliche Jan dran …«, sagt er und grinst wieder sein Feddergrinsen, bei dem der eine Mundwinkel in seinem Gesicht stehen bleibt und nur der andere sich nach oben biegt, Richtung Nasenflügel.

So kantig und unangepasst dieser Hund in ihm ist, so sehr ähnelt Jan vielen seiner Kollegen darin, dass er über die meisten entweder latent zynisch oder sogar mit einer gewissen Verächtlichkeit spricht. So richtig gelten lässt der Kiezjunge kaum einen neben sich. Außer jenen Kollegen, die er wirklich mag.

Mit Jans Straßenköter haben aber viele gelernt umzugehen. Der Produzent Markus Trebitsch, der mit ihm alle vier Lenz-Juwelen drehte, unter ihnen *Das Feuerschiff* und *Der Mann im Strom,* und der es auch immer gut mit ihm meint, rief ihn neulich an und sagte als Erstes: »Du hast mich so lange nicht beleidigt, was ist los mit dir?«

Fast schon zur Schau gestellte Schroffheiten statt der gängigen Schmeicheleien – da ist Fedder einer der Letzten seiner Art. Da spricht der Rüpel aus dem Rinnstein aus ihm. Und der ist niemals hanseatisch vornehm geworden und niemals leise.

# Männerfreundschaften

Jan Fedder ihren Freund nennen zu können – das erreichen nur wenige Menschen. Freundschaft. Liebe. Es ist dieselbe Intensität, mit der Jan lebt. Und das kann nicht jeder aushalten. In Joerg Pawlik und in Uwe Schröder hat Jan zwei wahrhaftige Freunde gefunden, die unterschiedlicher nicht sein könnten. Dennoch eint sie das Herz, was sie an Jan verschenken, und beide haben einen festen Platz in seinem.

Für Jan hatte die erste Begegnung mit seinem ältesten Freund Joerg allerdings nicht viel Herz zu bieten. Erster Arbeitstag als Aufnahmeleiter beim Großstadtrevier. Eine Szene in einem riesigen Treppenhaus im Sprinkenhof Verlag wurde gedreht. Jan stand mit seinen Kollegen oben, Joerg unten – man kannte sich noch nicht. Und dann donnerte seine Stimme durch die Etagen, dass sogar einem Jan Fedder die Luft wegblieb … »Ruhe bitte! Wir drehen!«

»Alter, sach mal spinnst du?«, donnerte Jan zurück und lugte über das Geländer, um zu sehen, wer in diesem Befehlston das Sagen hatte am Set. Aber der Laden lief. Später dann ging Jan an Joerg vorbei und sagte nur ein einziges Wort zu ihm: »Respekt!« Das war der Beginn einer langen, intensiven Freundschaft.

Joerg sagt: »Jan liest in den Menschen, er liest sie aus. Nach kürzester Zeit ist für ihn klar, was von den Leuten zu erwarten ist. Und er hatte immer recht damit behalten.

Ich habe wohl mehr Zeit mit ihm verbracht als mit meiner Frau. In unserer Funktion als Volksschauspieler und Aufnahmeleiter haben wir Tage und Nächte verbracht. Was uns aber diese tiefe Freundschaft geschenkt hat, jenseits unserer Berufe, ist die Stille zwischen uns. Das Verstehen, was mit sehr wenigen Worten auskommt und doch immer aus tiefster Seele spricht.«

Ohne Joerg wäre Jans Alltag gar nicht denkbar. Jeden Tag wird telefoniert – sogar, wenn einer von beiden mal Urlaub macht. Die tägliche Kontaktaufnahme gehört dazu, sie müssen immer wissen, wie es dem anderen gerade geht.

Joerg ist einer der wenigen Menschen, denen Jan vollkommen vertraut. Ein großes Geschenk, ein Schutzschild für einen Menschen der Öffentlichkeit.

»Wir beide«, sagt Joerg, »sind Menschen mit Herz auf Augenhöhe. Wir verschonen uns nicht mit der Wahrheit – und die knallte manches Mal aufeinander. Mit meiner Präsenz und Haltung hatte Jan ja bereits im Treppenhaus Bekanntschaft gemacht … da bleiben keine Fragen offen!« Er lacht beim Erzählen – und man kann nur erahnen, wie die beiden schonungslos miteinander umgehen.

»Vielleicht ist das das Besondere an unserer Freundschaft – Jan hat sich von niemandem was sagen lassen, außer von Marion und von mir. So, wie er austeilen kann, fällt es ihm nicht schwer einzulenken, wenn er einen Fehler gemacht hatte. Und dann war für ihn die Sache erst erledigt, wenn er das wieder in Ordnung gebracht hatte. Eines Tages hatte er sich in den Kopf gesetzt, dass wir dringend etwas für die Figur tun müssten. Is klar. So leicht kam ich aber nicht davon, denn Jan wollte unbedingt eine Fahrradtour machen, bisschen Bewegung kann ja nicht schaden. Das war an sich auch schlau ausgedacht, weil er von seinem Bauernhof starten wollte, und da ist das Land ja bekanntlich schön flach. Jedenfalls waren wir fest verabredet. Am besagten Tag goss es aber aus Eimern. Irgendwann kam dann der Anruf von ihm:

›Sach mal, wo bist du gerade?‹

›In der Mendelssohnstraße (ehemaliger Drehort *Großstadtrevier*). Regnet ja ganz schön heute …‹

›Dann fahr ich mal zu dir los. Weißt ja, die Fahrradtour …‹

Na ja, was soll ich sagen, kurz darauf stand Jan bei mir vor der Tür. Inzwischen bei Dauerplatzregen. Ich traute meinen Augen nicht: Er hatte zwei nagelneue Fahrräder gekauft, und ich sollte ihm abladen helfen. Ohne einen Meter gefahren zu sein, waren wir nass bis auf die Knochen. Wir sind dann erst mal rein in die Halle – und irgendwie haben wir uns dann auch verquatscht. Drei Stunden später waren wir immer noch am Sabbeln, und keiner dachte mehr an die Deiche und die Fahrradtour.«

Aber so ist das, wenn Jan Fedder sich etwas für seine Freunde überlegt. Immer Vollkontakt. Zumindest auf Herzensebene. So erging es auch seinem Freund Uwe Schröder. Die beiden sind sich auf ihrer Lieblingsinsel Ibiza das erste Mal begegnet: »Trinken, essen, schnacken«, erinnert sich Uwe. »Es war Liebe auf den ersten Blick. Wir beide sind als Kinder auf den Straßen von St. Pauli groß geworden. Nah am Abgrund. Wir haben beide denselben Blick auf die Dinge und wissen, wie es hinter dem Zaun aussieht. Und wir haben uns aus eigener Kraft ganz nach oben gearbeitet. Hinter Jans großer Klappe sind enorm tiefe Gedanken. Wir sprechen dieselbe Sprache – und wir reden viel miteinander. Egal ob Tag oder Nacht – wenn Jan einen Gedanken hat, den er loswerden muss, dann greift er zum Telefon, und so geht es mir auch. Da ist was ganz Besonderes in Jans Seele, dafür gibt es gar kein Wort. So, wie er sich als Volksschauspieler immer zu hundert Prozent an sein Publikum verschenkt hat, so hält er es auch mit der Freundschaft. Er verschenkt sich, und ich habe selten einen Menschen mit so einem großen Herzen kennengelernt. Ich erzählte ihm eines Tages mal von meinem schmerzlichen Verlust, als ich als junger Jazzmusiker mein geliebtes Banjo weggeben musste. Es war ein ganz besonderes, gebaut in Kopenhagen von Paulson, einem der besten Banjo-Bauer der Welt. Ich hätte es niemals weggeben dürfen! Jan machte sich noch etwas lustig über mich alten Puffmusiker, wie er sagte, und Themawechsel. Aber das Thema war noch lange nicht zu Ende. Ohne mein Wissen hat Jan Monate damit verbracht herauszufinden, wo das Instrument gelandet ist. Und eines Tages, an meinem Geburtstag schleppt er mir zwei richtig gute Jazzmusiker im Restaurant an, lässt sie für mich spielen und erzählt von seiner Suche. Mein Banjo war für immer weg. Es ist im Banjo-Museum Oklahoma gelandet, und die wollten das für kein Geld der Welt herausrücken. Aber er hat's versucht. Ich war zu Tränen gerührt. Und dann hat er auch noch für mich gesungen …«

Dann kam die Zeit, in der Jan krank wurde. Eine Zeit, in der Freunde doppelt wichtig sind. Joerg und Uwe – zwei Säulen links und rechts, an denen er sich nach jedem Tiefschlag immer wieder aufrichten konnte. Die ihm standhalten konnten.

»Es war wie ein unausgesprochener Schwur«, sagt Joerg: »In guten wie in schlechten Zeiten!«

Und da Jan Rituale und Inszenierungen liebt, hat er das Drehbuch des Lebens seinen Möglichkeiten angepasst. Weihnachten 2019 wollte er sich bedanken. Die beiden sollten wie immer am 25. rumkommen in die Wohnung auf St. Pauli. Das war nichts Ungewöhnliches. Aber die Art, wie er sie beide einbestellte, war anders. »Wenn ihr morgen kommt, dann zieht euch mal was Ordentliches an – also ich meine ein Jackett.«

»Ein Jackett? Sag mal, spinnst du?«

»Nee … macht mal, ich mein das ernst.«

Wie ernst, ahnten sie beide noch nicht.

»Jan war nervös«, erinnert sich Joerg. »Irgendwas lag in der Luft … irgendwann fuhr er mit seinem Rollstuhl ins Nebenzimmer, ein Kramen und Wühlen war zu hören, dann kam er zurück, hatte selbst auch ein Jackett an und machte eine sehr ernste Miene. Alles Fahrige von eben war verschwunden. Seine Stimme war auf einmal voller Kraft, sein Blick klar, und seine Aussprache so voller Liebe, er legte sein ganzes Herz hinein, als er mit seinem Staatsakt begann: ›Meine Herren, stehen Sie mal beide auf!‹«

Und das taten die zwei. Noch immer nichts ahnend. Jan moderierte sich dann selber an, hielt eine Laudatio auf die Freundschaft, die Joerg und Uwe sehr bewegte … Jan hatte nach einem Symbol für ihre Freundschaft gesucht. Etwas, das auch ohne Worte alles sagt. Die höchste Auszeichnung und Anerkennung, die unser Land an einzelne Menschen vergeben kann, ist das Bundesverdienstkreuz. Und so kramte Jan in seiner Tüte und holte die beiden antiken Original-Verdienstorden heraus. Jeder musste einzeln nach vorne vor Jan treten, sich kurz hinknien damit Jan ihm das Verdienstkreuz ans Jackett heften konnte.

»Mit sehr feierlicher Miene, da war nichts gespielt, jedes Wort war ernst gemeint«, erinnern sich Uwe und Joerg zurück an diesen Tag.

»Ihr seid die besten Freunde, die ich habe« – und so lagen sie sich für einen Moment in den Armen. Das Selfie von den dreien ist das letzte Foto mit Jan. Es ist der 25. Dezember 2019. Jan ist glücklich und zufrieden mit sich und der Welt. Jan – Joerg – Uwe. Eine Freundschaft, eine Familie fürs Leben und darüber hinaus.

# Ein Halt für Tim Mälzer

*Das Beste am Norden* – seit Jahren ist diese Eigenwerbung im NDR-Fernsehen Kult. Fünfzehn Sekunden lang sagen dort echte norddeutsche Menschen, was für sie am schönsten ist an ihrer Heimat. Und *einen* solchen Spot gibt es, inszeniert von Detlev Buck, der adelt Jan Fedder auf unnachahmlich norddeutsche Art. In ihm sieht man den TV-Koch Tim Mälzer mit ihm an der Elbe sitzen. Ein großer Pott tuckert vorbei. Dann dreht sich Mälzer der Kamera zu und sagt: »Das Beste am Norden ist … unser Jan!« Der Gemeinte blickt ihn daraufhin ganz cool mit verschränkten Armen an und zieht bloß seine Fedder-Augenbraue samt Mundwinkel hoch, schmunzelt selbstbewusst und zuckt mit den Schultern.

Eine Herzensangelegenheit war Tim Mälzer dieser Freundschaftsdienst, sagt er. Wir treffen uns in seinem Restaurant Bullerei im Hamburger Schanzenviertel. Viel edler *Shabby Chic,* Skulpturen, ein pinkes Einhorn in Pferdegröße, das Licht scheint aus Lampions bunt in den loftartigen Saal. Tim Mälzer trinkt Espresso mit Eiswürfel, weil Mr. Cool seinen Kaffee nur kalt mag. Und dann verwandelt er sich, wenn er über seinen Freund Jan spricht.

Schon als Teen erlebte er ihn auf der Bühne. Der spielte damals den »Andi« im gleichnamigen Stück von Peter Zadek und den Einstürzenden Neubauten. Kurze

Zeit später stromerte der junge wilde Tim durch die Hamburger Clubs und sah Fedder als Sänger mit der Band Big Balls.

Vor dreißig Jahren jobbte der damals noch namenlose Tim Mälzer in einem »Lack-und-Leder-Easy-Rider-Motorradladen« auf dem Kiez, in den Fedder immer mal wieder reinschaute, weil er den Inhaber kannte. Seit dieser Zeit hatte er Tim im Blick.

In den Laden auf dem Kiez kamen Kunden, die sich Lederjacken oder Hosen nach Maß machen ließen. Genug Zeit für Tim, um, genau wie Jan, Milieu-Erfahrung und Menschenkenntnis zu sammeln.

Tim sagt: »Wir haben beide einen sehr klaren Blick auf die Menschen. Manchmal sogar einen Röntgenblick. Wir sehen oft die hässliche Fratze, die sich hinter einem schönen Gesicht verbirgt. Wir erkennen beide schnell das wahre Gesicht in unserem Gegenüber.«

Tim ging seinen Weg, stieg schnell auf, wurde berühmt als deutscher Jamie Oliver – eine Rampensau mit den Ecken und Kanten eines Jan Fedder. Er selber zupackend, hemdsärmelig ohne Chichi und immer direkt mit gutem Spruch. Einer, der brennt. Aber irgendwann kam der Burn-out, die Quittung. Er wusste nicht, wie er da wieder rauskommen soll. Verwundbar kam er sich vor und hilflos – nicht mehr der starke Typ, der alles hinbekommt. Verlieren konnte er noch nie.

Es spricht sich heute leicht über seine Zeit, als er am Boden aufschlug. Genau in diesen Tagen festigte sich aber die bis dahin eher lose Freundschaft zu Fedder. Weil der nun mal einen Instinkt hat für Menschen, die er gerne mag, wenn es ihnen schlecht geht. »Jan war damals der Einzige, der mich direkt und ehrlich darauf angesprochen hat. Als es mir wirklich kacke ging, war er derjenige, der mich verstand«, sagt Tim. Das gelang ihm mit seiner typischen Art, Sachen auf den Punkt zu bringen. Und auch mit dieser Weisheit und Lebenserfahrung eines älteren Freundes. »Das hat mir geholfen«, sagt Tim. Alle anderen in seinem Umfeld hätten damals nur von außen auf ihn geschaut und ihm gut gemeinte Ratschläge erteilt. Nicht so Jan. »Er schaute auf dieses Tief genauso wie ich. Er sah mit meinen Augen und fühlte mit mir. Mal ist man der Fels, mal die Brandung.« Erfolgsdruck, Selbstzweifel, kräftezehrende Projekte – damit muss man klarkommen, darf nicht einknicken, die Erwartung ist groß. Kantig zu bleiben kostet Kraft. Sich treu bleiben auch. Jan schafft es – er bleibt immer er selbst –, das bewundert Tim. »Aber dazu zieht er sich ja auch bis heute in seine Wohnung zurück, in der er groß geworden ist. Das gibt ihm Sicherheit, aber es kostet auch Energie.«

In Tims schwerer Zeit lud Jan ihn auf seinen Bauernhof ein und war dort für ihn da. Er nahm ihn unter seine Fittiche, bereitete für ihn eine festliche Tafel mit bayerischer Brotzeit. Um es seinem Gast möglichst behaglich zu machen. Neben dem üppig gedeckten Tisch hatte Jan warme Socken und eine Zahnbürste deponiert, um ihn zum Bleiben zu bewegen. »Jan ist oft sich selbst gegenüber unfreundlich. Aber zu seinen Gästen umso freundlicher«, sagt Tim.

Was eint die beiden? »Was viele nicht von uns wissen: Wir sind beide sehr grüblerisch und tragen latent einen großen Packen mit uns herum.« Und dann wird Tim noch nachdenklicher und erzählt von der Schwermut. »Uns eint dieses Gefühl, vielleicht ist es sogar das, was uns am meisten verbindet. Aber trotz dieser Schwermut bleiben wir nebenbei auch die lustigen Clowns.«

Die größte Sorge seines Freundes sei es, so denkt Tim, dass eines Tages alles von ihm verschwindet. Alles, was er gefilmt und gespielt und gesammelt hat. Was er verkörpert. »Deswegen wünsche ich ihm auch, dass er bald Ehrenbürger von Hamburg wird. Denn Jan fängt an, Dinge zu regeln, sich sogar von Dingen zu trennen, sie zu verteilen und alles zu ordnen. Man merkt, dass er sich langsam verabschiedet«, sagt Tim ganz zum Ende unseres Gespräches. Es wirkt so, als hätte er sich diesen Satz absichtlich bis zum Schluss bewahrt, weil er so wehtut.

# Scheiß Rollator!

»Ich sitze ja nun im Rollstuhl. Am Anfang fand ich das sehr scheiße, hab damit gehadert und das Ding verflucht. Heute seh ich das als Quittung für das, was ich alles so gelebt habe. Heute versuche ich, etwas gesünder zu leben. Als ich in den Rollstuhl reinmusste und nicht mehr so konnte, wie ich wollte, hab ich mit dem Rauchen und Trinken erst einmal aufgehört. Dann habe ich wieder mit dem Trinken angefangen, ein bisschen, dann habe ich wieder aufgehört und so weiter.

Glücklich bin ich nicht damit. Aber: Ich habe ein so exzessives Leben geführt, mit Alkohol, mit Drogen, Zigaretten und wunderbaren Frauen. Da ist der Rollstuhl jetzt die Strafe. Ich habe es sechzig Jahre krachen lassen. Jetzt hat der liebe Gott entschieden, dass ich den Rest meines Lebens im Rollstuhl durch die Gegend fahre. Aber ich bin zufrieden mit dem, was ich habe, denn: Ich lebe noch! Und andere leben nicht mehr. Das ist das Wichtigste. Ich lebe noch!

Und ich weiß, dass sich viele Menschen um mich sorgen. Ich würde ja auch gerne noch meinen Fans ein paar neue Filme schenken. Bei dem Gedanken ärgere ich mich oft, wie viele schöne Altersrollen ich jetzt spielen könnte, und es geht nicht. Ich hätte die ja alle weggefiedelt. Alle, die jetzt da noch irgendwo rumdaddeln in meinem Alter. Die hätte ich alle plattgemacht.

In den letzten Jahren bin ich ein paarmal in meiner Wohnung aus dem Rollstuhl rausgefallen und konnte mich keinen Millimeter mehr bewegen. Ich konnte es nicht bis zum Telefon schaffen. Das war ein Sonntag. Und Marion hatte sich erst für Montag angemeldet. Doch Marion kam Gott sei Dank früher, weil sie irgendetwas holen wollte. Ganz zufällig. Die kommt ganz selten einfach so in die Wohnung …

Und ich Sturkopp hab nicht mal ein Handy. Aber jetzt habe ich einen Notrufknopf. Da haben Marion und meine Freunde drauf bestanden. Marion hatte ja damals den Schreck ihres Lebens gekriegt, weil sie schon dachte, ich wäre tot. Und da hat der Arzt auch gesagt: ›Noch ein paar Stunden länger, und die Nieren hätten versagt.‹

Ich will aber weiter allein leben. Und mein Körper kann ganz schön was ab … Klingt wie in dem *Boot:* ›Das muss das Boot abkönnen …‹. Aber bei mir ist manchmal ganz schön schwere See!

Und ich will, dass Marion es gut hat. Dass sie das Leben in vollen Zügen wirklich lebt! Sich was gönnt. Hab' ich ja auch gemacht. Letztens zum Beispiel, da hab' ich zusammen mit meinem Freund Uwe die Cap San Diego gekapert, also gemietet, dieses berühmte Schiff da unten am Hafen. Zwölf Leute waren wir. Einmal die Elbe rauf und runter.

Wenn ich noch einen Wunsch frei hätte, würd ich gern einmal noch nach Helgoland fliegen. Aber diese privaten Charterflüge haben die eingestellt. Und deswegen überlege ich, ob wir mal mit dem Orientexpress losfahren sollten.

Als Schauspieler bin ich es aber gewöhnt zu warten. Das gilt nun auch für mein Leben außerhalb des Films.

Draußen ist schöner Sommer. Und du möchtest gerne mal ein Eis essen gehen, und du sitzt nur da wie ein Vollidiot … Aber ich kann mich deswegen nicht beschweren. Das ist alles allein meine Schuld.

Ich werde nie wieder richtig gehen können. Obwohl sie es versuchen mit dem scheiß Rollator. Mit dem bin ich auch schon ein paarmal umgekippt und habe mir ein paar Rippen und die Hüfte gebrochen und noch ein paar Sachen … Aber wer weiß, vielleicht schaffe ich das irgendwann, noch so zwei, drei Meter zu gehen. Das langt auch. Ich könnte ja auch sagen, ich höre jetzt mal auf und genieße das jetzt alles. Aber dafür ist noch zu viel Unruhe in mir.

Ich hatte lange schon einen schlimmen Fuß. Mit dem hab ich immer weitergedreht und es so noch weiter verschlimmert. Das gesamte Knochenbett des Fußes unten war zertrümmert, alles gebrochen, kaputt. Dann waren wir bei sieben Professoren, und keiner hat erkannt, was es ist. Und dadurch wurde alles weich wie Butter, und dann brach alles zusammen. Danach haben wir endlich einen der besten Spezialisten gefunden. Gott sei Dank war der in Hamburg. Der hat sich das angeguckt, hat gesagt: ›Sie setzen sich da jetzt auf das Bett und bewegen sich keinen Millimeter mehr. Ich werde Sie morgen operieren.‹ Und dann dachte ich: ›Es ist alles vorbei, ich kann nie wieder drehen.‹

Schlimm fand ich auch aber auch das Schicksal vom Motorradpolizisten vom *Großstadtrevier,* Kay Sabban. Der hat genauso gelebt wie ich, also an beiden Enden angezündet, die Kerze. Volle Kanone. Dann ist er ins Krankenhaus gefahren, weil er Schmerzen bekam. Da sagten sie: ›Na ja, wollen wir mal gucken. Ist aber nicht so schlimm. Wir haben auch gar kein Bett hier im Moment, kein Zimmer. Geht schon wieder besser?‹ – ›Jajaja.‹ – ›Dann fahren Sie mal wieder nach Hause. Und kommen Sie morgen, weil, ist sowieso kein Arzt da.‹ War mitten in der Nacht, um elf oder was. Und um zwölf, eins, ging das wieder los. Ist er wieder hingefahren oder hat sich fahren lassen. Und dann haben sie gesagt: ›Oh, ein bisschen schlimmer.‹ Haben sie ein Bett geholt und haben ihn auf den Flur gestellt und ihm gesagt: ›Um acht kommt der Arzt. Vorher können wir sowieso nichts machen.‹ Und dann ist er gestorben, auf dem Flur. Lungenembolie. Ich hatte auch eine. Ich habe es überlebt. Zu seiner Beerdigung kamen hundert seiner Motorradfreunde. Die mussten aber schon um sieben in die Kirche kommen, weil wir an dem Tag drehen mussten. Das taten die. Alle Mann.

Es hätte mir ähnlich ergehen können. Es kommt halt irgendwann ein Punkt, wo mir alles scheißegal ist. Und dann muss ich mir das langsam wieder zurückholen. Aber es ist dann auch sehr, sehr schwer, weil, es geht dir dreckig, du hast alle Knochen gebrochen, du hast dieses, du hast jenes. Und da musst du dich erst mal wieder nach vorne kämpfen. Erst mal wieder langsam nach vorne kommen. So wie ich das auch immer hier in der Reha versuche. Heute bin ich schon zweimal die Treppe hoch und runter. Das sollte ich täglich versuchen. Ich weiß das, ich weiß das, ich weiß das – und ich mache es trotzdem nicht. Das ist der kleine Teufel in mir: Das ist Mr. Hyde.

Dieser Kampfgeist hilft mir immer. Den habe ich einfach. Auch bei meinen Bestrahlungen, als sie Mundhöhlenkrebs diagnostiziert haben. Die haben mir ja erst mal gar nicht richtig gesagt, dass das Krebs ist. Das war vielleicht gut so, weil ich sonst verzweifelt gewesen wäre oder panisch. Die Bestrahlungen waren dennoch das Schlimmste, was ich je in meinem Leben erlebt habe. Ich konnte zum Schluss nicht mal mehr den Telefonhörer hochnehmen, weil ich keine Kraft mehr hatte. Und dann sagt dir der Professor, dass er dir bei der letzten OP ein Drittel der Zunge rausgenommen hat.

Bei den Bestrahlungen wirst du festgeschnallt, und dann wirst du fixiert mit so einer Haube. Die habe ich ja auf dem Bauernhof aufbewahrt. Na ja, und dann wirst du fixiert, der Mund wird aufgemacht, und um *keinen* Millimeter darf sich das verschieben – weil, dann kommt der Strahl. Und wenn das danebengeht, ist das verbrannt, dann ist das weg. Ich kann dir Fotos zeigen, wie es danach aussah. Alles bläulich verfärbt. Aber ich habe mich aus jeder Krankheit und jedem Bruch wieder nach oben gekämpft. Unglaublich, was so ein Körper alles abkann! «

# Jan über die Traurigkeit

» Mein Freund Udo Jürgens hat kurz vor seinem Tod so sinngemäß gesagt: ›Wenn du wirklich etwas Großes schaffen willst als Künstler, dann musst du von der Euphorie in die Traurigkeit wechseln. Erst dann wird was Großes entstehen.‹ Da gebe ich Udo völlig recht. Und du gehst dann auch in eine Welt, in der du alleine sein musst. Dann bist du für dich. Und du bist *nur* für dich da. Wenn du was Geiles erreichen willst, dann fällst du danach immer in diese Traurigkeit. Bis es am nächsten Tag wieder vorbei ist. Hoffentlich.

Das ist eine kreative Traurigkeit. Die ist nicht vergebens. Ich ärgere mich zum Beispiel, weil ich früher eher mal weinen konnte. Über mich selber, oder wenn ich was Trauriges im Fernsehen gesehen habe. Etwa, als der erste Film rauskam über die Sturmflut, die ich ja als Kind erlebte ... Bei dem Film konnte ich gar nicht mehr aufhören. Weil da alles in mir hochkam, diese ganze Verletzlichkeit. Ich weine sehr selten, aber ich weine gerne. Dass das mal rauskommt.

Aber ich hab mir auch eine Art Sperre angewöhnt. Gerade durch die Krankheiten in den letzten Jahren. Da wollte ich nicht dauernd weinen ... «

# Jan über Tod und Gott

» Wenn ich demnächst schon bald sterben sollte, wäre das in Ordnung für mich. Denn ich habe alles erlebt und all meine Wünsche erfüllt. Meine Trauerfeier hab ich genau geplant. Wichtig ist, dass ich mich bei einigen Menschen bedanken will, aber am meisten beim lieben Gott. Und darum habe ich auch mit meiner Mutter zum Schluss Frieden geschlossen. Denn man darf nicht vergessen: Diese Frau hat mir ermöglicht, dass Jan Fedder überhaupt existiert. Und mein Vater ja auch. Ohne unsere Eltern wären wir nichts.

Eigentlich kann ich Marion nicht alleinlassen, das ist ganz klar. Menschlich. Sie braucht mich als Mensch und Mann. Und darum versuche ich, das Ende so lange noch vor mir herzuschieben …

Als es 2018 schlimm war, als *alles* kaputt war, als ich dann auch noch aus dem Krankenhausbett rausgeflogen bin und so weiter, mit dem Kopf zuerst, da ging gar nichts mehr. Alles war gebrochen, ich konnte mich nirgendwo mehr bewegen. Und da habe ich wirklich an diese Möglichkeit gedacht … Und das habe ich dann auch mal laut gesagt: ›Ich glaube, ich springe von irgendwo runter. Ich mache jetzt mal Schluss.‹ Aber ich komme ja immer wieder hoch irgendwie. Mein Wille ist ja da … Das macht der liebe Gott mit mir. Der gibt mir diesen Willen, immer wieder dahin zu kommen, wo ich herkomme. Und dann scheiß auf den Rollstuhl. Dann sitze ich eben im Rollstuhl. Muss ich gucken, wie ich das hinkriege. Ist ja nicht so schlimm. Ich bin ja noch nicht tot.

Ich hab allerdings schon Bekanntschaft mit dem Tod gemacht. Einmal spielte ich einen Elefantenführer im Zirkus, und ich merkte: Der Elefant lehnte mich ab. Mochte mich nicht. Trotzdem rief ich: ›Allez hopp!‹ Und dann wischte der mich zur Seite mit dem Rüssel. Da dachte ich: ›Ach du Scheiße.‹ Jetzt musste ich in der zweiten Einstellung unter dem Elefanten liegen, und er sollte über mich drübergehen. Und er ging los. Und ich sah nur seinen großen Elefantenfuß und sah von unten, wie er überlegte: ›Trete ich jetzt zu oder nicht?‹ Ich hörte, wie sein Herrchen schrie: ›Go! Go! Go!‹ Wie der ausrastete, dass er weiterging. Und da wusste ich: Ich bin ganz knapp dem Tode entronnen. Danach saßen wir in dem Zirkuswagen von der Zirkusfamilie. Und da erzählte mir der Dompteur: ›Du hast grad tierisches Glück gehabt.‹ Ich fragte: ›Wieso? Du meinst vorhin?‹ Sagt er: ›Bei meiner Schwester hat er es genauso gemacht. Und bei der hat er zugetreten.‹ Die war monatelang im Krankenhaus. Weil er das nur akzeptierte, wenn sein Herrchen da unten lag. Und da habe ich gedacht: Das ist also Todesangst.

Aber den berühmten weißen Tunnel hab ich noch nicht gesehen. Dabei würde ich den gerne mal sehen. Das liegt an meiner Neugier. Andererseits wäre es scheiße, weil ich dann ja tot bin, ne?

Graue Tunnel hab ich jedenfalls viele erlebt. Auch ohne dass man in Lebensgefahr ist, hat man Tage, an denen einem auf einmal der Tod nahekommt. Vielleicht sollte er nach einer guten Vorstellung kommen. Wo alles an dir vorbeirauscht. Dein halbes Leben. – Wobei mich nicht jedes Gesicht noch einmal angucken sollte …

Ich habe zu Hause einen kleinen Altar. Vor dem bete ich gerne. In letzter Zeit zwar etwas weniger, aber dafür bedanke ich mich sehr oft. Wenn ich ein Glas umkippe und ich das so grad noch auffangen kann oder ein Teelöffel oder was weiß ich, sag ich: ›Danke Gott.‹ Für alles im Leben muss man sich beim lieben Gott bedanken.

Und was ich auch anderen Menschen sage: Es ist keine Selbstverständlichkeit, wenn Dir irgendetwas gelingt. Du musst dich immer beDANKen dafür, was du bekommen hast. Nicht FORDERN. Im Konfirmationsunterricht hat der Pastor uns ein Gleichnis erzählt, an das ich mich gut erinnere: Ein Schiff geht unter, ein Mensch treibt in der See und fleht: ›Lieber Gott, hilf mir, hilf mir, hilf mir …! Ich will nicht ertrinken! Hilf mir!‹ In dem Moment kriegt er einen Rettungsring in die Hand und sagt dann zum lieben Gott: ›Lass mal, ich habe mir schon selbst geholfen.‹ Dieses Gleichnis zeigt, wie undankbar dieser Schiffbrüchige ist. Er vergisst, dass natürlich Gott ihm geholfen hat, dass er diesen Rettungsring da kriegt.

Ich weiß, dass Gott an meiner Seite ist. Und darum würde ich auch dem Tod relativ ohne Angst in die Augen gucken können. Weil er das dann bestimmt hat. Er hat bestimmt: Jetzt ist deine Zeit um. Dann ist das so. Ich glaube dabei nicht an irgendwelche Engel … Ich glaube nur an diesen älteren Herrn. Ich glaube nur an den lieben Gott. Der hat immer auf mich aufgepasst. Vielleicht, weil er mich ganz in Ordnung findet. Wer weiß? Aber dennoch habe ich auch immer selber schuld. Warum fällt man besoffen hin? Oder mit der Krankheit – also warum kommt das, warum kommt dies? Weil man sich selber nicht drum kümmert. Und dann sagt man: Ach, scheiß der Hund drauf, das wird schon wieder. Anstatt rechtzeitig ärztlichen Beistand zu suchen. Ich gebe ihm nie die Schuld. Die habe ich selber. Aber er ist immer da.

An ein Weiterleben im Himmel glaube ich auch, ja vielleicht. Aber ich würde das als sehr vage bezeichnen, dass ich da vielleicht im Himmel sitze und mit einigen Kollegen Skat spielen kann, aber ich weiß es nicht genau, ob das klappt. Vielleicht ist es eher so, dass es dann vorbei ist. Was schade wäre. Was dann bleibt, sind Bücher und Filme.

Manchmal überlege ich, ob ich einen letzten Wunsch habe. Das ist schwer zu sagen. Da denke ich auch schon seit dreißig, vierzig Jahren drüber nach … Mir fällt nichts ein.

Mein guter Freund Uwe hat mir vor Kurzem gesagt: ›Weißt Du, was das Schöne ist?‹, und dann guckten wir beide auf diese Büste von mir, die da in meinem Wohnzimmer steht, ›Von dir bleibt was über. So viele Filme und Geschichten. Die Menschen kennen dich und werden sich an dich erinnern. An mich nicht.‹ «

# Nu is mal Ruhe!

» Wenn ich nicht mehr drehen kann, dann sterbe ich. Das habe ich euch immer gesagt. Ein paarmal stand ich schon oben vor dem Himmelstor, aber die wollten mich da noch nicht haben.

Ich hatte noch was zu erledigen, hier auf der Erde. Jetzt bin ich so weit. Zufrieden. Dankbar. Müde. Es ist alles so, wie ich es haben will. Vor allem still. «

# Fertig ist fertig, wenn ich sag is fertig!

Weihnachten 2019. Die hohen Fenster im Michel leuchten festlich, der Regen klatscht mit ordentlicher Breitseite von außen dagegen. Hauptpastor Röder hält die Andacht und liest die Weihnachtsgeschichte. So, wie Jan es viele Jahre an Weihnachten genau an diesem Rednerpult getan hatte. Der Michel ist knallvoll. Keiner ahnt, dass Jan, nicht weit entfernt in seiner Wohnung auf St. Pauli, mit dem lieben Gott eine Abmachung getroffen hat.

Das Blinken auf dem Anrufbeantworter bleibt unbeantwortet in diesen Tagen. Am 30. Dezember schließlich ist er auch für seine Marion nicht mehr erreichbar. Weihnachten haben sie noch zusammen gefeiert – es war ein wundervoller gemeinsamer Abend. Sie tauschten Geschenke. Marion übergab einen langen Brief ... wie jedes Jahr zu Weihnachten. Beide waren beseelt und glücklich. Dann flog sie nach Ibiza. Ganz so, wie Jan das wollte. Er mag das Alleinsein. Aber trotzdem sind die beiden eng miteinander verbunden – Marion spürt an diesem Tag, dass irgendwas nicht stimmt. Irgendwas ist anders. Sie bittet Joerg Pawlik, nach ihm zu sehen. Als engster Freund hat er einen Schlüssel zur Wohnung, ist in wenigen Minuten vor Ort und findet Jan leblos. Er liegt auf seinem Bett, ganz friedlich ist sein letzter Gesichtsausdruck.

Einen wie ihn wird es nie wieder geben. Dieser Eine stirbt am 30. Dezember 2019 auf St. Pauli. In derselben Wohnung, in der er auch aufgewachsen und ein Leben lang geblieben war. Sein Herz blieb einfach stehen. Er hat dort seinen Frieden gefunden.

Immer weniger hatte er dabei sein können, wenn »sein« *Großstadtrevier* gedreht wurde oder »sein« *Neues aus Büttenwarder,* weil ihn die Krebskrankheit, gegen die er in seinen letzten Lebensjahren angekämpft und die er auch niedergerungen hatte, trotzdem sehr geschwächt hatte. Und dann waren da immer wieder neue Knochenbrüche. Sein Körper konnte zuletzt schlicht nicht mehr.

»Ich bin aber trotzdem zufrieden mit meinem Leben«, sagte er noch gegen Ende. »Ich vermisse nichts. Denn was bleibt von einem Menschen? Seine Knochen. Und seine Geschichten.«

Seine vorläufig letzte große Geschichte ereignet sich am Tag seines fünfundsechzigsten Geburtstages. Der 14. Januar 2020. Es ist der Tag seines Abschieds. Und Jan hat das Drehbuch für seine Trauerfeier mit allen Regieanweisungen geschrieben. Er will es richtig groß. Einen Abgang mit Rumms. Wer nun denkt, das sei egozentrischer Tüddelkram, der hat ihn nicht verstanden. Denn bei seiner Trauerfeier soll eins im Mittelpunkt stehen: Die Liebe seines Lebens. Jan war mit Liebe und Leidenschaft Schauspieler. Aber die Liebe seines Lebens ist und bleibt seine Marion. Und so sagt auch Pastor Röder in der Trauerrede: Die Liebe währet ewiglich bis über den Tod hinaus.

Vieles erinnert an diesem Tag an die Hochzeit der beiden vor zwanzig Jahren im Michel. Ein Meer aus Rosen, Jans Lieblingsblumen, flutet den Altarraum.

Ein großes Herz aus Seidenrosen schmückte damals das weiße Hochzeitsauto. Marion hat es all die Jahre aufbewahrt. Heute ziert dasselbe Herz den schwarzen Wagen mit Jans Sarg. Er wollte das so. Seine Trauerfeier ist eine Hommage an die Liebe und an das Leben.

Und Hamburg hält für Augenblicke inne. Selbst das ewig rauschende St. Pauli scheint kurz stillzustehen. Die große Leuchtreklame am Eingang zur Großen Freiheit bringt ausnahmsweise keine Werbespots, sondern lässt nur Jans Gesicht leuchten. In der Davidwache stapeln sich neun vollgeschriebene Kondolenzbücher. Die dicken Pötte im Hafen und auch die kleinen Barkassen flaggen Halbmast mit Trauerflor. Sie lassen alle ihre Schiffshörner tuten zu Beginn der Trauerfeier um zwei Uhr mittags.

Und dann schlägt die Jahrtausendglocke vom Michel. Der tiefste Glockenton der Hansestadt Hamburg tönt bis in Mark und Bein und in die Herzen. Die Inschrift der Glocke lässt uns alle die Ewigkeit erahnen: »Denn tausend Jahre sind vor dir wie der Tag, der gestern vergangen ist« (Psalm 90,4).

Eine kräftige Brise treibt typisch hanseatische Regenwolken über die Stadt und lässt die Menschen vorm Michel frieren. Schon Stunden vor der Trauerfeier säumen sie die Kirche. Der NDR überträgt live im TV und auf einer Großbildleinwand. Aber auch das Wetter folgt Jans Regieanweisungen. Punktgenau zum Beginn reißt der Himmel auf, und goldenes Sonnenlicht fällt wie aus Scheinwerfern durch die hohen Kirchenfenster auf den Altarraum. Streift die Hafenkräne und das Wasser der Elbe.

Einen Steinwurf bloß vom Gotteshaus gelegen strahlt das Licht auf das Gebäude von Gruner + Jahr am Baumwall, da wo die Bretterkneipe seines Vaters stand. Da, wo der kleine Junge Jan vor sechs Jahrzehnten den Weg herauf zu »seinem« Michel rannte. Auf ihn war er schon als Kind stolz.

Ein roter Teppich wie jener einer Filmgala führt nun, am Tag seiner Trauerfeier, ins Portal des Gotteshauses, gesäumt von roten Edelrosen, den gleichen, die auch seinen Sarg schmücken. Über den Teppich schreiten seine engsten Freunde und Wegbegleiter. Seine alten Kameraden aus *Das Boot* kommen zum letzten Ahoi: Martin May alias Fähnrich Ullmann, Erwin Leder alias Maschinist »Johann, das Gespenst«, der wunderbare Heinz Hoenig alias Funker Hinrich und der unverwechselbare Claude-Oliver Rudolph alias Dieselheizer Ario. Sie haben anstelle eines Kranzes ein Gesteck anfertigen lassen aus schwarz lackierten Nelken, welches das *Boot*-Maskottchen zeigt, einen Sägefisch; jenes Signet, das auch auf der Brücke des *Boot* zu sehen war. Der Sägefisch aus Blumen steht nun mit vielen anderen Abschiedskränzen um den Sarg herum. An seiner Rechten ein großes Herz aus Rosen von Marion, links der Anker von seinen Freunden Joerg und Uwe. Überall in der Kirche liegt der Geruch vom Harz der Tannenzweige, aus denen die Kränze gewunden sind.

Nun strömen auch Gäste wie der Schauspieler Ben Becker und Tim Mälzer ins Gotteshaus. Er war einer derjenigen engsten Freunde, die Jans Sarg nachts um drei Uhr aus der Wohnung auf St. Pauli getragen haben. Aus München reisen Uschi Glas und Michaela May zu Jan. Hamburger Wegbegleiter wie Reinhold Beckmann, Carlo von Tiedemann, Hugo Egon Balder, *Tagesschau*-Sprecherin Judith Rakers und Scooter-Frontmann H. P.

Baxxter sind dabei. Der Versandhaus-König Michael Otto, *Tatort*-Star Axel Milberg, die Kollegin Nina Petri, Scorpions-Sänger Klaus Meine, Komiker Mike Krüger, die Dragqueen Olivia Jones, Sänger Sasha, Moderator Jörg Pilawa, seine ehemalige Streifen-Partnerin Dorothea Schenck, die Schauspielerin Jessica Stockmann und natürlich fast alle vom *Großstadtrevier* und von *Neues aus Büttenwarder.*

Und dann ist es so weit. Die schwere Glocke vom Michel-Turm verhallt, als Jans Stimme noch einmal erklingt. Gleich zu Beginn der Trauerfeier kommt seine Version von »La Paloma«: »Mich trägt die Sehnsucht fort in die blaue Ferne …« In diesem Moment schreitet seine Witwe Marion über den roten Teppich, geleitet von Joerg Pawlik.

Sie geht diese Meter kerzengerade und mit gefasstem Blick. In der Hand ein Rosenstrauß. Dann legt sie die Blumen auf den Sarg ihres Mannes, zu den anderen Rosen. Pastor Röder spendet seinen Segen und sagt: »Jan Fedder war in seinen Rollen gerade deswegen solch ein Sympathieträger, weil er nicht makellos war, nicht glatt war, nicht geschliffen redete, weil er immer Ecken und Kanten hatte.«

Dann setzt die Sängerin Jessy Martens auf der Empore an, erst Jans Lieblings-Rocksong »Child in Time« von Deep Purple zu singen. Später »Knockin' on Heavens Door« von Bob Dylan. Tatsächlich hatte Jan Letzteres schon vierzehnmal getan, so oft hatte er bereits angeklopft an der Himmelstür, weil ihn eine Krankheit oder ein Unglück an den Abgrund geführt hatte.

ARD-Programmdirektor Volker Herres tritt vor den Sarg und spricht zu seinem Freund: »Der Himmel bekommt jetzt einen Schutzmann.«

Es folgt der ehemalige NDR-Intendant Lutz Marmor. Auch er ein Freund Fedders: »Er war ein Herzensmensch, der einen sofort in seinen Bann gezogen hat. Diese Augen! Diese Stimme! Unvergessen!« Es ertönt Bachs »Bist du bei mir, geh ich mit Freuden« aus der Orgel, gespielt von Manuel Gera.

Und bevor sich Hamburgs Polizeipräsident Ralf Martin Meyer von seinem Ehrenkommissar verabschiedet und ihm bescheinigt, dass er »immer einer von uns« bleiben wird, intoniert der Orgelmeister auch noch Jans Lieblingslied »An de Eck«. Und draußen vorm Michel hört man die Menschen im Regen, wie sie diese alte Hamburger Kinderweise mitsingen.

Nun ist der Moment gekommen, der am tiefsten berührt und der jeden im Michel ins Herz trifft. Marion Fedders Moment. Sie hat das letzte Wort. Als sie sich neben den Sarg ihres Mannes stellt, halten die Trauernden den Atem an.

*»Mein geliebter Jan. Es ist der schwerste Gang, den ich je machen musste. Du warst meine Familie, mein Mann, mein Fels, mein engster Vertrauter. Es wird nie wieder jemanden so geben wie dich. Ich habe so viel von dir gelernt. Wir haben zusammen gelacht und geweint, sind zusammen durch dick und dünn gegangen. Aber immer war uns klar, dass der eine für den anderen da ist – bedingungslos! Hier im Michel haben wir geheiratet. Dass ich dich hier heute beerdigen muss, tut mir unendlich weh. Aber sei dir gewiss: Dein Platz in meinem Herzen wird auf ewig mit Liebe gefüllt sein. Nun muss ich dich auf die letzte Reise schicken, einmal noch über die Reeperbahn. Das hast du dir gewünscht. Dann heißt es schlafen für eine*

*lange, lange Zeit. Endlich Ruhe haben und träumen von all den schönen Dingen, die du erlebt hast. Mein geliebter Jan, schlaf gut!«*

Die Orgel spielt nun die Titelmelodie aus dem *Großstadtrevier;* jene von den »großen Haien und kleinen Fischen«. Und sogar den Sound der Blaulichtsirene, der mitten durch diesen Song hallt, bekommt der Organist hin. Mit dieser Musik schreiten sechs Hamburger Polizisten in Paradeuniform durch den Michel. Und tragen Jan hinaus.

Nun erklingt Jans Stimme erneut – sein Lied für Marion *Ich liebe Dich.* Sie geht hinter seinem Sarg her beim Auszug aus der Kirche. Ganz so, wie bei der Hochzeit gehen sie gemeinsam und vereint hinaus.

Im Schritttempo geht es noch einmal über die legendäre Meile, eskortiert von Motorradpolizisten und einer Horde von harten Jungs auf ihren Harleys. Und natürlich auch vom 14/2. Die Polizei Hamburg verabschiedet ihren Jan Fedder auf besondere Art: »Peter 14/2 geht in Status 6 – alle Michel ENDE.«

»Peter 14/2« ist der Streifenwagen von Polizist Dirk Matthies, den Fedder achtundzwanzig Jahre lang spielte. »Status 6« bedeutet in der internen Kommunikation der Polizei »außer Betrieb«. Als »Michel« werden die Funkbereiche in Hamburg bezeichnet, »alle Michel« heißt also: »ganz Hamburg«.

In der Davidwache stehen die Polizisten an offenen Fenstern Spalier und salutieren. Tausende von Menschen stehen an der Meile, viele weinen, werfen Blumen auf den Leichenwagen, der geschmückt ist mit roten Rosen. Im hinteren Teil verglast ist der Oldtimer, sodass jeder einen letzten Blick auf den Sarg werfen kann. Ein Konvoi von Polizei-Motorrädern begleitet ihn.

Vor Jans Stammlokal Ritze haben sich die alteingesessenen Kiezianer eine berührende Abschiedsgeste ausgedacht: Eine Opernsängerin tritt vor das Lokal und singt live das »Ave-Maria« für Jan. Der Trauerzug hält inne, bis das Lied endet – ganz so, als wollte Jan das Lied bis zum Schluss hören. Eine Menschentraube umringt den Leichenwagen, viele berühren ihn oder verbeugen sich vor ihm. Hamburg nimmt Abschied wie nie zuvor – und wie es das wohl nicht noch einmal tun wird.

Rote Doppeldeckerbusse bringen die Trauergemeinde nun ins Zwick am Millerntorplatz, ein Ort, an dem nicht Jans Tod, sondern sein Leben gefeiert wird. Ganz so, als wäre er dabei. Das Motto lautet: »Bis dann, Jan«. Die Gäste schmettern alle zusammen »Happy Birthday«. Es gibt Frikadellen, Knackwürste und Pils. Und wie sie da alle stehen und einige schon wieder lächeln können, weil es so gemütlich ist, tritt Jans Freund Joerg Pawlik noch einmal zum Mikrofon. Um den letzten Wunsch seines Freundes zu erfüllen.

Der hatte ihn nämlich gebeten, seiner Marion noch ein paar Worte zu sagen. Jan hat alles und jeden bedacht. Für Joerg hat er einen besonders schweren Rucksack gepackt. Aber nur weil er wusste, dass Joerg den tragen kann.

Und da steht er nun, stellvertretend für Jan. Den Rucksack fast geleert, mit schmerzenden Schultern und schwerem Herzen, denn viele Aufgaben sind bereits erfüllt.

»Ich habe mich entschieden, es heute und jetzt zu tun ...«, hebt Joerg an. Dann sieht er Marion lange stumm an, bis er beginnt, in Jans Namen und auch in seiner Stimmlage zu sprechen:

*Süße, ich liebe dich. Tu' mir einen Gefallen:*
*Irgendwann wird auch dich der Alltag wieder einholen.*
*Lebe!*
*Liebe!*
*Lache!*
*Genieße das Leben in vollen Zügen,*
*so wie ich es getan habe, so wie wir es getan haben, so*
*wie ich es mir von dir wünsche! Süße, scheiß auf die*
*Presse. Verstecke dich nicht. Lebe das Leben!*

Dann greift Joerg hinter sich und zieht einen Strauß Rosen hervor, den er stellvertretend für Jan nun Marion schenkt. So hatten es Jan und Joerg verabredet. Der Strauß besteht aus dreiundzwanzig roten Rosen. Für jedes Jahr mit Marion eine.

Es ist ein Herzens-Moment, der nichts Gestelltes an sich hat. Alles, was heute inszeniert wird, war in Jans Sinne. Und alles trug eine klare Botschaft: Jan, der Junge vom Kiez stammt nicht nur ganz tief von hierher. Sondern er wird hier auch bleiben. Genau dort, wo das Leben und die Liebe pulst. Er atmete es zeitlebens ein und aus, das ganze pralle Dasein, auch das abgründige, auch das dreckige. Lebenslänglich blieb er auf St. Pauli. Und der Schauspieler Fedder, der spielte vielleicht gar keine Rollen. Er spielte stattdessen seine Stadt, ihren grauen Himmel, ihre Schiffe, ihr Wasser, ihre bunten Lichter in den Pfützen auf dem Kiez. Die Legende von St. Pauli lebt. Genau so wie die Legende Jan. Sie ist unsterblich.

# Glaube, Liebe, Hoffnung

Er war ein Letzter seiner Art. So einer wie er wird nicht mehr gebaut. Wie zum Beweis hatte er schon früh in seinem Leben seine Armbanduhr von seinem Handgelenk gezerrt und weggeschmissen, als er mit der Lehre zum Speditionskaufmann endlich fertig war. Mit achtzehn. Als er die Zeit, in der er fremdbestimmt war, für immer hinter sich hatte. Seitdem hatte er nie mehr eine Uhr getragen. Seitdem war er ein zeitloser Mann. Und konnte die Zeit für sich selbst und sein Publikum stehen lassen. In seinen besten Momenten und Filmen setzte die Zeit aus.

Deswegen fällt es so schwer, dass die Zeit mit ihm nun vorüber sein soll. Dieses Buch möchte sich von Herzen bedanken für diese Zeitreise durch sein Leben. Dankeschön also an einen Mann, der alles zeigte, was in seinem Innersten verborgen lag. Der großzügig und freigiebig war. Vielleicht sogar das, was fast alle Menschen sein wollen und was so wenigen gelingt: Ein freier Mensch!

Und so gibt es jetzt die letzte Geschichte in diesem Buch. Sie erzählt von dem Tag, als er sich auf den Weg macht zum Ohlsdorfer Friedhof, dem größten Europas, durch den sogar eigene Buslinien fahren. Vor ein paar Monaten ließ er sich schon mal dorthin fahren. Um einen schönen Platz zu finden für die Ewigkeit.

Und einen Grabstein wollte er auch gleich finden. Ein paar besonders schöne guckte er sich an. Leider steckte jemand vom Friedhof dies der Presse, und so saß wieder mal ein Fotograf von irgendeiner Illustrierten im Gebüsch und drückte ab. Die Schlagzeile lautete: »Hier sucht sich Jan Fedder sein Grab aus.«

Das hatte seine Suche dann doch gestört, und so überlegte er weiter, wo er ruhen wollte. »Ein schönes Grab sollte es sein. Ich brauche kein neues. Ich könnte auch ein altes nehmen. Ich habe und mag ja gebrauchte, alte Sachen. Erst dachte ich an ein altes Mausoleum. Oder eins mit einer Kapelle. Aber ich weiß nicht, ob Marion da reingehen würde, wenn das so feucht ist und dunkel. Doch so was habe ich gesucht. Und ich dachte, davon gibt es viel mehr. Aber die schönen sind alle im Besitz von irgendwelchen alten Kaufmannsfamilien.«

Und dann fand er doch noch ein wirklich hochherrschaftliches Grab. Das hatte es ihm angetan. »Das lag auf einem kleinen Hügel, sodass du denkst, du bist in Bayreuth! Doch das wäre ein bisschen unverschämt gewesen, sich als Jan Fedder so was als Grab zu nehmen. Da musste ich mich selber wieder ein bisschen runterbringen und den Ball flach halten.«

Deswegen wollte er dann ein kleineres Grab suchen. Der Tod kam ihm dazwischen. Und so hat seine Marion einen Ruheplatz für ihn gefunden. Eine Grabstelle, ganz nach seinem Geschmack: Umarmt von Fichten und Rhododendren liegt diese alte Kaufmannsgruft; verborgen und umschlossen ist sie von einem schmiedeeisernen Zaun. Über dem alten, zwölf mal sechs Meter großen Grab erhebt sich ein Denkmal. Es zeigt eine trauernde Frau, die ein Kreuz umarmt. Marion hat vor dem Grab einen Briefkasten aufstellen lassen, weil so viele

Menschen Jan immer noch Abschiedsworte schreiben wollen.

Am Tag der Beerdigung stellte Marion das große Herz aus roten Rosen, mit dem sie sich von Jan verabschiedet hatte, rechts neben das große Denkmal. Und Jans engste Freunde lehnten ihr Gesteck in Form eines Ankers links daneben. In diesem Augenblick sah alles zusammen so aus wie das uralte Seefahrersymbol. Jenes aus Herz, Anker und Kreuz. »Glaube, Liebe, Hoffnung«.

# Nachwort von Marion

Und wieder ist es ein Lied, das eine große Rolle in seinem Leben gespielt hat. Wenn ich gewusst hätte, dass dieses Lied, was er mir damals in meiner kleinen Küche geschrieben hatte, von Anfang bis Ende wahr werden würde – dann hätte es für mich eine andere Bedeutung gehabt. Aber wer konnte das schon ahnen … Bis dahin war es ein Liebeslied, das er auf seiner CD »Fedder geht's nicht« gesungen hatte:

*Liebe*

*Ich … ich liebe dich*
*So doll wie man nur lieben kann*
*Mehr als mich*
*Ich bin so gerne mit dir zusammen*
*Mach deine Augen einfach zu*
*und fühl den warmen Wind meiner Liebe in dir*

*Ich liebe dich*
*Ich nehm dich an die Hand und zeige dir die Welt*
*Komm mit und hab keine Angst – ich bin doch*
*immer noch dein Held*
*Ich klau dir den Mond, die Sterne und die Sonne*
*auch noch dazu*

*Ich liebe dich*
*Und ich halt dich, denn ich lieb dich bis in alle Ewigkeit …*
*bis in alle Ewigkeit*
*Du gibst mir so viel, mehr als man nur geben kann*
*Mein Herz ist dein Ziel – mach es voll bis zum Rand*
*Und die Tränen unserer Herzen halten uns*
*auf immer und immer zusammen*

*Ich liebe dich*
*Und ich halt dich, denn ich lieb dich bis in alle Ewigkeit …*
*bis in alle Ewigkeit*
*Und die Tränen unserer Herzen halten uns*
*auf immer und immer zusammen*
*Ich liebe dich*
*Und ich halt dich, denn ich lieb dich bis in alle Ewigkeit …*
*bis in alle Ewigkeit*

*Gesungen von Jan Fedder,*
*CD »Fedder geht's nicht«*

Damals in meiner Küche schrieb Jan die ganze Nacht an dem Text. Der Raum war vernebelt von Zigarettenrauch, Dunhill – zwei Packungen. Aber ein glücklicher Jan strahlte mich am Morgen an und sagte: »Ich hab's, Süße! Ich hab dir ein Lied geschrieben.«

Ich durfte den Text nicht lesen. Er wollte es zuerst mit seiner Band The Big Balls probieren und eine Melodie zum Text finden. Erst dann sollte ich es hören.

Das war 1997 – da kannten wir uns gerade ein Jahr. Dann wurde aus dem einen Song eine ganze CD, und Musikmachen brachte ihm richtig Spaß. Das Ganze passierte natürlich nachts … denn am Tag wurde gedreht.

Als ich das Lied hörte, war ich hin und weg und so glücklich wie selten in meinem Leben. Welcher Mann schreibt seiner Frau schon ein Liebeslied? Wir waren seeeehr verliebt und ja … es war Liebe … das wussten wir! Aber an »Liebe bis in alle Ewigkeit« dachte ich zu dieser Zeit noch nicht.

Inzwischen sind dreiundzwanzig Jahre an der Seite dieses Mannes vergangen. Keine Ewigkeit … denn das Leben mit ihm war spannend, wir lebten anders als andere Paare, erlebten spannende und tolle Dinge, und unsere Liebe war echt und tief. Das änderte sich auch nicht, als er kränker wurde … wir passten einfach unsere Leben an die Umstände an. Wir waren immer füreinander da – bedingungslos.

Diese Liebe hat alles überdauert und viel mitgemacht. Jan war sehr klug und weitsichtig. Wir beide wollten immer nur eins – jeder von uns sollte glücklich sein. Liebe hat viele Wege … aber das schönste daran ist, dass man einen Hafen hat, wo man für immer geborgen und beschützt ist. Und das hatten wir.

Hätte mir damals jemand gesagt, dass ich zu diesem Lied bei der Trauerfeier im Michel hinter seinem Sarg aus der Kirche gehe, ich hätte es nicht geglaubt. Nun bekommt das Lied eine andere Bedeutung, und es ist wahr geworden: »Liebe … bis in alle Ewigkeit.« Jan wollte es so. So hat er seine Beerdigung inszeniert und es sich gewünscht. Ich kann gar nicht sagen, wie tief dieser letzte Wunsch von Jan mein Herz berührt hat. Diese tiefe Liebe, die er für mich empfunden hat. Seine Freunde und Familie waren stets in seinem Herzen. Er gab den Menschen das Gefühl, wahrgenommen zu werden, hat immer an alle gedacht und versucht, gut für sie zu sorgen. Das war seine große Stärke. Er war gradlinig und mutig, hat ein Leben so gelebt, wie er es für richtig hielt, ließ sich nicht verbiegen, hat das Herz am rechten Fleck gehabt, konnte feiern und auch nachdenklich sein. Aber eins war er nie – oberflächlich.

Er war ein echter Hamburger – ein Mann, ein Wort – unverwechselbar die Stimme, seine Auftritte und sein Talent, Menschen zu unterhalten mit seinen vielen Geschichten.

Lasst uns Jan in unseren Herzen bewahren und versuchen, ein bisschen so zu sein wie er. Aufrichtig und gradlinig. Guckt dem Gegenüber mal wieder in die Augen. Beobachtet, wie es ihm geht, und denkt mal mit dem Herzen.

Dann sind wir alle ein bisschen Jan! Haben etwas von ihm gelernt, können stolz sein, dass wir ihn kannten, und tragen seine Geschichten hinaus in die Welt, damit sie wärmer und glücklicher wird. Und er unsterblich.

*Marion Fedder, Februar 2020*

# Nachwort zur Taschenbuchausgabe

Ein Jahr danach …

Mehr als ein Jahr ist seit Jans Tod vergangen. Für mich eine unglaublich lange Zeit ohne ihn. Die Gedanken an ihn, die vielen schönen Momente und so viele gemeinsame Erlebnisse und Erinnerungen, lassen mich immer noch spüren, wie tief er in meinem Herzen ist.

Aber das geht nicht nur mir so – er ist in den Herzen der Menschen und in Hamburg ist er eine Legende.

Die Resonanz auf seine Biografie *Unsterblich* war großartig. So viele Menschen haben sich bedankt, dass sie an Jans Leben teilhaben durften und waren begeistert und ergriffen von seiner Geschichte.

Sein Grab auf dem Ohlsdorfer Friedhof ist zur Zeit das am meisten besuchte und jeden Tag kommen zwischen fünfzig und hundert Menschen. Manche bringen Blumen mit, manche schreiben Briefe, kleine Kinder stellen Polizeiautos hin.

Eine große Promenade am Hafen wird nach Jan Fedder benannt und es wird einen Wanderweg geben, der seine Lieblingsplätze rund um den Hafen zeigt.

Vor dem Hamburger Michel wurde eine Jan Fedder Tafel verlegt, eine Ehre die nur ganz wenigen Hamburgern zuteilwird. Das Besondere: Seine Tafel liegt nun direkt neben der von Helmut Schmidt – seinem Idol.

Dafür hat der Michel den gesamten Vorplatz umstrukturiert.

Das Glanzstück seiner Sammlung war die Elblotsenmütze von Helmut Schmidt, die ist nun im neuen Helmut-Schmidt-Museum in Hamburg. Und ob man es glaubt oder nicht, es war die einzige originale Mütze, die es noch gab. Natürlich hatte sie Jan.

So könnte ich noch eine Weile weitermachen und aufzählen.

Jan war sehr weitsichtig und weise, hatte eine unglaubliche Menschenkenntnis und das größte Herz.

Er wusste, was im Leben zählt: Liebe, Familie und Freundschaft.

Jan, ich und wir alle vermissen dich so sehr.

Marion Fedder, im Juni 2021

# Filmografie (Eine Auswahl)

1969 Reisedienst Schwalbe – Höhlenfahrt mit Hindernissen
1974 Hamburg Transit – Der kleine Bruder
1978 Ein Mord am Lietzensee
1979 St. Pauli-Landungsbrücken – Acht Tage Urlaub
1981 Das Boot
1982 Tatort – Das Mädchen auf der Treppe
1982 Smiley's People
1982 Die leichten Zeiten sind vorbei
1983 Liebe läßt alle Blumen blühen
1984 Der Fall Bachmeier – Keine Zeit für Tränen
1984 Unser Mann vom Südpol
1984 Der Sohn des Bullen
1986 Auf Achse – Felix Austria
1986 Engels & Consorten
1987 Tatort – Voll auf Haß
1987 Jacob hinter der Blauen Tür
1987 Didi – Der Experte
1987 Der Landarzt – Der Lockvogel
1988 Der Fahnder – Drücker
1988 Singles
1988 Peter Strohm – Noch drei Minuten bis Himmelfahrt
1989 Zwei Münchner in Hamburg – Abschied von der Isar

1989 Die Männer vom K3 – Der Mann im Dunkeln
1990 Werner – Beinhart!
1990 Liebesgeschichten
1990 Und wenn's nicht klappt, dann machen wir's nochmal
1990 Ein Fall für zwei – Blutige Rosen
seit 1991 Großstadtrevier (Dirk Matthies, ab Folge 37)
1991 Superstau
1991 Land in Sicht
1991 SOKO 5113 – Das Verhör
1991 Schwarz Rot Gold – Stoff
1992 Ein Fall für zwei – Härter als Glas
1992 Unsere Hagenbecks – Der Diebstahl
1992 Das Nest – An der Angel
1993 Verlassen Sie bitte Ihren Mann
1995–1999 Heimatgeschichten (div. Rollen)
1995–1996 Inseln unter dem Wind
seit 1997 Neues aus Büttenwarder (Kurt Brakelmann)
1998 Der Hochstapler
1999 Das Traumschiff – Bali
2001 Die Kinder vom Alstertal – Freundschaft in Gefahr
2002 Das Traumschiff – Sambia und Viktoriafälle
2003 Das Traumschiff – Australien
2005 Der Pfundskerl – Schlaflose Nächte
2006 Der Mann im Strom
2007 Die Zürcher Verlobung – Drehbuch zur Liebe
2008 Insel des Lichts
2008 Das Feuerschiff
2008 U-900
2009 Meine Tochter und der Millionär

2009 Soul Kitchen
2009 Die göttliche Sophie
2009 Der gestiefelte Kater
2010 Zwei für alle Fälle – Ein Song für den Mörder
2010 Die Auflehnung
2011 Die göttliche Sophie – Das Findelkind
2012 Zwei für alle Fälle: Manche mögen Mord
2012 Der Hafenpastor
2013 Stille
2013 Arnes Nachlass
2013 Vom Fischer und seiner Frau (als Stimme des Butt)
2015 Der Hafenpastor und das graue Kind
2016 Der Hafenpastor und das Blaue vom Himmel

# Bildnachweis

Cover: © picture-alliance / dpa / Sebastian Widmann
Fotos Bildteil:
Seite 1 – 5, 16 unten, 28 – 31, 36: © Marion Fedder / privat; Seite 6/7, 18: © Isa Walther, Hamburg; Seite 8 – 15, 17, 32 – 35: © Thorsten Jander; Seite 16 oben: © Karl-Heinz Vogelmann (Quelle: DFF – Deutsches Filminstitut & Filmmuseum, Frankfurt/Sammlung Karl-Heinz Vogelmann); Seite 19 oben: © Günther Zint; Seite 19 unten: © picture-alliance / dpa / NDR / Martinus Ekkenga; Seite 20 – 27: © Tim Pröse.

## Zum Autor

**Tim Pröse**, geboren 1970 in Essen, ist Autor und Journalist in München. Er studierte Kommunikationswissenschaften, Politik und Psychologie, war Chefreporter der »Münchner Abendzeitung« und schrieb als Redakteur des »Focus« einfühlsame zeitgeschichtliche Reportagen und Porträts, wovon eines mit dem Katholischen Medienpreis ausgezeichnet wurde. Ein ganzes Jahr lang begleitete er Jan Fedder bei der gemeinsamen Arbeit an dessen Biografie, die nach Erscheinen auf Platz 1 der Spiegel-Bestseller-Liste landete. Bisher erschienen von Tim Pröse außerdem: »Jahrhundertzeugen. Die Botschaft der letzten Helden gegen Hitler«, »Hallervorden. Ein Komiker macht Ernst«, »Samstagabendhelden. Persönliche Begegnungen mit den legendärsten Stars aus Film, Funk und Fernsehen« (Welt am Sonntag: »Eine liebenswerte Zeitreise«) und »Mario Adorf – Zugabe!« (ZEITmagazin: »Ein feinfühliges Porträt«). Etwa 150 Lesungen hielt Tim Pröse bisher – u.a. in der »Gedenkstätte Deutscher Widerstand«, bei der »Weiße Rose Stiftung« und auf Einladung von Udo Lindenberg auf dessen »Rockliner«.
*www.timproese.com*

## Weitere Mitwirkende

**Tamara Jarchow** war nach Jan Fedders Tod bei der Entstehung dieses Buchs konzeptionell beratend und redaktionell begleitend tätig. Sie ist gebürtige Hamburgerin (1970). Viele Jahre arbeitete sie als Medienexpertin für Strategie, PR und Mediaplanung. Heute ist die gelernte Verlagskauffrau (Axel-Springer Verlag) freie Journalistin und Autorin sowie Dozentin für kreatives Schreiben in Beratung, Lehre und Wirtschaft. Sie liebt die Kraft der Sprache und stellte mehrfach auf der Millerntor Gallery/Viva con Agua mit internationalen Künstlern »Lyrik to go« aus. 2017 gewann sie den Walter-Kempowski-Literaturpreis für Ihre Kurzgeschichte »Alles umsonst«. Als enge Freundin der Familie Fedder hat sie nach Jan Fedders Tod Erinnerungen an ihn aus dem direkten Umfeld für dieses Buch verfasst.
*www.schreibluft.com*